原文對譯
원문대역

太上功課經
태상공과경

(淸靜經圖註)
청정경도주

道藏精華第五集之一
도장정화제오집지일

混然子 付圖
혼연자 부도

水精子 註解
수정자 주해

許好廷 編譯
허호정 편역

圖書出版 Baikaltai House

삼청도(三淸圖)

옥청 원시천존(玉淸 元始天尊)

상청 령보천존(上淸 靈寶天尊)

태청 도덕천존(太清 道德天尊)

목차(目次)

(1) 한국어판(韓國語版)을 내면서 지은 머리말 ……… 十七

(2) 太上老君淸靜經圖註敍 – 문창제군(文昌帝君)
　　태상로군청정경도주서 ……… 三九

(3) 重刻淸靜經圖註後敍 – 복초도인(復初道人)
　　중각청정경도주후서 ……… 四九

(4) 重刻淸靜經圖註後敍 – 요산자(樂山子)
　　중각청정경도주후서 ……… 五五

(5) 淸靜經圖註目錄
　　청정경도주목록

　　無極品第一
　　무극품 ……… 七三

　　皇極品第二
　　황극품 ……… 八三

　　太極品第三
　　태극품 ……… 九三

삼재품 三才品第四	一〇三
도심품 道心品第五	一一三
인심품 人心品第六	一二三
륙적품 六賊品第七	一三三
※ 초판 번역이 잘못되어 바로잡아 교정(校訂)한 부분	一三六
❶ 습생지옥(溼生地獄)	
❷	
❸ 화생지옥(火生地獄)	
삼시품 三尸品第八	一四三
기질품 氣質品第九	一五三
허무품 虛無品第十	一六三
허공품 虛空品十一	一七三
진상품 眞常品十二	一八三

진도품 眞道品十三	一九三
묘유품 妙有品十四	二〇三
성도품 聖道品十五	二一三
소장품 消長品十六	二二三
도덕품 道德品十七	二三三
망심품 妄心品十八	二四三
인신품 人神品十九	二五三
만물품 萬物品二十	二六三
탐구품 貪求品二十一	二七三
번뇌품 煩惱品二十二	二八三
생사품 生死品二十三	二九三

超脫品二十四 ·········· 三○三

〈부록〉

(1) 清靜經圖註原初版本 – 道藏精華第五集之一
청정경도주원초판본 도장정화제오집지일 ·········· 三一三

(2) 觀音心經秘解 – 退安老祖講述・玉山老人秘解
관음심경비해 퇴안로조강술 옥산로인비해 ·········· 四二七

(3) 仙佛聖畫報集
선불성화보집 ·········· 四六五

① 옥황대제(玉皇大帝)
② 동화목공(東華木公)
③ 후토황지지(后土皇地祇)
④ 서왕모(西王母)
⑤ 요지헌수도(瑤池獻壽圖)
⑥ 두모원군(斗母元君)
⑦ 중천자미북극대제(中天紫微北極大帝)

⑧ 뇌성보화천존(雷聲普化天尊)
⑨ 동극청화태을구고천존(東極靑華太乙救苦天尊)
⑩ 남극장생대제(南極長生大帝)
⑪ 진무대제(眞武大帝)·금궐제군(金闕帝君)
⑫ 삼관대제(三官大帝)
⑬ 문창제군(文昌帝君)
⑭ 관성제군(關聖帝君)
⑮ 종리권(鍾離權)과 여동빈(呂洞賓)
⑯ 순양여조(純陽呂祖)
⑰ 팔선도해도(八仙渡海圖)
⑱ 장자양(張紫陽)
⑲ 비로자나불(毘盧遮那佛)
⑳ 석가모니불(釋迦牟尼佛)
㉑ 아미타불(阿彌陀佛)
㉒ 미륵불(彌勒佛) - ①

㉓ 미륵불(彌勒佛) - ②
㉔ 천수천안관세음보살(千手千眼觀世音菩薩)
㉕ 관세음보살(觀世音菩薩) - ①
㉖ 관세음보살(觀世音菩薩) - ②
㉗ 문수보살(文殊菩薩)
㉘ 보현보살(普賢菩薩)
㉙ 보리달마(菩提達摩)
㉚ 라후라(羅睺羅)
㉛ 일지화엄(一指華嚴)
㉜ 십팔나한(十八羅漢)의 한 분 - ①
㉝ 십팔나한(十八羅漢)의 한 분 - ②
㉞ 공자(孔子)
㉟ 맹자(孟子)
㊱ 안자(顔子)
㊲ 민자(閔子)

㊳ 자공(子貢)
㊴ 자로(子路)
(4) 法供養文 법공양문 - 二〇〇一년(辛巳) 六月 初八日 …………………… 五〇九

(1) 한국어판(韓國語版)을 내면서 지은 머리말

1. 태상공과경(太上功課經)의 출처와 수정자(水精子)와 노자(老子)는 어떤 분인가

도문(道門)에서 비전(秘傳)된 태상공과경(太上功課經)의 원제(原題)는 청정경(淸靜經)인데 수정자(水精子)께서 주해(註解)하시고 혼연자(混然子)께서 도설(圖說)을 붙이시고 이십사품(二十四品)으로 나눈 청정경도주(淸靜經圖註)를 태상공과경(太上功課經)이라 하였는데, 이는 도장정화(道藏精華) 제오집(第五集)에 실려 있다.

청정경(淸靜經)을 주해(註解)하신 수정자(水精子)께서는 이수합해(理數合解), 담진록(談眞錄), 삼교원통(三敎圓通) 등의 저서를 남기셨는데, 달마(達摩)의 15대(十五代) 제자이시다. 성(姓)은 왕(王)씨요, 휘

十五祖姓王諱希孟道號覺一原籍青州益都縣城東北八里闕家庄乃水精子化身名爲北海老人三歲傷父七歲母親去世幸蒙族叔收留十三歲給劉府牧牛十七歲聞說山西有道王祖打聽往山西路徑一心要去求道怎奈無有川資王祖零碎聚得錢八十

> 중국 전진도(全眞道)에서 출판된 태상공과경(太上功課經)에 주해(註解)를 하신 수정자(水精子)와 도외선인물(道外線人物)인 왕각일(王覺一)은 서로가 직접적인 상관관계(相關關係)가 전혀 없기에 이를 삭제하고 바로잡습니다 -소진거사(小眞居士)-

文奔到山西太原府見了十四代祖恰巧非祖夢見東魯來一佛子相貌與他一樣莫非就是此人姚祖細問根由並未讀書又生在寒苦之家心中甚是猶豫當夜老申托夢指示授道統非此人不可因此將道統傳授王祖執掌祖於二月初一日子時降誕(道統寶鑑)

(諱)는 희맹(希孟)이며, 도호(道號)는 각일(覺一)이며, 원적(原籍)이 청주 익도현(靑州益都縣)의 성동북 8리(城東北八里)에 있는 궐가장(闕家庄)인데, 이 분이 바로 수정자(水精子)의 화신(化身)이시며, 이름은 북해노인(北海老人)이라고 한다.

3세에 아버지를 여의고 7세에 어머니가 세상을 뜨시어 의지할 곳이 없을 때, 다행히 족숙(族叔)이 거두어 주셔서 그

17세때 산서(山西)에 도(道)가 있다는 소문을 들은 왕조(王祖·水精子)는 산서(山西)로 가는 길을 자세히 물으며 일심(一心)으로 가서 구도(求道) 하려 하였으나, 여비가 없으므로 어찌할 도리가 없었다. 그래서 한 푼 두 푼 아껴 80문(八十文)을 모아, 바삐 산서 태원부(山西太原府)로 달려가서 14대 조사(祖師)를 찾아 뵈었다. 그때 마침 14대 조사(祖師) 요조(姚祖)께서는 꿈에서 한 불자(佛子)가 동로(東魯)에서 온 것을 보았는데, 찾아온 소년을 보니 모습이 그와 똑같아, 그 근유(根由)를 자세히 물으셨다. 그런데 책도 읽은 일이 없고, 가난하고 고생하는 집에 태어났으므로, 머뭇거리면서 그날밤 꿈에 노모(老中)님이 오셔서「도통(道統)을 가난하고 고생하는 이 사람이 아니면 안된다」고 지시(指示)하셔서 도통(道統)을 왕조(王祖)에게 전수(傳授)하여 관장케 하셨

一八

다. 왕조(王祖)께서는 2월 초1일 자시(子時)에 강탄(降誕)하셨다.

청정경(淸靜經)을 설(說)하신 태상노군(太上老君)께서는 옥청(玉淸)의 최고신(最高神) 원시천존(元始天尊), 상청(上淸)의 령보천존(靈寶天尊), 태청(太淸)의 도덕천존(道德天尊)을 합한 삼청(三淸)의 세 분 천존(天尊) 가운데 세번째 분인 **도덕천존(道德天尊)**으로서 도교(道敎)의 창시자이며, 도덕천존(道德天尊), 강생천존(降生天尊), 혼원로군(混元老君) 등으로 불리우며, 성(姓)은 리(李), 명(名)은 이(耳), 자(字)는 백양(白陽), 시호(諡號)는 담(聃)이다. 윤희(尹喜)의 간청으로 도(道)와 덕(德)을 5천여자로 풀이한 도덕경(道德經)을 저술한 뒤 사라졌다.

공자(孔子)가 노자(老子)에게 가서 예(禮)를 물었을 때, 노자(老子)는 말하기를, 「그대는 교만함과 욕심과 거만한 태도와 음란한 생각을 버려라. 이 모두는 그대의 몸에 전혀 이익이 되지 않는다.」라고 답했다. 이 말을 들은 공자는 제자에게 노자(老子)를 용(龍)과 같은 사람이라고 경탄(驚歎)했다 한다.

노자(老子)가 공자(孔子)에게 답한 이 말 속에 청정경(淸靜經) 전체 내용의 요지(要旨)가 잘 드러나 있다. 마음을 비우고 욕심을 버려 그 어느 것에도 치우치지 않는 청정(淸靜)의 도(道)를 지켜 나갈 것을 각 품(品)마다 간곡히 당부하고 있는 것이다.

2. 청정경(淸靜經) 주(註)에 대한 간개(簡介)

청정경(淸靜經)은 마음을 맑게 하고 몸을 고요히 하는 내단수련(內丹修煉) 공부방법(工夫

一九

方法(방법)을 적나라하게 드러내 밝힌 도가(道家)의 희귀한 경전(經典)이다. 이 경(經)에서 맑음(淸)은 탁함(濁)의 근원(根源)이요, 움직임(動)은 고요함(靜)의 토대(基)가 되며, 사람이 능히 청정(淸靜)할 수 있으면 천지(天地)가 모두 근원(根源)으로 복귀(復歸)하게 된다 하였다. 문중자(文中子)는 말하기를, 맑음(淸)이 지극하면 탁(濁)함이 드러남으로 하여 맑음(淸)이라는 것이 탁(濁)함의 근원(根源)이 된다 하는 것이고, 움직임(動)이 지극하면 고요함(靜)이 사무침으로 하여, 이 움직임(動)이라고 하는 것이 고요함(靜)의 토대(基)가 된다 하는 것이다. 수도(修道)하는 이는 일기(一氣)로 맑음(淸)이 되고, 오미(五味)로는 배(腹)가 채워짐으로 하여 탁(濁)하게 되어서 신(神)이 움직이면 형체(形體)를 따르게 되고, 고요하면 형체(形體)가 안정된다. 이것이 청탁동정(淸濁動靜)의 도(道)라 하였다.

두광정(杜光庭)은 청(淸)은 하늘의 기(氣)이며, 탁(濁)은 땅(地)의 기(氣)이다. 모든 것이 이 청탁(淸濁)의 기(氣)에 의지하여 만물(萬物)이 쏟아져 나오게 되고 발육(發育)된다. 만약 세상 사람들이 장생(長生)의 도(道)를 구하려 한다면, 음(陰)을 단련(煅煉)하여 양(陽)을 기르라. 범(凡)을 단련(煅煉)하여 성(聖)을 이루나니, 이는 하나같이 맑음(淸)에 의하여 탁(濁)함이 스스로 생긴 바요, 움직임(動)에 의지하여 고요함(靜)이 스스로 일어난 것이다 하였다.

원현전자(元玄全子) 진선직지어록(眞仙直指語錄) : 청정(淸靜)에 있어 청(淸)은 그 마음의 근원(心源)을 맑게 하는 것이며, 정(靜)은 그 기해(氣海)를 고요히 함을 말한다. 마음의 근원(心源)이 맑으면 외물(外物)이 흔들 수 없고, 정(情)이 안정되면 신(神)이 맑아진다.

기해(氣海)가 고요하면 삿된 욕심(慾心)이 생길 수 없다. 정(精)이 온전해지면 배(腹)가 가득 차게 되고, 마음을 비우면 맑은 물과 같아져, 만물(萬物)은 거울에 모습을 드러내듯 드러나게 된다.

반산서운왕진인어록(盤山栖云王眞人語錄)∷ 어떤 사람이 묻기를, 수행(修行)하는 사람이 어떻게 청정(淸靜)을 얻습니까? 이에 답하기를, 마음이 사물(事物)을 따르지 않으면 마음이 안정되었다고 하며, 마음이 사물에 애착(愛着)을 두지 않으면 마음을 비웠다고 하는 것이다. 마음을 안정시키고 비우는 것이 곧 청정(淸靜)이며, 청정(淸靜)이 곧 도(道)이다.

군선요어찬집·일용결(君仙要語纂集·日用訣)∷ 항상 청정(淸靜)하고자 하여 한 생각도 일지 않으면 청(淸)이라 하고, 영대(靈臺)에 하나의 사물도 없으면 정(靜)이라 한다.

중양진인(重陽眞人) 금관옥쇄결(金關玉鎖訣)∷ 만약 청정(淸靜)의 참뜻을 논(論)한다면, 눈(目)에 눈물이 없고, 코(鼻)에는 콧물이 없으며, 입(口)에는 침이 없고, 대소변(大小便)도 없음을 말한다. 남자는 정(精)을 기르고 여자는 피(血)를 안정시켜 모든 삿된 것이 정(正)으로 돌아가고 만병(萬病)이 생기지 않아야 비로소 단전(丹田)이 청정(淸靜)해진다. 사람들이 세상에서 청정(淸靜)이라고 말하는 그런 청정(淸靜)은 거짓된 이름이다.

청정경(淸靜經)은 청(淸)과 정(靜) 두 글자를 비유한 것으로, 사람이 방촌(方寸-玄關)을 맑게 비우면 우뚝 진체(眞體)가 드러나게 된다. 이 경(經)은 역대(歷代) 도사(道士)들이 모두 중시한 것으로, 도교(道敎) 전진파(全眞派)에서는 매일 이 경(經)을 지송(持誦)하는 것을 공과(功課)로 삼았고, 초진계(初眞戒)를 받을 때에는 반드시 이 경(經)을 읽도록 되어 있다. 이 청정경(淸靜經)의 주본(註本) 중에서는 수정자(水精子)가 주(註)를 쓰고 혼연자(混然子)가 도설(圖說)을 한 본(本)인 이 태상공과경(太上功課經)이 가장 널리 읽힌다.

또 다른 주(註)에 이르기를, 청(淸)은 으뜸(元)이요, 정(靜)은 기(氣)이며, 경(經)은 법(法)이다. 첫째는 성인(聖人)의 경로(徑路)가 된다. 무릇 도(道)를 배우는 사람들 모두가 이 경(經)을 읽고 계(戒)를 지킴으로써 진성(眞聖)을 이루고, 성인(聖人)은 이 경(經)과 계(戒)에 의하지 않고는 버티고 설 수 없으며, 원기(元氣)를 인자(因子)로 삼지 않고는 도(道)를 이룰 수 없다 하셨다.

제공활불(濟公活佛)께서는 훈(訓)하여 이르기를, 청정경(淸靜經)은 도가(道家)의 위없는 무상법문(濟公訓曰, 淸靜經乃道家之無上法門也)이라 하셨는데, 이러한 모든 말씀드는 청정경(淸靜經)이 바로 도가(道家)의 중추(中樞)를 가장 정확하게 드러낸 도가(道家)의 심경(心經)이라는 것으로서, 불교(佛敎) 팔만대장경(八萬大藏經)의 해밀심법(海密深法)인 반야심경(般若心經)에 비견(比肩)된다 하겠다. 대청가경(大淸嘉慶) 9년(九年) 도가(道家)의 12대 조사(祖師)이신 퇴안로조(退安老祖)께서 서건당(西乾堂)에서 강설(講說)하신 것을 옥산노인(玉山老人)이 서문(序文)을 쓰고 세상에 전래시킨 관음심경(觀音心經) 비해(秘解) 원문(原文)을 부록(附錄)에 실으니 참고하기 바란다. 수정자(水精子)는 도가(道家)의 15대 조사(祖師)이고, 퇴안로조(退安老祖)는 12대 조사(祖師)이시다.

3. 현관(玄關)에 관하여

청정경(淸靜經)에는 여러 부분에서 현관일규(玄關一竅)를 중요시하고 있는데 이 현관일규

(玄關一竅)를 모르고서는, 회광반조(回光返照)니 오기조원(五氣朝元)이니 삼화취정(三花聚頂)이니 성명쌍수(性命雙修)와 같은 수련법(修煉法)의 꼬투리를 잡을 수 없다. 꼬투리를 잡을 수 없음으로 하여 대도무문(大道無門)이라는 명제(命題)에 시달리고 불이법문(不二法門)이라는 고리에 얽혀 빈사(瀕死) 상태로 그 시작과 끝맺음을 짐작할 수조차 없게 되는 것이다.

현관(玄關)은 문자상으로 현현묘묘(玄玄妙妙)한 관문(關門)을 뜻한다. 간단하게 말해 정문(正門)을 말하는 것이다. 도대체 이 현관문(玄關門)은 어디에 있는가? 즉 설(說)한다면, 명사(明師)가 행하는 구도(求道) 전례(典禮) 중, 명사(明師)가 그의 손가락을 사용하여 지점(指點)함으로써 열어주는 곳이다. 이곳이 바로 진아(眞我-本性)가 출입하는 현관정문(玄關正門)이며, 통천규(通天竅-하늘과 통하는 규竅)인 것이다.

실제로 우리가 태어나서는 정문(正門) 곧 현관(玄關)은 천기(天機)와 상통(相通)하고 있지만 진아(眞我)가 차츰차츰 후천(後天) 오욕락(五慾樂)에 오염되면서 점차 현관(玄關)이 닫혀 버리고 티끌 세상에 물들면서 선천(先天)과는 단절되는 것이다. 이제

명명상제(明明上帝)의 대자비(大慈悲)로 명사(明師)가 도래(到來)하여 천하(天下)에 드리내놓고 공개(公開)하게 되었으니, 이 얼마나 다행스런 일인가! 이 현관(玄關)이 닫힌 채, 현관(玄關)을 모르고 사람이 죽게 되면 영성(靈性)은 출입(出入)할 길이 막혀 오직 눈(目), 귀(耳), 코(鼻), 입(口), 배꼽(肚臍), 니환궁(泥丸宮) 등 육문(六門)으로 영성(靈性)이 빠져나가, 태(胎)를 받아 다시 전변(轉變)하게 되는데, 그 태어나는 모습들이 다음과 같이 모두가 같지 않게 된다.

위 육문(六門)은 모두가 곁문으로서 올바른 문(門)이 아니며, 이 육문(六門)을 통한다면

① 귀(耳)로 나가면 태생(胎生)이 되어 개·고양이·호랑이가 된다.
② 눈(目)으로 나가면 난생(卵生)이 되어 새(鳥)로 태어난다.
③ 입(口)으로 나가면 습생(濕生)이 되어 물고기(魚), 새우(蝦)로 태어난다.
④ 코(鼻)로 나가면 화생(化生)이 되어 나비, 벌, 파리, 개미 등이 된다.
⑤ 배꼽(臍)으로 나가면 일반 보통 사람(凡夫)으로 태어나게 된다.
⑥ 니환궁(泥丸宮)으로 나가면 부귀인(富貴人)으로 태어나게 된다.

극락(極樂)은 영영 멀어지고, 도저히 생사(生死)를 벗어날 수 없게 된다. 왜냐하면 모든 수행(修行)의 시종(始終)이 되며,

현관(玄關)이란 일체제법(一切諸法)의 법성(法性)이 뿌리를 두고 있는 곳이며, 원래 한몸이었던 성명육종(性命肉種)이 흩어져 성(性)과 명(命) 두 몸으로 나뉜 곳이며, 삼화(三花)가 분열(分列)을 일으킨 곳이며, 오기(五氣)가 그 성질을 달리 한 곳이며, 불이법문(不二法門)이 만법(萬法)으로 나뉘어 본래 모습을 달리한 곳이며, 영아(嬰兒) 차녀(姹女)가 잡은 손길을 놓은 곳이며, 모자(母子)가 만날 곳이며, 서방정토(西方淨土)의 가장 가까운 정문(正門)이 되기 때문이다.

그래서 도장경(道藏經)에서 말하기를, 삼교(三敎)가 단전(單傳)으로 전(傳)한 것은 한개(一箇)의 현자(玄字)뿐이다(三敎單傳一箇玄)라고 한 것이다.

4. 성명쌍수(性命雙修)

청정경(淸靜經)에서는 현관(玄關)과 아울러 성명쌍수(性命雙修)의 수련법(修煉法)을 상세히 가르치고 있다. 그러나 혹자는 구도(求道)하여 현관(玄關)을 지시(指示) 받으면 단박에 도(道)를 마친 줄 알고 전(傳)해 준 사람이나 전해 받은 사람이나 모두 아무런 수행(修行)을 도대체 하지 않으니, 이 얼마나 어리석은 일이며 가슴 아픈 일이 아닌가! 성(性)은 선천(先天)에 있을 때는 원신(元神)이며 진의(眞意)이고, 후천(後天)에 있을 때는 식(識)의 신(神)、사려(思慮)의 신(神)이라 부른다. 명(命)은 선천(先天)에 있을 때는 원기(元氣)이며 원정(元精)이고, 후천(後天)에서는 호흡(呼吸)의 기(氣)、교감(交感)의 정(精)이 된다. 이 성(性)과 명(命)은 부모(父母)가 낳기 전에는 태화일기(太和一氣)의 천리(天理)가 하나로 있다가, 열달이 차 태(胎)가 원만해지면 포(胞)가 찢어져 둘로 나뉘어짐으로 해서 원래 한 육종(肉種)이던 것이 나뉘어 성(性)은 현관(玄關)에 있게 되고, 명(命)은 배꼽에 있게 되는 것이다.

성(性)은 깨닫는 것이요 명(命)은 닦아야 하는 것으로서, 이러한 성명쌍수(性命雙修)는 명사(明師)로부터 구도(求道)하여 전해받고 스스로 터득해야 하는 것이다. 진실로 한결같은 진상(眞常)의 도(道)를 이미 얻었다면 성(性)과 명(命)은 한 육종(肉種)으로 돌아가 한 몸체가 되는 것이다. 도(道)가 한껏 허공(虛空)을 머리로 받고 치솟으면 내 마음은 자연히 청정(清靜)하게 될 것이다.

정(精)이 온전해지면 능히 기(氣)로 변화할 수 있고, 기(氣)가 온전해지면 능히 허공(虛空)으로 변화할 수 있고, 신(神)이 온전해지면 능히 허공(虛空)으로 변화할 수 있다. 허공(虛空)으로 변하여 홀로 버티어 설 수 있다면 생사(生死)가 없으며, 마땅히 단(丹)을 만들어 사용할 수 있어서 안으로는 성(性)을 운행(運行)시키고 정(情)을 밝으로 밀어낼 수 있게 되는 것이다. 이것을 가리켜 맑음이 탁함의 근원(清者濁之源)이라 하는 것이다. 무기(戊己) 이토(二土)로 십방(十方)의 기(氣)를 섭회(攝回)하면, 령소(靈素)에 도달할 수 있는데, 이를 가리켜 움직임이 고요함의 토대가 된다(動者靜之基)고 하는 것이다.

유가(儒家)에서 말하는 극기복례(克己復禮)에 있어, 극기(克己)라는 말은 닦는 수만가지 계율(戒律)을 대표하는 가장 훌륭한 으뜸의 계명(戒名)이 되는 것이요, 복례(復禮)라는 말은 선천 성(先天性)의 본래면목(本來面目)을 회복하여 무극(無極)에 복귀(復歸)하는 경로(徑路)를 밝혀주신 말로, 극기복례(克己復禮)란 바로 성명쌍수(性命雙修)의 수행법(修行法)을 한마디 말로 가장 적절하게 지적하여 말씀해 주신 것이다.

아아 슬프다! 세상는 그저 덧없고 바람결처럼 자취없는 길거리에 청정(清靜)의 우뚝한 현주문(玄柱門)을 세워 생사로(生死路)를 밝히나니,

사람들아, 부디 세월을 허비하지 말라! 하루살이만도 못한 초로인생(草露人生)이라 하지만, 태상공과경(太上功課經)의 이치를

밝힐 수 있다면, 그대는 영원(永遠)을 짝하며 미타(彌陀)의 그림자에라도 밝고 영롱한 이름을 새길 수 있는 대장부(大丈夫)가 되리라.

5. 계율(戒律)에 관한 몇마디 말씀

몸과 마음은 둘이 아니다. 몸이 병들면 마음이 병들고, 마음에 번뇌(煩惱)가 쌓이면 몸이 병들 듯 몸이 탁함을 따르면 마음도 청정(淸靜)할 수 없다.

원효 스님의 범망경보살계본사기(梵網經菩薩戒本私記)에 뱀이 비록 꾸불꾸불 앞으로 가지만, 대나무 관으로 들어가게 된다면 스스로 바르게 나갈 수 있다. 중생(衆生)도 이와 같아, 옛날부터 삿된 일을 행하여 바르지 못한 성품(性品)을 가졌다 하더라도 저 삼취정계(三聚淨戒)라는 대나무관 속에 들어가면 스스로 깨달음을 얻을 수 있을 것이다 하였다.

어떤 이들은 계율(戒律)은 형식에 불과하다고 가벼이 여기지만, 속세(俗世)의 오욕락(五慾樂)에 이끌리기 쉬운 범부 중생(凡夫衆生)에게는 형식 같은 그 계율(戒律)이 엄청난 영험(靈驗)을 품고 있어, 모든 수행(修行)의 토대가 되는 유일문(唯一門)이 되고 안개 자욱한 거리의 금선(金線)이 되고 성난 바다 가운데 지남침과 같아서 한결같은 마음으로 지켜 나가면 선정(禪定)과 반야(般若)가 저절로 갖춰지게 되고, 무극(無極)과 서방정토(西方淨土)가 눈 앞에 펼쳐지게 될 것이다.

계율(戒律)은 원래 계(戒)와 율(律)로 나뉘어져 있는데, 계(戒)는 선(善)을 행하려는 자발적인 결심이요 도덕성(道德性)이며, 율(律)은 지키지 않으면 안된다는 규칙을 의미한다.

이 계율(戒律)은 지키는 자세에 따라 몇 가지로 나뉘는데, 좋은 습관을 기르는 것은 **선계(善戒)**요, 나쁜 습관을 기르는 것은 악계(惡戒)이며, 한번 좋은 일을 하고 두 번 좋은 일을 하여 쌓이면 계속 좋은 일이 일어나듯, 한번 계(戒)를 지키면 계속 계(戒)를 지키게 되는 것은 청정(淸淨)하다는 **정계(淨戒)**이며, 지켜야 할 것은 목숨을 바쳐서라도 계(戒)를 지킨다는 것은 **금계(禁戒)**에 해당한다.

석가세존(釋迦世尊)께서 말씀하시기를, 사람에게는 5가지 나쁜 일(五惡)이 있는데,

첫째, 부모의 은공(恩功)을 생각하지 않고,
둘째, 스승이나 법(法)을 중요하게 생각하지 않고,
셋째, 나쁜 사람은 나쁜 일만 생각하고 나쁜 것만 자꾸 만들어내며,
넷째, 입으로는 항상 악의(惡意)에 찬 말만 하고,
다섯째, 몸으로는 나쁜 짓만 저지른다

는 것으로서, 이 오악(五惡)을 버리면 10년간 수행(修行)한 스님보다 낫다고 하셨다.

또, 6가지 나쁜 마음이 있으니,

첫째, 비록 보아도 서로 본 체 하지 않는다, 즉 친하다가도 다투면 마주쳐도 아예 보지 않으려 하는 마음.
둘째, 남의 말이나 마음에 무조건 반대해야 직성이 풀리는 마음.
셋째, 화합하지 않고 친하려 하지 않는 마음.
넷째, 하는 말마다 남의 험담을 일삼는 마음.
다섯째, 보답을 바라고 남에게 베푸는 마음.

여섯째, 좋은 일 하고 나서 잘못 전달되었거나 그 일의 결과가 좋지 못하면 흥분하는 마음

이 6가지 나쁜 마음을 버리면 30년 수행(修行)한 청정(淸靜)한 스님보다 낫다 하였다.

또, 사람 중에는 3가지 하찮은 사람이 있으니,

첫째, 남의 물건을 무조건 자기 것으로 가지려 욕심부리는 사람,

둘째, 조금도 남을 주기 싫어하는 마음,

셋째, 남이 잘되면 배 아프고 잘못되면 미소짓는 마음이 그것이다.

이처럼 일상 생활 속에서의 평범한 마음쓰임이 계율(戒律)이라는 것인데, 마음가짐의 기준이 되는 계율(戒律)을 생활화하는 것이 곧 수행(修行)의 기초가 된다.

도교(道敎)의 오계(五戒)는, 불교(佛敎)의 오계(五戒)와 유교(儒敎)의 오상(五常)·오행(五行)·오장(五臟)이 모두 나타나 있어, 그 이치가 모두 한 곳에 있음을 알 수 있다.

첫째, 인(仁)을 행하고, 자애(慈愛)로운 마음으로 살생(殺生)하지 않는다. 방생(放生)하여 제도(濟度)하고 안으로 묘문(妙門)을 본다. 눈(目)으로 묘문(妙門)을 오래 보면 간(肝)과 혼(魂)이 서로 안정된다.

둘째, 의(義)를 행하고 선(善)을 상주고 악(惡)을 징벌한다. 공사(公私)에 겸양(謙讓)으로 대하고 도둑질을 하지 않는다. 귀(耳)로 현음(玄音)을 깨달으니, 폐(肺)와 백(魄)이 서로를 위한다.

셋째, 예(禮)를 행하고, 노인(老人)을 공경하고, 어린 사람을 잘 돌보며, 정숙하게 음란함을 행하지 않는다. 입으로 법(法)을 말함이 가득하니 심장(心)과 신(神)

二九

이 서로 화합을 이룬다.

넷째, 지혜롭게 행동하고 술을 끊어 정신이 혼란스럽지 않으니 신장(腎)과 정(精)이 서로 합한다.

다섯째, 믿음(信)으로 행하고 충(忠)을 지켜 하나(一)를 잊어버리지 않으니, 비장(脾)과 뜻(志)이 서로 화합을 이룬다. 시종일관(始終一貫) 잊어버리지 않으니, 비장(脾)과 뜻(志)이 서로 화합을 이룬다.

유오상 儒五常	도오행 道五行	오장 五臟	오장신 五臟神	불오계 佛五戒
仁 인	木 목	肝 간	魂 혼	不殺生 불살생
義 의	金 금	肺 폐	魄 백	不偸盜 불투도
禮 예	火 화	心 심	神 신	不邪淫 불사음
智 지	水 수	腎 신	精 정	不飮酒 불음주
信 신	土 토	脾 비	志 지	不妄語 불망어

이와 같을진대 이 어찌 계(戒)를 지키며 성(性)과 명(命)을 단련하는 일이 가벼운 일이라 할 수 있겠는가.

6. 명사론(明師論)

청정경(淸靜經)의 여러 품(品)마다에는 명사(明師) 만나기를 당부하고 있는데, 아직 명사(明師)를 만나지 못했다면 지극한 마음으로 선행(善行)과 공(功)을 쌓아 하늘(天)을 감동시켜야 만날 수 있다고 하는 것처럼 명사(明師) 만나기란 그렇게 쉬운 일이 아니다. 그러기에 예기(禮記)에서 배우기를 부지런히 하는 것은 스승을 구하는 것만 못하다고 한 것은 경전(經典)을 통하여 진리(眞理)를 얻으려 하나, 문자(文字)나 자의(字義)에 도(道)가 있는 것이 아니어서 스승을 만나야만 곧바로 경(經)에 담겨 있는 묘체(妙諦)를 듣고 단박에 도(道)를 통달할 수 있다 한 것이다.

일본 조동종(曹洞宗)의 창시자(創始者)인 도겐선사(道元禪師)도 소년 시절 비예산(比叡山)에 올랐다가, 모두에게 불성(佛性)이 있고 모두가 깨달을 수 있다면 수행(修行)할 필요도 없다는 큰 의단(疑團)을 품고 하산(下山)해 버렸다. 그후 여러 사람들을 찾아다니다 마침내 천동여정(天童如淨)을 스승으로 만나, 깨달음을 얻고는 빈 손으로 돌아왔다. 무엇을 얻었느냐는 사람들의 질문에 **안횡비직(眼橫鼻直)**을 얻었노라고 답했다 한다. 이 안횡비직(眼橫鼻直)이란 바로 명사(明師)가 집도(執刀)한 개안술(開眼術)의 정확한 위치가 되는 것으로 불조상회(佛祖相會)・조조상전(祖祖相傳)의 연기(緣起)가 그곳에서 일어나는 것이다. 도겐선사(道元禪師)의 『정법안장(正法眼藏)』 「면수(面授)」 편에 보면, 석가세존(釋迦世尊)께서 마하가섭(摩訶迦葉)에게 본래면목(本來面目)을 지점(指點)해 주는 면수면수(面授面受)에 관해 설명하기를, 이때 석가모니불은 서천축국(西天竺國) 영산회상(靈山會上)

三一

에서 백만 대중 가운데 우담발화(優曇鉢華)를 눈앞에 잠깐 들어 보이니, 이때 마하가섭(摩訶迦葉)만이 파안미소(破顏微笑)를 띰에 석가모니불께서 말씀하시기를, 나는 정법안장(正法眼藏)의 열반묘심(涅槃妙心)을 가섭에게 전한다 하였다. 이는 곧 부처님과 조사(祖師)들이 정법안장(正法眼藏)을 지점(指點)이라는 비밀 작업을 통하여 정법(正法)을 전수(傳授)해 주는 면수(面授)의 구체적인 사실을 드러낸 것이다.

조동종(曹洞宗)의 법맥(法脈)에 의하면, 칠불(七佛)이 올바로 전하여 조달마존자(菩提達摩尊者)에 이르러 보리달마존자(菩提達摩尊者)에 이르러부터 가섭에게 이르고, 가섭으로부터 28대에 이르러 보리달마존자(菩提達摩尊者)는 스스로 진단국(震旦國)에 강림(降臨)하셔서 혜가(慧可)에게 전하고 또 전하여 육조(六祖) 혜능대사(慧能大師)에까지 이른다. 이에 계속하여 일백구십칠대(一百九十七代)에 이르러 송(宋)나라 태백명산(太白名山)의 천동여정(天童如淨)에게 전해진다. 1225년 도겐(道元)은 비로소 천동여정(天童如淨)을 만나 예(禮)를 올린다. 천동여정(天童如淨)은 처음 도겐(道元)을 보았을 때, 도겐(道元)에게 본래면목(本來面目)을 지점(指點)하여 전수(傳授)해 주던 면수(面授)의 법문(法門)으로서, 지금까지 면면히 끊어지지 않고 이어졌다.」하였는데, 이는 모두 부처(佛)와 조사(祖師)들이 정법안장(正法眼藏)을 지점(指點)하여 전수(傳授)하였음을 말하는 것이다.

이러한 정법(正法)의 불이법문(不二法門)은 천명금선(天命金線)에 의해서만 출현(出現)하게 되는, 명사(明師)가 조사(祖師)의 위(位)를 제수(除授)받아 이루어지는 단전독수(單傳獨受)의 사자상전(師資相傳)이 되는 것이다. 그런데 명사(明師)를 만난다 하는 것이 어찌

三二

쉬운 일이라 하겠으며, 명사(明師)를 만난다 하는 것이 어찌 부처님을 친견(親見)할 수 있는 일대사기연(一大事奇緣)과 비견할 수 있다 아니할 수 있겠는가. 명사(明師)를 만나지 않고는 돈법(頓法)과 점법(漸法), 그리고 성명쌍수(性命雙修)의 수많은 논설(論說)이 다만 부질없는 것임을, 본 태상공과경(太上功課經)은 밝히고 있는 것이다.

반주삼매경(般舟三昧經)∷부처님께서 발타화보살에게 말씀하시기를, 「보살은 마땅히 자심(慈心)으로 항상 스승을 기쁘게 해야 하며, 마땅히 스승 뵙기를 부처님과 같이 하여 모든 것이 구족(具足)하게 받들어 섬겨야 한다. 보살이 스승에게 화를 내거나 스승의 허물을 가지고 스승 보기를 부처님 같이 하지 않는 자는 삼매(三昧)를 얻기가 어렵느니라.」 하셨다. 세상 사람들아! 그대들은 지금 명사(明師)를 만났는가? 만났다면 그로부터 어떤 지시(指示)를 받았으며, 전한 법(法)은 무엇이던가? 전해받았다면,

무엇을 현관(玄關)이라 하며,
왜 현관(玄關)이라 하며,
왜 현관(玄關)이 모든 수행(修行)의 지침이 되며,
왜 현관(玄關)이 법륜(法輪)의 시종(始終)이 되며,
왜 현관(玄關)이 그물코와 같이 만법(萬法)의 수장(首長)이 되며,
어찌하여 현관(玄關)이 무극(無極)으로 통하는 숨통이라 하던가?

아직 스승을 만나지 못했다면, 범망경(梵網經) 불경사우계(不敬師友戒)에서 상주보살이 반야(般若)의 법문(法門)을 듣기 위해 자신의 간肝)과 골수(骨髓)를 팔아서 담무갈 보살에게 공양(供養)하려 했던 마음으로 지성(至誠)을 다해 법(法) 듣기를 구하고 스승 만나기를 빌라.

7. 삼교융합(三敎融合)

이 청정경(淸靜經)에서는 이미 여러 부분에서 유불선(儒佛仙) 삼교(三敎)가 서로 융합(融合)하는 특징을 잘 나타내고 있다. 불교(佛敎)의 삼업(三業)과 삼계(三界), 그리고 공(空)과 무(無), 적멸(寂滅)의 이치, 심지어는 삼계(三界)를 인신(人身)의 삼단전(三丹田)으로 해석하기도 하였다. 주(註)에 이르기를, 만약 청정경(淸靜經)을 풀어 이해하는 자는 도가(道家)에서는 존사(尊師-스승)라 아니할 수 없겠고, 유종(儒宗)에서는 이인(異人)이라 아니할 수 없겠고, 상교(象敎)에서는 별명(別名) 지닌 사람이라 아니할 수 없으리라. 삼교성인(三敎聖人)이 말하는 바는 각각 다르나, 그 이치는 하나인 것이다. 삼교(明) 나라를 대표하는 고승(高僧) 감산대사(憨山大師)는 평생 불경(佛經)과 유교(儒敎) 및 도가(道家) 경전(經典)을 두루 연구했던 인물로, 좌선(坐禪) 자세로 입적(入寂)하였고, 며칠이 지나도 육신(肉身)이 썩지 않고 살아생전 모습을 그대로 유지하였다고 하는데, 그가 말하기를, 삼계(三界)가 오직 마음 뿐이고 만법(萬法)이 단지 식(識)일 뿐이라는 관점에서 본다면, 삼교(三敎)가 본래 하나일 뿐만 아니라, 어떤 법(法)이라도 마음으로부터 세워지지 않는 것이 없다. 따라서 삼교(三敎)의 성인(聖人)에게서 같은 건 마음이요, 다른 건 각각이 남긴 자취일 뿐이라며, 후세(後世)의 배우는 이들이 각각 자기가 속해 있는 가르침에만 매여 있음을 애석하게 여겨, 자신에 대한 집착(執着)을 버리고 자기라는 울타리를 허물어 없애면 곧 자신의 그릇이 커질 것이라 하였다. 고성선불(古聖先佛)의 옛 법(法)을 간단히 옮겨 쓰니 참고 하기 바란다.

(1) 皆須求得天命明師指點‧與心法秘傳‧
개수구득천명명사지점 여심법비전

孔子受點於老君
공자수점어로군

釋迦受記於燃燈
석가수기어연등

老子受道於太乙
로자수도어태을

耶穌遇約翰‧接受洗禮於約但河
야소우요한 접수세례어요단하

穆聖受天神之指點
목성수천신지지점

此皆註明於遺經‧必受點始能成眞也
차개주명어유경 필수점시능성진야

(2) 受點後‧用何法成道
수점후 용하법성도

① 孔子以三綱五常立教‧存心養性爲修煉‧
공자이삼강오상립교 존심양성위수련

正心修身、克己復禮‧爲工夫‧功果圓滿而成聖
정심수신 극기복례 위공부 공과원만이성성

② 釋迦以三歸五戒立敎・明心見性爲修煉・
　六度萬行爲工夫　功成圓滿而成佛
석가이 삼귀오계립교　명심견성위수련
륙도만행위공부　공성원만이성불

③ 老子以三淸五行立敎・修心煉性爲修煉・
　五百大戒爲工夫・功果圓滿而成仙。
로자이삼청오행립교　수심련성위수련
오백대계위공부　공과원만이성선

(天道眞理講義)

이것은 삼교 성인(三敎聖人)들께서 득도(得道)하시고 수도(修道)하시고 료도(了道)하신 법(法)을 밝혀 놓으신 것으로서 그 가신 바 길은 모두가 진리진명(眞理眞命)의 천도(天道)에서 벗어나심이 없으셨던 것이다.

어찌 삼교(三敎)와 만법(萬法)이 각각 모두 등과 등을 서로 맞대고 있어, 얼굴을 평생 볼 수 없는 몸체를 한 흉물(凶物)일 수 있겠는가. 사람들이여! 따로이 문호(門戶)를 세워 눈도 코도 없는 그대의 추한 모습을 후대에 전하지 말라.

8. 머리말을 맺으며

생(生)과 사(死)는 전혀 다른 두 개의 감성(感性)을 지닌 일란성 쌍둥이와 같은 것이고, 윤회전변(輪廻轉變)이란 매일 다른 꿈을 꾸듯 끊임없이 이어지는 자욱 없는 조각 조각에

三六

불과한 환각(幻覺)이다. 실체가 없는 이러한 환각(幻覺) 같은 삶에서 다음 생(生)을 기약하거나 다시 태어나지 않기를 쉽게 바라지 말고 지금 이 순간을 열심히 성(誠)에 사무쳐 살아가야 한다. 저돌적으로 혼신을 다하는 순간 순간이 영원히 쌓여갈 때 그 근기(根基)로 하여 언젠가는 깨달음을 얻는 날이 오리라. 10년을 아무 한 일 없이 보냈을 때, 그 10년이 허망하듯, 그저 세월속에 휩쓸려 한 생(生)을 살았다면 그 생(生)은 사라지는 물거품에 불과할 것이다. 그러나 혼신을 다하여 열심히 살았다면 비록 물거품에 불과한 짧은 생(生)이었다 해도 거대한 파도를 이루는 중요한 결정체가 되는 것이다.

여러 모로 부족한 필자가 이 경(經)을 이해하는 데 있어 아낌 없는 가르침을 주신 개원법사(開元法師)께 진심으로 머리 숙여 감사드린다. 돌아가신 어머니를 위하는 길을 찾다가 청정경(淸靜經)을 번역(翻譯)하게 되었고, 어머니의 삼년상(三年喪)을 맞이하여 책을 출판(出版)하게 되었다. 어머니께서는 임종(臨終)을 예견(豫見)하시며 『욕심(慾心)을 버리고 스스로를 세우라.』는 마지막 말씀을 남기셨는데, 이 마지막 말씀은 나를 죽이는 날까지 편안하게 지켜줄 진언(眞言)이 될 것이다. 이제 마음 비우기를 요지(要旨)로 삼는 이 청정경(淸靜經)으로 어머니의 마지막 원(願)의 한 부분이나마 보답할 수 있는 글을 쓰게 되어 참으로 감개무량하다.

부족한 글솜씨로나마 이 경(經)을 세상에 알리게 되었는데, 간절히 바라는 것은 이 책의 모든 진리진법(眞理眞法)을 인연(因緣) 있는 모든 사람들과 함께 하고 싶고, 인연(因緣)

이 있거나 인연(因緣)이 없거나 간에 이 태상공과경(太上功課經)으로 말미암아 모두 다 함께 무극(無極)으로 귀환(歸還)할 수 있는 공과(功果)를 성취했으면 하는 마음 간절하다.
끝으로 감히 이 책을 세상에 드러낼 수 있도록 시종일관 헌신적인 도움과 애정을 보여 주신 많은 분들께 깊은 감사의 뜻을 전한다.

自寂華 許好廷 謹書
자적화 허호정 근서

(2) 太上老君淸靜經圖註敍

태상노군(太上老君) 청정경(淸靜經) 도주(圖註)에 서(敍)한다.

夫鴻濛分判。陰陽始列。輕淸上浮者。爲天。其質陽也。重濁

무극(無極)의 헤아릴 수 없는 홍몽(鴻濛)한 기운(氣運)의 분판(分判)은 음양(陰陽)으로 분열(分列)을 시작했는데, 가볍고 맑은 것은 위로 떠서 하늘(天)이 되었으며 그 질성(質性)은 양(陽)이다.

下凝者。爲地。其質陰也。淸濁相混者。爲人。其質陰陽合幷

무겁고 탁한 기운(氣運)이 아래로 내려와 엉긴 것을 땅(地)이라 하였는데, 그 질성(質性)은 음(陰)이다. 「맑은 기운(淸)」과 「탁한 기운(濁)」이 서로 섞인 것을 사람이라 하는데, 그 질성(質性)인 음양(陰陽)이 서로 합해져 조화(造化)를 이루고 있는 것은

惟人。禀乾坤而交。以成性。受陰陽而感。以成形。得五行之

오직 사람뿐이다. 이러한 이기(理氣)를 건곤(乾坤)이 받아 교류(交流)를 일으켜

化育。而五臟。五德。五靈。由斯而全焉。受六合之交感。而六腑。六根。六神。由斯而備焉。列三才之品。爲萬物之靈。世間難得者。人也。人生難得者。道也。夫人。與天地同才。而不能與天地同長久者。何矣。皆因不知消長之理也。人與佛仙

성(性)이 되었으며, 음양(陰陽)이 반아서는 감(感)을 일으켜 형체(形體)가 만들어 졌다. 오행(五行)의 화육(化育)을 얻어 오장(五臟)이 되었으며, 오덕(五德)과 오령(五靈)이 모두 이로 말미암아 완전(完全)해졌으며, 육합(六合)에서 일어나는 교감(交感)의 흥취(興趣)를 받아 육부(六腑)와 육근(六根)과 육신(六神) 모두가 다 이로 말미암아 갖추어지게 되고, 삼재품(三財品) 대열에 끼게 되어 만물(萬物)의 영장(靈長)이 되었다. 세간(世間)에서 가장 얻기 어려운 것이 사람 몸 받는 일이다. 사람으로 태어나서 가장 얻기 어려운 것은 도(道)이다. 무릇 사람이 천지(天地)와 동격(同格)인 삼재품(三財品)에 들지만 천지의 개인불지소장지리야 인여불선천지(天地)와 더불어 장구(長久)할 수 없는 것은 무엇 때문인가? 그것은 모두가 차고 기우는 소장(消長)의 이치를 모르기 때문이다.

사람은 불선(佛仙)과 同體。而不能與佛仙同超證者。何矣。皆因不知先天之道也。

똑같은 몸을 지니고 있으나, 불선(佛仙)처럼 초생료사(超生了死)를 입증(立證)할 수 없는 것은 무엇 때문인가? 선천대도(先天大道)를 모르기 때문이다.

人與君臣同形。而不能與君臣同富貴者。何矣。皆因不知積德之功也。

사람들은 군신(君臣)과 똑같은 모습을 하고 있으나, 군신(君臣)과 같이 부귀(富貴)할 수 없는 것은 무엇 때문인가? 모두 적덕(積德)의 공(功)을 모르기 때문이다.

人與萬物同性。而不能與萬物無傷者。何

사람은 만물(萬物)과 똑같은 질성(質性)을 지녔으나, 만물(萬物)처럼 상해(傷害)가 없을 수 없는 것은 무엇 때문인가?

矣。皆因不知惻隱之心也。然而不知消長之理。先天之道。
의 개인불지측은지심야 연이불지소장지리 선천지도
모두 측은지심(惻隱之心)을 모르기 때문이다. 그러므로 소장(消長)의 이치(理致)
와 선천대도(先天大道)와

積德之功。惻隱之心則天堂路塞。地獄門開也。是故。
적덕지공 측은지심즉천당로색 지옥문개야 시고
적덕지공(積德之功)과 측은지심(惻隱之心)을 모른다 할진대, 천당(天堂)으로 향하
는 길은 막히게 되고, 지옥(地獄)으로 들어가는 문(門)이 열리게 되는 것이다. 그
러한 연고(然故)로

太上道德天尊。廣發慈悲之念。大開方便之門。著淸靜之經。
태상도덕천존 광발자비지념 대개방편지문 저청정지경
태상도덕천존(太上道德天尊)께서 한량없이 넓은 자비심(慈悲心)을 내셔서 방편문
(方便門)을 활짝 열어 놓으시고 청정(淸靜)의 보경(寶經)을 저술(著述)하셔서

演長生之訣。流傳天下。廣佈四海。指開雲路。化醒原來。其
연장생지결 류전천하 광포사해 지개운로 화성원래 기
장생(長生)의 구결(口訣)을 알알이 드러내 연출(演出)시켜 천하(天下)에 널리 퍼
뜨리시며, 사해(四海)에 흩뿌려 구름길(雲路)을 헤매는 나그네들의 막힌 길을 터
주셔서, 원래의 본모습을 깨우칠 수 있도록 하셨다.

四二

經至簡至易。極玄極妙。其句九十有六。正合九六原人之
청정경(清靜經)은 너무나 쉽고도 간결하며, 지극히 현묘(玄妙)한 경(經)이다. 구십육(九十六) 구절(句節)로 되어 있는데, 이는 곧 구십육원불자(九十六原佛子)들의 수(數)와 일치하고,

數。以應乾坤之卦也。其字三百九十有四。除開河圖生成
건곤괘(乾坤卦)와도 대응된다. 또한, 3백9십4자(三百九十四字)로 되어 있는데, 하도(河圖)가 생성(生成)된 수(數)를 제거하면

之數。以應八卦之爻也。又得混然子之。慈悲以列圖象。
팔괘(八卦)의 효(爻)와도 대응된다. 또한, 혼연자(混然子)께서 자비(慈悲)를 베푸시어 도상(圖象)을 배열하셨다.

更仗。水精子之聖才。以增註解。共分二十四章。而章章
다시 수정자(水精子)의 성재(聖才)로 이십사장(二十四章)의 주해(註解)가 증보(增補)되었는데, 장장(章章)마다

珠璣。同參二十四圖。而圖圖沈檀。條分縷晰劃切詳明。眞
주옥(珠玉)이며, 곁들여진 이십사도(二十四圖)의 그림들은 침단향목(沈檀香木)으
로 조목조목 세밀하고 명확하게 분석되어 있을 뿐 아니라, 사리에 맞게 상세하고
분명하게 밝히고 있어,

乃度人之寶筏。醒夢之晨鐘。救人之靈丹。昇仙之階梯也。
진실로 사람을 건네는 보배로운 뗏목이라 하겠고, 깊은 잠 꿈을 깨우는 새벽 종소
리라 하겠으며, 사람을 구하는 영단약(靈丹藥)이며, 선불(仙佛)되어 오르게 하는
계단이라 하겠다.

實爲慕道之禪杖。辯眞之藥石。劈旁之斧鉞。照幽之炬燈
진실로 도(道)에 사무쳐 삼매(三昧)에 들게 하는 선(禪)의 지팡이이며, 진가(眞
假)를 분별하게 하는 신비한 약석(藥石)이며, 사도방문(邪道旁門)을 요절내는 도
끼이며, 어둠을 밝히는 횃불이며 등불이다.

也。是道則進。非道則退。言非淺近。理數顯微。若有善緣得
시도즉진(是道則進) 비도즉퇴(非道則退) 언비천근(言非淺近) 이수현미(理數) 약유선연득
길(道)이면 나아가고, 길(道)이 아니면 물러나라는 말은 보통 말이 아니고, 이수(理數)

四四

의 미묘(微妙)한 이치를 뚜렷이 표현한 말이다. 만약, 선연(善緣)이 있어 만나게 된다면

遇。便是三生有幸。須當盥手恭讀。理宜過細體閱。不看之
우 편시삼생유행 수당관수공독 리의과세체열 불간지

삼생(三生)에 걸쳐 두 번 다시 만나기 힘든 행운(幸運)이라 할지니, 모름지기 손을 깨끗이 씻고 엄숙하게 읽고, 이치를 마땅히 꼼꼼하게 읽고 살펴 터득하도록 해야 한다.

時。高供神堂。則有丁甲守護。更能鎭宅驅邪。早晚跪誦。還
시 고공신당 즉유정갑수호 갱능진택구사 조만궤송 환

고공신당(高供神堂) 즉 유정갑수호(有丁甲守護)에 두 번 다시 만나게 된다면, 정갑(丁甲)의 호법신(護法神)이 지켜줄 것이며, 집안의 모든 악귀를 쫓아내 주리라. 아침 저녁으로 무릎을 꿇고 외우면,

可消災解厄。積德感天。自有明師相遇。低心求指經中之
가소재해액 적덕감천 자유명사상우 저심구지경중지

재앙도 소멸되고, 액운도 풀릴 것이다. 덕(德)이 쌓이고 쌓여서 하늘이 감동하게 되면, 자연히 명사(明師)를 만나게 될 터이니, 마음을 낮추어 경(經) 속에 담겨 있는 현묘(玄妙)한 이치를 가르침 받고

玄。下氣懇傳先天之道。照經修鍊。功果全備。在儒可以成
현 하기간전선천지도 조경수련 공과전비 재유가이성

혈기(血氣)를 낮추어 선천대도(先天大道)를 간절한 마음으로 전해 받아 경(經)에 비추어

수련(修煉)함으로써 공과(功果)를 완전히 갖추게 되면, 유가(儒家)에서는 성(聖)이 되고,

聖。在釋可以成佛。在道可以成仙也。若是天下同人。依是

석문(釋門)에서는 불(佛)이 되며, 도가(道家)에서는 선(仙)을 이루리라. 만약, 천하(天下) 사람들이 다 함께

經而尊之。得是道而修之千難不改。萬難不退。日就月將。

경(經)에 적시(摘示)한 바대로 받들어 나가며, 받은 이 도(道)를 수련(修煉)함에 있어 천난(千難)이 있어도 고치지 않고, 만난(萬難)이 닥쳐도 물러서지 않아서 나날이 진보(進步) 발전(發展)하여

三千功滿。八百果圓。丹書下詔。脫殼飛昇。逍遙天外。浩劫

삼천공(三千功)이 가득 차고 팔백과(八白果)가 원만해지면, 단서(丹書)의 조칙(詔敕)이 내려, 탈각비승(脫殼飛昇)하고, 하늘 밖에 소요자재(逍遙自在)하면서 무수겁(無數劫)에 걸쳐

長存。豈不美哉。不負。

영원히 살 수 있으리니 이 어찌 아름답지 아니하리요.

太上度人之婆心。以念聖德之慈意。學者其毋忽焉。此是。

태상(太上)께서 사람들을 제도(濟度)하려 하시는 고운 마음을 저버리지 말고, 성덕(聖德)의 자의(慈意)를 마음 속 깊이 새기면서 학자(學者)는 그 뜻을 소홀히 하지 말라. 이것이 바로

道德天尊之厚望也。夫是爲敍

도덕천존(道德天尊)께서 바라시는 바라. 이로써 서(敍)를 삼는다.

峕

때(時)는

甲辰年乾月望日

갑진년(甲辰年) 건월(乾月) 망일(望日)

文昌帝君序於朝陽古硐

문창제군(文昌帝君)은 조양고동(朝陽古硐)에서 서(序)하다.

(3) 重刻淸靜經圖註後叙

중각(重刻)한 청정경(淸靜經) 도주(圖註)에 후서(後叙)를 한다.

世間之善。惟有刻印善書經典。爲行善第一功德。蓋濟人利物。雖皆爲善。究竟一人所行有限。終不若善與人同之爲廣遠也。夫秉彜之良。人所固有。第無所觀。感則亦不能

세간(世間)의 선(善)은, 오직 선서(善書)와 경전(經典)을 인쇄하여 널리 펴는 것으로, 행선(行善)의 제일 가는 공덕(功德)으로 삼는다. 대개 인(人)과 물(物)을 제도(濟度)하고 이익 되도록 베풀어 주는 것 모두를 선(善)이라 하지만, 한 사람의 능력으로는 한계가 있어서, 결국 선(善)이란 사람들과 더불어 함께 하지 않으면 광범위하게 널리 펼 수가 없는 것이다. 본래 타고나는 천성(天性)인 양심(良心)은 사람마다 모두 고유하게 있는 것이나, 다만 관(觀)하여 보는 바 없으면, 느껴도 감(感)이 세차게 일어나지 않는다.

興起。誠得善書經典讀之。則勃然感動。惡者。見此改行。善
지성(至誠)을 다해 선서(善書)와 경전(經典)을 읽어 그 뜻을 터득해야만 감동(感動)이 끓어올라, 악(惡)한 자가 이를 보면 행한 바와 오(過誤)를 고칠 것이며,

者。聞而堅進。是眾人之善。皆書與之善。其功不甚偉乎。再
선(善)한 자가 들으면 더욱 정진(精進)할 것이다. 이러한 뭇 사람들의 선(善)은 모두 선서(善書)가 더불어 이뤄낸 선(善)인데, 그 공덕(功德) 어찌 위대하다 아니 하리요!

遇同志。遞相傳刻。則天下皆不難到。互相勸勉。善人愈多。
이에 더하여 같은 뜻을 품은 동지(同志)를 만나, 인쇄한 경전(經典)을 서로가 전한다면, 천하(天下) 끝난 데까지 퍼뜨리는 일이 그리 어렵지 않을 것이요, 서로가 권면(勸勉)한다면, 선인(善人)은 더욱 늘어날 것이며,

善事愈廣。是此一舉。有無量之善矣。故功過格言。以善書
선사(善事) 또한 더욱 더 광범위하게 일어날 것이다. 그러므로 이 한 권의 경전(經典)을 출판(出版)하는 일은 무량한 선(善)의 씨앗이 되는 것이다. 고(故)로 공과격언(功過格言)에, 선서(善書)와 경전(經典)을

五〇

傳_전大_대豪_호傑_걸。大_대貴_귀人_인者_자。當_당千_천善_선。廣_광佈_포無_무邊_변。重_중刻_각不_불朽_후者_자。當_당萬_만

대호걸(大豪傑)과 대귀인(大貴人)에게 전하는 일은 천선(千善)에 해당하니, 그 공덕(功德) 이야말로 광대무변(廣大無邊)하다 할 것이며 다시 판(版)을 찍어내 영원히 없어지지 않도록 하는 것은

萬_만善_선。西_서安_안省_성城_성。多_다公_공祠_사。復_복初_초道_도人_인。余_여明_명善_선。募_모化_화功_공德_덕。詮_전刻_각

만만선(萬萬善)에 해당하리라. 서안성성(西安省城)에는 공사(公祠)가 많아, 복초도인(復初道人) 여명선(余明善)은 권선(勸善)하여 공덕금(功德金)을 모아서

各_각種_종善_선書_서經_경典_전。廣_광佈_포流_류傳_전。但_단願_원人_인人_인。改_개過_과自_자新_신。遵_준行_행善_선道_도

각종 선서(善書)와 경전(經典)을 전각(詮刻)하여 널리 유통(流通)시키려 함에, 다만 원(願)하는 바는 사람 사람마다 잘못을 고쳐 새 사람이 되고, 선도(善道)를 그대로 실행하며,

孝_효養_양父_부母_모。恭_공敬_경三_삼寶_보。竭_갈忠_충於_어君_군。不_불殺_살不_부盜_도。壹_일是_시皆_개以_이正_정心_심

부모(父母)를 효성(孝誠)으로 봉양(奉養)하고, 삼보(三寶)를 공경(恭敬)하며, 군주(君主)

에 충성(忠誠)을 다하고, 살생(殺生)을 하지 않으며, 투도(偸盜)도 하지 않기를 바랄 뿐이다. 무엇보다도 제일 먼저 이 모든 것은

修身爲本。行善積德爲根。如此根本旣立。豊稔可期。淸平

정심수신(正心修身)을 본(本)으로 삼고, 행선적덕(行善積德)을 근(根)으로 삼아야 할진대, 이와같이 근본(根本)이 이미 세워지면 풍년(豊年)을 가히 기대할 수 있으며, 평화로움을

可保。優游

가히 보장받고

盛世。羣號賢良。豈不同樂堯天舜日。共享淸平之福哉。是爲敍

태평성세(太平盛世)를 누릴 것이며, 모든 사람들을 현량(賢良)이라 할 것이다. 이 어찌 요천순일(堯天舜日)과 같은 즐거움이 아니겠으며, 다 함께 평화로운 복(福)을 누리는 것이 아니겠는가. 이에 서(敍)하노라.

時在。

때(時)는

同治十一年歲次壬申乾月朔日 守一子謹識
동치 십일년(同治十一年) 세차 임신(歲次壬申) 건월(乾月) 삭일(朔日)에 수일자(守一子) 근식(謹識)

西嶽華山聚仙臺復初道人余明善薰沐謹敍
서악화산(西嶽華山) 취선대(聚仙臺)에서
복초도인(復初道人·全眞道人) 여명선(余明善)은
목욕(沐浴)하고 향(香) 피우고 삼가 서(敍)하다.

(4) 重刻淸靜經圖註後敍

중각(重刻)한 청정경(淸靜經) 도주(圖註)에 후서(後敍)를 한다.

夫天道之變化。地道之興衰。人道之善惡。古今之常理也。

대저 천도(天道)의 천변만화(千變萬化)와 지도(地道)의 흥망성쇠(興亡盛衰), 인도(人道)의 선악미추(善惡美醜)는 고금(古今)에 걸쳐 한결같이 존재하는 상리(常理)이다.

日月之盈虧。氣運之消長。聖凡之超墮。亦是古今之定數也。

일월(日月)의 차고 기움, 기운(氣運)의 사라짐과 드러남, 성범(聖凡)의 초탈(超脫)과 타락(墮落)이 역시 고금(古今)에 걸쳐서 변함없는 정수(定數)이다.

噫嘻三期之劫至矣。三敎之經顯矣。三才之道明矣。今

희희(噫嘻)라! 삼기지겁(三期之劫)의 삼교지경현(三敎之經顯)의 삼재지도명(三才之道明)의 금

오호(嗚呼)라! 삼기(三期)의 말겁(末劫)에 이르렀도다!

太華山聚仙臺。混元硐中。有一全眞道人。道號復初。得受
先天大道。身守三皈五戒。隱居硐中。苦修數載。內果已成。
復培外功。虔誦　皇經。祈保清平。敬惜字紙。尊重聖賢。補
修廟宇。以妥神靈捨藥送方。救人疾苦。刻印各種善書經

삼교(三教)의 전경(典經)이 드러났도다!
삼재(三才)의 묘도(妙道)가 밝아졌도다!

지금 태화산(太華山) 취선대(聚仙臺) 혼원동중(混元硐中)에 한 분의 전진도(全眞道) 도인(道人)이 계시는데, 도호(道號)를 복초(復初)라 하였다.
선천대도(先天大道)를 받았으며, 몸소 삼귀오계(三歸五戒)를 지키고, 동굴에 은거(隱居)하면서, 수년(數年) 고행(苦行)하여 내과(內果)를 이루고,
복배외공(復培外功) 건송 황경(皇經)을 경건한 마음으로 염송(念誦)하고, 평화롭기를 빌며, 글씨 쓴 종이를 아끼며, 성현(聖賢)을 높이 받들고,
수묘우(修廟宇) 이타신령사약송방 구인질고 각인각종선서경 묘우(廟宇)를 보수(補修)하며, 신령(神靈)스럽게도 꼭 알맞는 약(藥)을 베풀고, 약처방(藥處方)을 보내줌으로써,

질병으로 고통받는 사람들을 구제(救濟)하며, 각종 선서(善書)와 경전(經典)을 인쇄(印刷)하여

典_전。廣_광佈_포流_류傳_전。代_대天_천行_행化_화。設_설立_립講_강堂_당。常_상日_일宣_선講_강。

널리 유통(流通)시키고 하늘을 대신하여 교화(敎化)하였으며, 강당(講堂)을 설립(設立)하고, 매일같이

聖_성諭_유。善_선書_서。勸_권醒_성迷_미人_인。功_공果_과兩_양全_전。丹_단經_경奇_기遇_우。焚_분化_화字_자紙_지。見_견有_유淸_청

성유(聖諭)를 강론(講論)하며, 선서(善書)를 미혹(迷惑)한 중생들에게 권(勸)하여 내외공과(內外功果)가 원만(圓滿)히 이루어지도록 하였는데, 단경(丹經)을 기이(奇異)하게 만나게 된 것은 종이를 태울 때

靜_정經_경一_일卷_권。乃_내係_계

발견하게 된 것이 청정경(淸靜經) 한 권이었다. 이것이 바로

太_태上_상老_로君_군所_소著_저。有_유圖_도有_유解_해。言_언言_언金_금科_과。句_구句_구玉_옥律_률。經_경中_중所_소喩_유無_무

태상노군(太上老君)께서 지으신 책이었는데, 그림도 있고, 해석(解釋)도 되어 있는 것이,

五七

말씀마다 금과(金科)이며 구절(句節)마다 옥률(玉律)로서、경(經)에 설명하신

極。太極之源來。先天後天之變化。明善復初之關究。安爐立鼎之定位。煉己築基之法則。採鈆得汞之活機。去濁留清之奧妙。鈆苗老嫩之審實。水火昇降之法輪。乾坤坎離

무극(無極) 태극(太極)의 내원(來源)、선천(先天) 후천(後天)의 변화(變化)、명선복초(明善復初)의 관규(關究)、안로입정(安爐立鼎)의 정위(定位)、연기축기(煉己築基)의 법칙(法則)、채약득약(採鈆得汞)의 활기(活機)、거탁유청(去濁留清)의 오묘(奧妙)、약묘로눈(鈆苗老嫩)의 심실(審實)、수화승강(水火昇降)의 법륜(法輪)、건곤감리(乾坤坎離)의 교구(交媾)、

之交姤。返本還原之抽添。武煉文烹之止足。陽火陰符之
반본환원(返本還原)의 추첨(抽添)、
무련문팽(武煉文烹)의 지족(止足)、
양화음부(陽火陰符)의 진퇴(進退)、

進退。溫養沐浴之定靜。面壁脫胎之超證。積功累德之栽
온양목욕(溫養沐浴)의 정정(定靜)、
면벽탈태(面壁脫胎)의 초증(超證)、
적공루덕(積功累德)의 재배(栽培) 등등

培。一一備載。節節詳明。眞乃人天之共寶。仙佛之雲梯也。
모든 것이 빈틈없이 실려져、각 항목(項目)마다 상세히 설명되고 있는 것이 진실로 인천(人天)이 다 같이 봐야 할 보배이며、선불(仙佛)에 오를 수 있는 운제(雲梯)였다。

爾時道人。將經閱畢。大聲稱讚。善哉善哉。古今罕見之妙
이때、복초도인(復初道人)께서 열람(閱覽)하시고는、큰 소리로 찬탄(讚嘆)하시기를、참으로 훌륭하고 훌륭하구나！고금(古今)에 걸쳐 보기 드문 묘해(妙解)로다。

解也。昔前雖見斯經。未見圖註。其經傳世久矣。惜乎。未得
예전에 이 경(經)을 본 적이 있었지만, 도(圖)·주(註)가 있는 것은 보지 못하였
다. 그 경(經)은 세상에 전해진 지 오래되어 애석하게도

廣佈。焉能人人同觀。家家共聞。必有卦一漏萬者也。復初
널리 유통(流通)되지 못하였는데, 어찌 사람 사람마다 볼 수 있었겠으며, 집집마
다 그 복음(福音)을 들을 수 있었겠는가! 틀림없이 하나는 걸어 올렸으나, 만
(萬)은 놓친 것이로다 하시며,

道人。大發普公之溥心。願造渡人之慈航。募化功德。重刻
복초도인(復初道人)께서 널리 공포(公布)하기로 자비심(慈悲心)을 크게 내시며,
원(願)하시기를 사람을 건네주는 자항법선(慈航法船)을 만들고 공덕(功德)을 모아

經版。廣佈流傳。徧溢四海。惟願人人明德。箇箇修身。挽轉
경판(經版)을 다시 찍어서
널리 유통(流通)시켜 사해(四海)에 두루두루 흘러 넘치 도록 해야 하겠도다 하시며
오직

六〇

원(願)하는 바는 사람 사람마다 덕(德)을 밝히고 누구나 수신(修身)하며, 인심(人心)을 잡아 돌려

人心_{인심}。以回天意_{이회천의}。妖氣消滅_{요분소멸}。世得淸平_{세득청평}。風調雨順_{풍조우순}。國泰民安_{국태민안}。
천의(天意)를 회복(回復)하고, 요사스런 기운(氣運)이 소멸(消滅)되며, 세상이 평온(平穩)함을 얻고, 풍우(風雨)가 순조로우며, 나라가 태평(太平)하고 백성은 평안(平安)하며

刀鎗入庫_{도쟁입고}。馬放南山_{마방남산}。五穀豐登_{오곡풍등}。三曹安寗_{삼조안녕}。同享淸平之福_{동향청평지복}。
총칼이 창고에 버려지고 말(馬)은 남산(南山)에서 한가로이 노닐며 오곡(五穀)은 풍요로워지고, 천지인삼조(天地人三曹)가 모두 안녕(安寗)하며, 다 함께 평화로운 복(福)을 누리고

共樂堯天之慶_{공락요천지경}。以酬天神育化之德_{이수천신육화지덕}。更報_{갱보}。
모두가 요순(堯舜) 시절의 경애(慶愛)를 즐기며, 천신(天神)이 육화(育化)하시는 대덕(大德)에 보답(報答)하기만 바랄 뿐이고 또 다시

皇王水土之恩_{황왕수토지은}。以滿_{이만}。

太上度世之願。同超父母養育之恩。普結天下賢良之緣。同
태상도세지원   동초부모양육지은   보결천하현량지연   동

황왕(皇王)과 수토(水土)의 은혜(恩惠)에 보답하고
태상노군(太上老君)께서 세간(世間)을 제도(濟度)하시려는 원(願)이 충만(充滿)하
고, 부모님이 양육(養育)해 주신 은혜(恩惠)로 다 함께 초승(超昇)하고, 천하(天
下)의 모든 현량(賢良)들과 인연(因緣)도 맺고、

看。
간
모두 함께

太上清靜之經。共得先天一貫之道。均享天爵人爵之風。豈
태상청정지경   공득선천일관지도   균향천작인작지풍   기

태상청정경(太上淸靜經)도 보며, 다같이 선천(先天) 일관대도(一貫大道)도 얻어、
너나 할 것 없이 모두 천작(天爵)과 인작(人爵)의 풍류(風流)를 누린다면、

不美哉。豈不善哉。不負道人募化之功。是爲古今之厚望
불미재   기불선재   불부도인모화지공   시위고금지후망

이 어찌 아름답지 않겠는가, 어찌 훌륭하지 않겠는가!
도인(道人)은 권선(勸善)의 공덕(功德)을 저버리지 않는다 하셨으니、이것은 고금
(古今)에 걸친 가슴 뿌듯한 희망이라.

者也。是余不揣鄙陋。援筆樂而爲敍。
자야 시여불취비루 원필락이위서
이에 나는 식견(識見) 좁은 나 자신의 분수를 모르고 붓을 드는 것을 즐거워하며 서(敍)를 쓴다.

時在。
시재
때(時)는

大淸同治十一年歲次壬申乾月望日樂山子謹敍
대청동치십일년세차임신건월망일요산자근서
대청(大淸) 동치(同治) 11년(十一年) 세차(歲次) 임신(壬申) 건월(乾月) 망일(望日)에
요산자(樂山子) 근서(謹敍)

六三

太上老君說常淸靜經

老君曰。大道無形。生育天地。大道無情。運行日月。大道無名。長養萬物。吾不知其名。強名曰道。夫道者有淸有濁。有動有靜。天淸地濁。天動地靜。男淸女濁。男動女靜。降本流末。

노군(老君)께서 말씀하시기를, 대도(大道)는 형상(形象)이 없으나 천지(天地)를 낳아 화육(化育)하고, 대도(大道)는 정(情)이 없으나 일월(日月)을 운행(運行)하며, 대도(大道)는 이름이 없으나 만물(萬物)을 성장(成長)시키고 길러내는데 내가 그 이름을 알지 못하여 어쩔 수 없이 억지로 도(道)라 이름지었다. 도(道)라는 것은 맑음(淸)이 있고 탁함(濁)이 있고, 움직임(動)이 있어서, 하늘(天)은 맑고(淸) 땅(地)은 탁(濁)하며, 하늘(天)은 움직이고 땅(地)은 고요하며, 남자는 맑고(淸) 여자는 탁(濁)하고, 남자는 움직이는 것이고 여자는 고요하게 된 것인데, (이러함이) 본(本)에서

부터 말(末)까지 내리고 흘러

而生萬物。淸者濁之源。動者靜之基。人能常淸靜。天地悉皆歸。夫人神好淸。而心擾之。人心好靜。而慾牽之。常能遣其慾。而心自靜。澄其心。而神自淸。自然六慾不生。三毒消滅。所以不能者。爲心未澄。慾未遣也。能遣之者。內觀其心

이생만물 청자탁지원 동자정지기 인능상청정 천지실
만물(萬物)이 생겨난 것이다. 맑음(淸)은 탁함(濁)의 근원(根源)이 되고, 움직임(動)은 고요함(靜)의 토대(基)가 된다. 사람이 능히 항상 맑고 고요하면 천지(天地)가

개귀 부인신호청 이심요지 인심호정 이욕견지 상능견
모두 돌아오리라. 대저 인신(人神)은 맑음(淸)을 좋아하나 마음이 흔들고, 인심(人心)은 고요함(靜)을 좋아하나, 욕심(慾心)이 끌어당기나니

기욕 이심자정 징기심 이신자청 자연류욕불생 삼독소
항상 그 욕심(慾心)을 쫓아낼 수 있으면 마음이 스스로 고요해지고, 그 마음이 가라앉으면 신(神)은 스스로 맑아지고 자연히 육욕(六慾)이 생기지 않으며 삼독(三毒)은 소멸(消滅)되리라.

멸 소이불능자 위심미징 욕미견야 능견지자 내관기심
그러나 그러할 수 없는 것은 마음을 가라앉히지 못했으며, 욕심(慾心)도 내버리지

못한 것이다. 능히 내보낸다 하는 것은 안으로 그 마음(心)을 보아도

心無其心。外觀其形。形無其形。遠觀其物。物無其物。三者
심무기심 외관기형 형무기형 원관기물 물무기물 삼자

마음(心)에도 그 마음(心)이 없고 밖으로 그 형상(形象)을 보아도 형상(形象)에도 그 형상(形象)이 없으며, 멀리 그 사물을 보아도 사물에도 그 사물이 없다 할 것이니,

旣悟。唯見於空。觀空亦空。空無所空。所空旣無。無無亦無。
기오 유견어공 관공역공 공무소공 소공기무 무무역무

이 세 가지를 이미 깨쳤다면, 오직 공(空)만 보리라. 공(空)을 봄(觀)도 역시 공(空)이며, 공(空)에도 공(空)한 바가 없다. 공(空)한 바가 이미 없고, 없음(無)이 없다는 것도 또한 없으며,

無無旣無。湛然常寂。寂無所寂。慾豈能生。慾旣不生。卽是
무무기무 담연상적 적무소적 욕기능생 욕기불생 즉시

없음(無)이 없다는 것조차 이미 없어야 담연(湛然)히 항상 그렇게 고요할 것이다. 고요함(寂)에도 그 고요할 바가 없으니 욕심(慾心)이 어찌 생기겠는가? 욕심(慾心)이 이미 생기지 않으면

眞靜。眞常應物。眞常得性。常應常靜。常淸靜矣。如此淸靜。
진정 진상응물 진상득성 상응상정 상청정의 여차청정

六七

곧 이것이야말로 참된 고요함(靜)이다. 진실로 떳떳이 만물(萬物)을 응대(應對)하면 진실로 떳떳한 본성(本性)을 얻게 되느니, 떳떳이 응대(應對)하되 항상 고요하면 항상 맑고 고요할 것이다. 이와같이 맑고 고요하면

漸入眞道。既入眞道。名爲得道。雖名得道。實無所得。爲化

점차 진도(眞道)에 들어가고 이미 진도(眞道)에 들어감에 이름하여 득도(得道)했다 하는데, 비록 도(道)를 얻었다 하나, 실제로는 얻은 바가 없다.

衆生。名爲得道。能悟之者。可傳聖道。

중생(衆生)을 교화(敎化)해야만 도(道)를 얻었다 이름을 붙일 수 있고, 능히 깨친 자(者)라야 가히 성도(聖道)를 전할 수 있도다.

太上老君曰。上士無爭。下士好爭。上德不德。下德執德。執著

태상노군(太上老君)께서 말씀하시기를, 상사(上士)는 다투기 없고, 하사(下士)는 다투기를 좋아한다. 덕(德)이 높은 사람은 덕(德)을 내세우지 않으나, 덕(德)이 얕은 사람은 오히려 덕(德)에 집착(執着)하나니

執者。不明道德。眾生所以不得眞道者。爲有妄心。旣有妄
집착(執着)하고 매달리는 자는 도덕(道德)을 밝힐 수 없다. 중생(衆生)이 진도(眞道)를 얻지 못하는 까닭은 망심(妄心)이 있기 때문이다. 이미 망심(妄心)이 있으면,

心。卽驚其神。旣驚其神。卽著萬物。旣著萬物。卽生貪求。旣
그 신(神)이 놀라게 된다. 이미 그 신(神)이 놀랐다면 만물(萬物)에 집착(執着)하게 되고, 이미 만물(萬物)에 집착(執着)하면 곧 구(求)하고자 하는 탐념(貪念)이 생긴다.

生貪求。卽是煩惱。煩惱妄想。憂苦身心。便遭濁辱。流浪生
이미 구(求)하고자 하는 탐념(貪念)이 일면 이것이 곧 번뇌(煩惱)이다. 번뇌(煩惱)와 망상(妄想)은 심신(心身)을 고달프게 하고, 곧바로 탁욕(濁辱)을 만나 생사(生死)에 유랑(流浪)하게 하며,

死。常沈苦海。永失眞道。眞常之道。悟者自得。得悟道者。常
항상 고해(苦海)에 잠겨 영원히 진도(眞道)를 잃게 한다. 참되고 떳떳한 진상(眞常)의 도(道)는 깨달은 자(者) 스스로 얻을 것이니, 도(道)를 깨쳐 얻은 자(者)는

清靜矣。
청정의
항상 청정(淸靜)하리라.

仙人葛公曰。吾得眞道者。曾誦此經萬遍。此經是天人所習。
선인갈공 오득진도자 증송차경만편 차경시천인소습
선인갈공(仙人葛公)께서 말씀하시기를, 내가 이 진도(眞道)를 얻은 것은 이 경(經)을 만편(萬徧)을 념송(念誦)하고였노라. 이 경(經)은 천인(天人)이 배우는 것으로

不傳下士。吾昔受之於東華帝君。東華帝君。受之於金闕
불전하사 오석수지어동화제군 동화제군 수지어금궐
하사(下士)에게는 전(傳)하지 않았다. 나는 옛적에 이것을 동화제군(東華帝君)으로부터 받았고, 동화제군(東華帝君)은 금궐제군(金闕帝君)으로부터 받았으며,

帝君。金闕帝君。受之於西王母。西王母皆口口相傳。不記
제군 금궐제군 수지어서왕모 서왕모개구구상전 불기
금궐제군(金闕帝君)은 서왕모(西王母)로부터 받았다. 서왕모(西王母) 이상은 모두 입으로 입으로 서로 전(傳)하며

文字。吾今於世。書而錄之。上士悟之。昇爲天宮。中士修之。
문자 오금어세 서이록지 상사오지 승위천궁 중사수지
문자(文字)로 기록(記錄)하지 않았으나, 내 이제 이를 책으로 엮어 세상에 남기니,

七〇

상사(上士)가 깨달으면 천궁(天宮)에 오를 것이요, 중사(中士)가 수련(修煉)하면

南宮列仙。下士得之。在世長年。游行三界。昇入金門。

남궁렬선(南宮列仙)이 될 것이요, 하사(下士)가 얻으면 세상에서 장수(長壽)를 누리며 삼계(三界)를 유행(流行)하다가 금문(金門)에 오르게 되리라.

左玄眞人曰學道之士。持誦此經者。卽得十天善神。擁護其身。然後玉符保神。金液鍊形。形神俱妙。與道合眞。

좌현진인(左玄眞人)께서 말씀하시기를, 도(道)를 배우는 사람이 이 경(經)을 지니고 념송(念誦)하면, 십천(十天) 선신(善神)이 그 몸을 옹호(擁護)하고 연후(然後)에 옥부(玉符)가 원신(元神)을 보호(保護)하며 금액(金液)으로 련형(鍊形)이 되면 형체(形體)와 원신(元神)이 현묘(玄妙)함을 갖추게 되어 도(道)와 더불어 진(眞)에 합쳐지리라.

正一眞人曰。人家有此經。悟解之者。災障不干。衆聖護門。神

정일진인(正一眞人)께서 말씀하시기를, 인가(人家)에 이 경(經)을 풀어헤쳐 깨친 자(者)

가 있다면 재난(災難)과 장애(障碍)가 간섭하지 못하고, 뭇 성(聖)들이 그 집안을 보호하며

昇上界。朝拜高眞。功滿德就。相感帝君。誦持不退。身騰紫雲。
승상계 조배고진 공만덕취 상감제군 송지불퇴 신등자운

원신(元神)은 상계(上界)에 올라 높은 진인(眞人)을 배알(拜謁)하고, 공덕(功德)을 원만히 성취하면 제군(帝君)께서 감응(感應)하시리라. 이 경(經)을 지니고 념송(念誦)하기를 물러남이 없다면 몸은 자운(紫雲)을 타고 오르리라.

重鐫清靜經圖註

太上老君著經

混然子　付圖
水精子　註解
許好廷　編譯

```
　　無
圖極
　　虛
　空
```

○—○—○
無　無　無
名　情　形

○—○—○
太　玉　上
清　清　清

　眞
○
空

無極品第一

老君曰。大道無形。生育天地。大道無情。運行日月。大道無名。

노군(老君)께서 말씀하셨다. 대도(大道)는 형상(形象)이 없으나 천지(天地)를 낳아 화육(化育)하고, 대도(大道)는 정(情)이 없으나 일월(日月)을 운행(運行)하며, 대도(大道)는 이름이 없으나

長養萬物。 ☯註 老君曰。老者乾陽也。君者性王也。曰
장양만물   로군왈 로자건양야   군자성왕야 왈
만물(萬物)을 성장(成長)시키고 길러낸다.
☯註 노군왈(老君曰)에서 노(老)는 건양(乾陽)이고, 군(君)은 성왕(性王)이며,

者說談也。夫老君之出。莫知其原。自混沌而來。無世不出。
자설담야 부로군지출 막지기원   자혼돈이래   무세불출
왈(曰)은 말씀하시다는 뜻이다.
노군(老君)의 출세(出世)가 언제였는지 그 근원(根源)은 알 수 없으나, 저 태초(太初)의 혼돈(混沌)이래 늘 세상에 출세(出世)하지 않음이 없으셨는데,

上三皇。號萬法天師。中三皇。號盤古神王。後三皇。號鬱華
상삼황 호만법천사 중삼황 호반고신왕 후삼황 호울화
상삼황(上三皇) 시대에는 만법천사(萬法天師)라 불렀고, 중삼황(中三皇) 시대에는 반고신왕(盤古神王)이라 불렀으며, 후삼황(後三皇) 시대에는 울화자(鬱華子)로 불렀고,

子。神農時。號大成子。軒轅時。號廣成子。千變萬化。難以盡推。或化儒聖。或化釋佛。或化道仙。隱顯而莫測。或著感應。或著道德。或著清靜。功德以無邊。大道無形者。大爲無外。道爲至善。無是無極。形爲踪跡也。夫大道。本鴻濛未判之

신농시(神農) 시대에는 대성자(大成子)라 불렀으며, 헌원(軒轅) 시대에는 광성자(廣成子)라 불렀다. 천(千) 가지로 변화(變化)하시고 만(萬) 가지로 화신(化身)을 나타내신 것을 다 추측하기 어렵다.

혹은 유성(儒聖)으로 화현(化顯)하시고, 혹은 석불(釋佛)로 화현(化顯)하시기도 했으며, 혹은 도선(道仙)으로 화현(化顯)하시기도 했는데, 은신(隱身)하시고 현신(顯身)하신 모습을 헤아릴 수가 없다. 혹은 감응편(感應篇)을 지으시고, 혹은 도덕경(道德經)을 지으시고, 혹은 청정경(清靜經)을 지으시니 그 공덕(功德)이 가이 없도다.

대도무형(大道無形)에서 대(大)는 너무 커서 밖이 없다는 것이며 도(道)는 지선(至善)이다. 무(無)는 무극(無極)이며, 형(形)은 종적(踪跡)을 말한다. 무

릇 대도(大道)는 본래 홍몽(鴻濛)한 덩어리가 분열을 일으키기 전의 원기(元氣)인데

元炁。有何形質之見耶。生育天地者。生爲生化。育爲含養。

어찌 그 형질(形質)을 볼 수 있겠는가!
생육천지(生育天地)에서 생(生)은 생겨서 변화하는 것이고, 육(育)은 함양(含養)한다는 것이다.

天爲陽氣。地爲陰氣。而天地。何由大道之生也。每逢戌亥

천(天)은 양기(陽氣)이고, 지(地)는 음기(陰氣)이다. 천지(天地)가 어떤 연유로 대도(大道)의 소생(所生)이라 하는가? 십이원회(十二元會) 중 술(戌)과 해(亥)

二會爲混沌。混沌者。無極也。以待子會之半。靜極一動而

두 회기(會期)를 만날 때마다 천지(天地)가 혼돈(混沌)에 빠지게 되는데, 이 혼돈(混沌)이라는 것이 바로 무극(無極)인 것이다. 다시 자회(子會) 반(半)에 이르면, 정(靜)이 극(極)에 달해서 움직이기 시작하여

生陽。陽氣上浮以爲天。在人爲玄關。以待丑會之半。動極

양기(陽氣)가 상부(上浮)하여 천(天)이 되고, 재인위현관(在人爲玄關) 이대축회지반(以待丑會之半) 동극

七六

양(陽)이 생긴다. 이 양기(陽氣)가 위로 떠올라 하늘이 되고, 사람에게 있어서는 현관(玄關)이 된다. 축회(丑會)의 반(半)에 이르면, 동(動)이 극(極)에 달하여

一靜而生陰。陰氣下凝以爲地。在人爲丹田。故曰。天開於 일정이생음 음기하응이위지 재인위단전 고왈 천개어

정(靜)하기 시작하므로 음기(陰氣)가 생긴다. 이 음기(陰氣)가 아래로 내려와 엉겨 땅(地)을 이루게 되는데 사람에게 있어서는 단전(丹田)이 되는 것이다. 그러므로 하늘(天)은 자회(子會)에 열리고,

子。地闢於丑也。大道無情。夫道本屬先天。無聲無臭。情 자 지벽어축야 대도무정자 부도본속선천 무성무취 정

땅(地)은 축회(丑會)에 생겼다고 하는 것이다. 대도무정(大道無情)에서 대도(大道)는 본래 선천(先天)에 속하는 것으로, 소리도 없고 냄새도 없다.

者本屬後天。有作有爲。無情是無爲之道也。運行日月者。 자본속후천 유작유위 무정시무위지도야 운행일월자

정(情)은 본래 후천(後天)에 속하고, 지음도 있고(有作), 함도 있다(有爲). 무정(無情)이라는 것은 무위(無爲)의 도(道)이다.

운행일월(運行日月)에서

七七

運是旋轉。行爲週流。日爲金烏。月爲玉兔。日屬離卦。則有
운(運)은 빙빙 도는 것이고, 행(行)은 두루두루 흐른다는 것이며, 일(日)은 금오
(金烏)이며 월(月)은 옥토(玉兔)라 한다. 해(日)는 리괘(離卦)에 속하므로

寒暑之來往。月屬坎卦。則有消長之盈虧。在人爲聖日聖
차고 더움(寒暑)의 왕래(往來)가 있게 되고 달(月)은 감괘(坎卦)에 속하므로 소장
(消長)의 차고 기움이 있게 되는 것이다. 이 일월(日月)이 사람에게 있어서는 성
일(聖日)·성월(聖月)이라 하는데,

月。照耀金庭。大道無名者。名是名目。先天大道。無形無象。
금정(金庭)을 훤히 비춘다. 대도무명(大道無名)에서 명(名)은 명목(名目)이다. 선천대도(先天大道)는 형체(形
體)도 없고 모양도 없고,

無始無終。有何名字。强名曰道。長養萬物者。長爲長生。養
시작도 끝도 없는데, 어찌 이름이 있을 수 있겠는가? 어찌할 수 없이 억지
로 도(道)라고 이름을 붙인 것이다.

장양만물(長養萬物)에서 장(長)은 장생(長生)이고,

爲養育。萬物是胎卵濕化。昆蟲草木之類。皆得先天之氣。

양육(養育)은, 만물(萬物)은 태란습화(胎卵濕化)와 곤충초목(昆蟲草木)의 모든 유취(類聚)로 이들은 모두가 선천(先天)의 기운(氣運)을 얻어

而生之者也。世人若肯回頭向道。訪求至人指示身中之

생겨난 것이다. 세상 사람들이 머리를 돌려 도(道)로 향하려 한다면, 지인(至人ㆍ明師)을 찾아 뵙고, 몸 가운데

天地。身中之日月。修無形。無情。無名之道。煉神寶。氣寶。精

천지(天地)와 몸 가운데 일월(日月)을 지시(指示)받아, 무형(無形)과 무정(無情)과 무명(無名)의 도(道)를 닦고, 신보(神寶)와 기보(氣寶)와

寶之丹。返上淸。太淸。玉淸之官證天仙。金仙。神仙之果。逍

정보(精寶)의 단(丹)을 연마(煉磨)하고, 상청(上淸)ㆍ태청(太淸)ㆍ옥청(玉淸)의 관부(官府)로 돌아가 천선(天仙)ㆍ금선(金仙)ㆍ신선(神仙)의 과(果)를 증득(證得)하면,

遙物外。浩劫長存。這等好處。何樂而不爲也。
물(物) 밖에서 소요자재(逍遙自在)하며, 끝없이 긴 세월(歲月)의 겁(劫)을 장존(長存)할 수 있는데, 그러한 모든 좋은 것 어찌 즐겁지 아니하겠는가!

木公老祖詩曰。道德天尊演妙玄。尊經一部卽眞傳。
목공노조(木公老祖) 시왈(詩曰)
도덕천존(道德天尊)께서 현묘(玄妙)함을 상세히 말씀하신
존경(尊經) 한 부(一部)가 진전(眞傳)이로다.

求師指破生死竅。得訣勤修龍虎丹。
스승을 찾아 생사규(生死竅)를 파헤치는 가르침 받고
비결(秘訣) 얻어 용호단(龍虎丹)을 부지런히 닦으면

箇箇同登淸靜道。人人共上彩雲蓮。
개개인이 한 가지로 청정도(淸靜道)에 오르고
사람 사람마다 다 함께 채운련(彩雲蓮)을 타고

八〇

文昌帝君詩曰。
문창제군시왈

無極宮內受封後。快樂逍遙自在仙。
무극궁내수봉후 쾌락소요자재선

무극(無極)으로 돌아가 봉작(封爵)을 받고서
쾌락(快樂) 누리며 소요자재(逍遙自在)하는 신선(神仙)되리라.

一部尊經度世船。五湖四海任盤旋。
일부존경도세선 오호사해임반선

문창제군(文昌帝君) 시왈(詩曰)
이 한 부(一部)의 존귀(尊貴)한 경(經)이 세상을 건네는 자항 법선(慈航法船) 되어
오호사해(五湖四海)를 이리저리 노를 저어 떠다니니

若不點破經中理。枉費工夫拜几筵。
약불점파경중리 왕비공부배궤연

지점(指點) 받지 못하면 경(經) 속의 진리(眞理)를 깨치려 하여도
공부(工夫) 한다 하나 헛수고 뿐이고 결국 제삿상 받는 신세가 되고 마는구나.

箇裏玄機惟一撥。壺中春色數千年。
개리현기유일발 호중춘색수천년

天尊^{천존}口訣^{구결}斯經^{사경}露^로。按法^{안법}修行^{수행}赴九天^{부구천}。

저개(這箇)의 현기(玄機) 다만 일자(一字)의 한 묶음에 있는데

호로병(壺) 속 춘색(春色) 그득 수천년(數千年)을 지내다가

천존(天尊)께서 구결(口訣)을 이 경(經)에 드러내니

이 법(法)을 따라 수행(修行)하면 구천(九天)에 오르리라.

皇極品第二

皇極圖

不知其名 ○ 天清有動 ○ 純陽
無象有象 ⊕ 人 清濁動靜 ⊕ 陰陽
強名曰道 ● 地濁有靜 ● 純陰

吾不知其名。強名曰道。夫道者。有淸。有濁。有動。有靜。天淸。地濁。天動。地靜。☯ 註　吾不知其名者。吾乃我也。是太上

내가 그 이름을 알지 못하여 어쩔 수 없이 억지로 이름을 도(道)라 하였다. 무릇 도(道)라는 것은 맑음(淸)이 있고, 탁함(濁)이 있으며, 움직임(動)이 있고 고요함(靜)이 있어서, 하늘(天)은 맑고 땅(地)은 탁(濁)하며, 하늘(天)은 움직이고 땅(地)은 고요하다.

● 註 오불지기명(吾不知其名)에서 오(吾)는 나(我)이다. 이는 태상(太上)께서 스스로를 탄식(嘆息)하신 것이다.

自嘆。大道本無形象所定。更無名色所擬。由強勉取名曰
대도(大道)는 본래 형상(形象)이 정해진 바가 없고, 명색(名色)에도 걸린 바가 없으므로 억지로 이름을 붙여 도(道)라고 하였다.

道。夫道雖曰強勉。以字儀而推之。實不強也。何矣。倉頡夫
이자의 이치 강면 이라고 어찌할 수 없이 억지로 그렇게 불렀으나, 도(道)라는 글자의 뜻을 헤아려 보면, 사실은, 근거(根據)도 없이 억지로 지은 것은 아니다. 왜 그러한가?

子造道字。深隱玄蘊。夫道字。先寫兩點。左點爲太陽。右點
창힐부자(倉頡夫子)께서, 도(道)라는 글자 속에 심오하고 깊은 이치를 넣어 만드셨는데, 도(道)라는 글자는 먼저 두 점(丷)을 찍으니, 왼쪽 점(點)은 태양(太陽)이요, 오른쪽 점(點)은 태음(太陰)이 된다.

爲太陰。似太極陰陽相抱。在天爲日月。在地爲烏兎。在人

이는 흡사 태극(太極)의 음양(陰陽)이 서로 감싸고 있는 것과 같은데, 하늘(天)에 있어서는 해(日)와 달(月)이 되고, 땅(地)에 있어서는 금오(金烏)와 옥토(玉兔)가 되며,

爲兩目。在修煉爲回光返照也。次寫一字。乃是無極一圈。
위양목 재수련위회광반조야 차사일자 내시무극일권

사람에 있어서는 양 눈(目)이 되고, 수련가(修煉家)에 있어서는 회광반조(回光返照)라 하는 것이다. 다음으로 「한 일자(一字)」를 쓰는데, 이것은 무극(無極)의 한 원(圓)이다.

此圈在先天屬乾。易曰。乾圓也。鴻濛一破。其天開也。圈折
차권재선천속건 역왈 건원야 홍몽일파 기천개야 권절

이 원(圓)은 선천(先天)에 있어서는 건괘(乾卦)에 속하고, 역(易)에서는 건원(乾圓)이라 한다. 홍몽(鴻濛)한 기운이 한번 갈라져 하늘이 열리고, 원(圓)이 꺾어지고 끊어져 하나(一)가 되었다.

爲一。易曰。乾一也。經曰。天得一以淸。地得一以寧。人得一
위일 역왈 건일야 경왈 천득일이청 지득일이녕 인득일

역(易)에서는 건일(乾一)이라 한다. 경전(經典)에서 말하기를, 하늘이 하나(一)를 얻어 맑아지고, 땅(地)이 하나(一)을 얻어 평온(平穩)하며, 사람(人)이 하나(一)를 얻어 성인(聖人)이 된다 하였고,

以聖。儒曰。惟精惟一。釋曰。萬法歸一。道曰。抱元守一。次寫

유가(儒家)에서는 오직 정미(精微)롭고 오직 한결같다(惟精惟一) 하였고, 불가(佛家)에서는 모든 법(法)이 하나로 돌아간다(萬法歸一) 하였으며, 도가(道家)에서는 원시(元始)를 품고 한결같이 지킨다(抱元守一) 하였다.

自字於下者。言這一字圈圈。日月團團。乃在自己身上。儒曰。道也者。不可須臾離也。可離非道也。上下相合成一首字。首者。頭也。修道是頭一宗好事。次寫走之者。行持也。乃

다음으로 「자(自)」 자를 그 아래에 쓰는 것은 일자(一字)와 일권(一圈)과 건원(乾圓), 해(日)와 달(月)의 둥글고 둥금 등의 이치가 모두 자기 신상(身上)에 있다는 것으로 유가(儒家)에서 이르기를 「도(道)라는 것은 잠시라도 떠날 수 없다. 떠난다면 도(道)가 아니다」 하였다. 아래 위의 글자를 서로 합하면 수(首)라는 글자가 되는데, 수(首)라고 하는 것은 머리(頭)이다. 수도(修道)는 이 머리(頭)에서 일자(一字) 종지(宗旨)의 훌륭한 일이 벌어지는 것이다. 다음으로 쓰는 것이 「주(走)」 자인데, 이는 움켜쥐고 나아간다는 것으로,

週身法輪自轉。此名道字之儀也。夫道者。乃性與天道。不可得而聞也。有淸天氣也。有濁地氣也。有動陽氣也。有靜陰氣也。天淸純陽也。地濁純陰也。天動乾圓也。地靜坤方也。淸濁動靜在天顯象於日月。在地顯象於春秋。在人顯

주신법륜자전이란 곧 온 몸의 법륜(法輪)을 스스로 굴린다는 말이다. 이러한 도(道)라는 글자의 외형(外形)상 뜻이다. 무릇 도(道)라고 하는 것은 곧 성(性)과 천도(天道)인데,

가득이문야 유청천기야 유탁지기야 유동양기야 유정
언을 수도 없고 들을 수도 없다. 유청(有淸)은 하늘(天)의 기운(氣運)이며 유탁(有濁)은 땅(地)의 기운(氣運)이다. 유동(有動)은 양기(陽氣)이며, 유정(有靜)은 음기(陰氣)이다.

음기야 천청순양야 지탁순음야 천동건원야 지정곤방
천청(天淸)은 순양(純陽)이며, 지탁(地濁)은 순음(純陰)이다. 천동(天動)은 건원(乾圓)이며, 지정(地靜)은 곤방(坤方)이다.

야 청탁동정재천현상어일월 재지현
이 맑음(淸)과 탁함(濁)과 움직임(動)과 고요함(靜)의 이치가, 하늘(天)에서는 해(日)와 달(月)로 형상(形象)이 나타나고, 땅(地)에서는 춘하추동(春夏秋冬) 4계

절로 형상(形象)이 나타나며,

象於聖凡。日爲陽。常圓常滿。月爲陰。有晦有虧。春爲陽。而萬物發生。秋爲陰。而萬物頹敗。聖爲陽。脫殼以昇仙。凡爲陰。壽終以爲鬼。此謂淸濁動靜之理。大槪而言之也。不知世間。乾男坤女。可知身中。淸濁動靜否。若是不知。急早積

사람에게 있어서는 성인(聖人)과 범부(凡夫)의 차이로 그 모습을 나타낸다. 해(日)는 양(陽)이므로 항상 둥글고 항상 가득 차 있으며, 달(月)은 음(陰)이므로 그믐날이 있고 이지러짐이 있는 것이다. 봄(春)은 양(陽)이므로 만물(萬物)이 움을 트고 나오고, 가을(秋)은 음(陰)이므로 만물(萬物)이 잎을 떨구고 앙상하게 가지를 드러내는 것이다. 성인(聖人)은 양(陽)이므로 해탈(解脫)하여 신선(神仙)되어 승천(昇天)하고, 범부(凡夫)는 음(陰)이므로 수명(壽命)이 끝나면 귀신(鬼神)이 되고 마는 것이다. 이러한 것을 일러서 청(淸)과 탁(濁), 동(動)과 정(靜)의 이치라고 대개 그렇게 말하는데,

八八

세상 건곤(乾坤) 남녀(男女)들은 모르고 있다. 가히 알아야 할 신중(身中)의 청(淸)·탁(濁)·동(動)·정(靜)을 아는가, 모르는가? 만약 모른다면, 한시 바삐 공덕(功德)을 쌓아

德。感動天心。明師早遇。指示身中之大道。聖日聖月之照
덕   감동천심   명사조우   지시신중지대도   성일성월지조

하늘(天)을 감동(感動)시키고 빨리 명사(明師)를 만나 신중(身中) 대도(大道)를 지시(指示) 받으라. 성일성월(聖日聖月)이 조림(照臨)하게 되면,

臨將濁陰之氣而下降。提淸陽之氣以上昇。寂然不動謂
림장탁음지기이하강   제청양지기이상승   적연불동위

탁(濁)한 음기(陰氣)는 아래로 내려가고, 맑은 양기(陽氣)는 위로 올라가게 되어 적연부동(寂然不動)해지는데, 이를 일러서

之靜。感而遂通謂之動。常以有欲。以觀其竅。動也。常以無
지정   감이수통위지동   상이유욕   이관기규   동야   상이무

정(靜)이라 한다. 정(靜)할 대로 정(靜)하여져 감흥(感興)이 사무치면, 이를 일러서 동(動)이라고 한다. 항상 하고자 함으로써 그 규(竅)를 관(觀)하면 동(動)이다.

欲。以觀其竅中之妙者。靜也。採籛水者。動也。得籛水者。靜也。九
욕   이관기규중지묘자   정야   채약자   동야   득약자   정야   구

八九

항상 하고자 함이 없이 그 규중(竅中)의 묘(妙)를 관(觀)하면 정(靜)이요, 약(藥)을 캘 때는 동(動)이요, 약(藥)을 얻을 때는 정(靜)이다.

節玄工。節節有動靜淸濁。須待口傳心授。方可了然於心。
절현공 절절유동정청탁 수대구전심수 방가료연어심

구절현공(九節玄工)의 절절(節節)마다 동(動)·정(靜)·청(淸)·탁(濁)이 있으니, 반드시 애타게 기다려 구전심수(口傳心授)의 지점(指點)을 받아야만 바야흐로 심단(心團)을 한 눈에 마칠 수 있을지니

成仙有何難哉。
성선유하난재

신선(神仙)되는 일이 어찌 어렵다 하겠는가!

呂祖詩曰。淸靜妙經亘古無。水精註後理方舒。
려조시왈 청정묘경긍고무 수정주후리방서

여조(呂祖) 시왈(詩曰)
청정묘경(淸靜妙經)은 예로부터 없었던 것인데
수정자(水精子) 주해(註解)하신 후, 현묘(玄妙)한 이치(理致) 세상에 널리 퍼졌도다

品分廿四超三界。大地遵崇護寶珠
품분이십사초삼계 대지준숭호보주

24품(二十四品)으로 나누신 것 삼계(三界)에 뛰어나고 대지(大地)는 높이 받들고 따르며 보주(寶珠)를 보호(保護)하는도다.

關帝詩曰。一卷無爲淸靜經。旁門外道不相親。
관제시왈 일권무위청정경 방문외도불상친

관제(關帝) 시왈(詩曰)

이 한 권(卷)의 무위(無爲)의 청정경(淸靜經)! 방문외도(旁門外道)들은 가깝게 할 수가 없구나.

改邪歸正循天理。長生不死也由人
개사귀정순천리 장생불사야유인

사법(邪法)을 고쳐 정법(正法)에 돌아가는 것은 천리(天理)를 따르는 것 장생불사(長生不死)도 사람에게 달려 있다네

觀音詩曰。陰陽動靜在人天。皇極中空煉汞鉛。
관음시왈 음양동정재인천 황극중공련홍연

관음(觀音) 시왈(詩曰)

음(陰)과 양(陽)과 움직임(動)과 고요함(靜)에 있는 인천(人天) 모두 황극(皇極) 가운데 공법(空法)으로 홍(汞)과 연(鉛)을 단련(鍛鍊)하라.

識得濁淸昇降法。明燈不夜照三千。
식득탁청승강법 명등불야조삼천

탁함(濁)과 맑음(淸)、오르고(昇) 내림(降)의 법(法)을 식별(識別)하고 터득하면 밝은 등(燈) 밤낮없이 삼천대천세계(三千大千世界)를 비추리라.

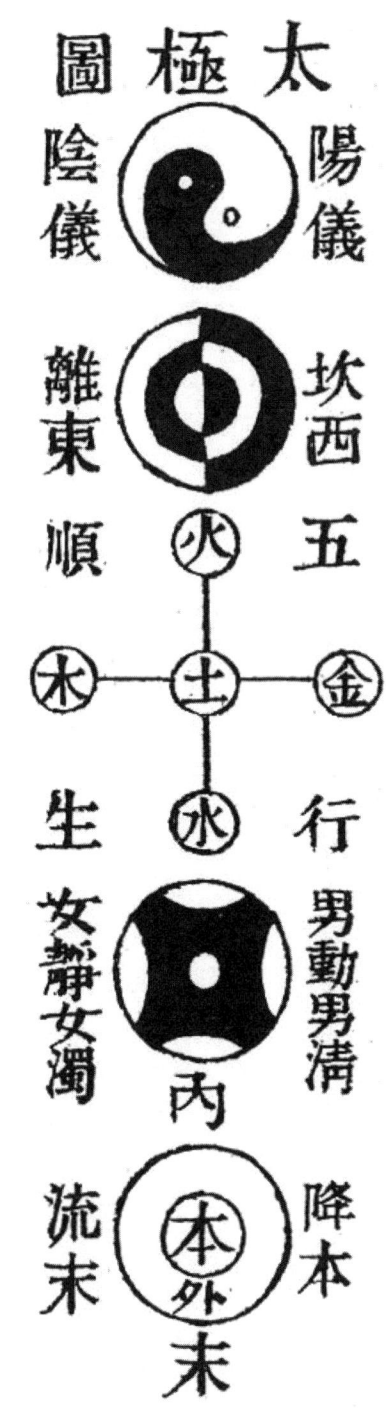

太極品第三 (태극품제삼)

男淸女濁。男動女靜。降本流末。而生萬物。

남자는 맑고 여자는 탁하며 남자는 움직이고 여자는 고요한 것이 본(本)에서부터 말(末)까지 내리고 흘러 만물(萬物)이 생겨난 것이다.

☯ 註 男淸 (남청(男淸))

女濁者。男稟乾道以成體。故曰淸也。女稟坤道以成形。故

여탁자 남품건도이성체 고왈청야 녀품곤도이성형 고

여탁(女濁)에서 남자는 건도(乾道)의 하늘(天) 기운(氣運)을 얻어 몸(體)이 이루어졌으므로 맑다(淸)고 하며, 여자는 곤도(坤道)의 땅(地) 기운(氣運)을 얻어 몸(形)이 되었으므로 曰濁也。男屬太陽。而陽中有陰。離中虛也。女屬太陰。而陰中有陽。坎中滿也。故男子十六淸陽足。女子十四濁陰降。淸陽者。壬水也。濁陰者。癸水也。壬爲白虎。癸爲赤龍。故仙家有降龍伏虎之手段。返本還原之天機。故耳長生而不

탁(濁)하다고 하는 것이다.
남자는 태양(太陽)에 속하므로 양(陽) 속에 음(陰)이 있어서 리괘(離卦)의 가운데가 텅 비어 있다. 여자는 태음(太陰)에 속해서 음(陰) 속에 양(陽)이 있으므로 감괘(坎卦)의 가운데가 꽉 차 있는 것이다. 그러한 연고(然故)로 남자는 십육세(十六歲)가 되면, 맑은 양기(陽氣)가 가득차게 되고, 여자는 십사세(十四歲)에 탁(濁)한 음기(陰氣)가 내리게 된다.
맑은 양(陽)은 임수(壬水)이며, 탁한 음(陰)은 계수(癸水)이다. 임(壬)은 백호(白虎)라 하며, 계(癸)는 적룡(赤龍)이라 한다.

그러므로 선가(仙家)에서는 적룡(赤龍)을 투항(投降)시키고, 백호(白虎)를 굴복(屈伏)시키는 수단(手段)과 반본환원(返本還原)하는 천기(天機)가 있는 고(故)로 능히 장생불사(長生不死)하는 것이다.

死也。男動女靜者。男稟天之氣以生。女稟地之氣而成。故
사야 남동녀정자 남품천지기이생 녀품지지기이성 고

남동여정(男動女靜)에서 남자는 하늘(天)의 기운(氣運)을 부여받아 태어나고, 여자는 땅(地)의 기운(氣運)을 얻어 태어나는 고(故)로

曰天動地靜也。此男女之論者非實屬男女也。陰陽而已
왈천동지정야 차남녀지론자비실속남녀야 음양이이

천동지정(天動地靜)이라 말하는 것이다. 여기에서 논(論)하는 남(男)과 여(女)는 사실 남자와 여자를 얘기하는 것이 아니고, 음(陰)과 양(陽)을 말하는 것이다.

矣。降本流末。而生萬物者。降爲生。流爲成。本爲始。末爲終
의 강본류말 이생만물자 강위생 류위성 본위시 말위종

강본류말(降本流末) 이생만물(而生萬物)에서 강(降)은 생겨나는 것이고, 류(流)는 이루어지는 것이며, 본(本)은 시작되는 것이고, 말(末)은 끝나는 것이다.

是故萬物。乃人之末。人爲萬物之本。人又爲天地之末。天
시고만물 내인지말 인위만물지본 인우위천지지말 천

이러한 연고(然故)로 만물(萬物)은 사람의 말미(末尾)가 되며, 사람은 만물(萬物)의 근본(根本)이 되는 것이다.

地爲人之本。夫人不可以無本。亦不可以無末。本者體也。

천지(天地)는 사람의 근본(根本)이 된다. 무릇 사람이 근본(根本)이 없다는 것은 가당치 않고, 또 말(末)이 없다 해도 가당치 않은 것이다. 본(本)은 체(體)요,

末者用也。則兩不相離天地以太空爲本。而生人畜萬物。

말(末)은 용(用)으로 이 둘은 서로 분리(分離)될 수 없다. 천지(天地)는 태공(太空)을 근본(根本)으로 삼아, 사람, 짐승, 만물(萬物)을 생겨나게 하였고,

人畜以至善爲本。而生週身百體。天不失其本。則天且長

사람과 축생(畜生)은 지선(至善)을 근본(根本)으로 삼아, 몸이 여러 형체(形體)의 모습으로 생겨나는 것이다. 하늘(天)이 그 근본(根本)을 잃지 아니하므로 오래도록 영원(永遠)한 것이며,

且久。人不失其本則人爲佛爲仙。亦可與天地同壽矣。夫

人自古皆有死。何由不致於死也。豈不聞。呂氏春秋曰。人能一竅通。則不死。其壽在神。聖經云。物有本末。事有終始。知所先後。則近道矣。道經云。生我之門死我戶。幾箇惺惺幾箇悟。夜來鐵漢自思量。長生不死由人做。噫嘻。這玄關

사람이 그 근본(根本)을 잃지 아니하면, 그런 사람 불(佛)이 되고 선(仙)이 되어, 또한 가히 천지(天地)와 더불어 수명(壽命)을 함께 하리라.

대저 사람은 자고(自古)로 모두가 죽게 되어 있는데, 어떠한 이유로라도 죽지 않을 수는 없는 것인지 왜 들어보지 못하였는가! 여씨춘추(呂氏春秋)에 이르기를, 「사람이 능히 일규(一竅)를 통(通)하면 죽지 않고 그 수명(壽命)이 신(神)과 같다」하였다. 성인(聖人)의 경전(經典)에 말하기를, 「물(物)에는 본말(本末)이 있고, 일(事)에는 종시(終始)가 있는데, 먼저 할 것과 뒤에 할 것을 알면 도(道)에 가깝다」하였다. 도경(道經)에 말하기를 「내가 태어나는 문(門)과 내가 죽는 문(戶)을 몇이나 깨닫고 몇 명이나 깨우쳤는가?

아래철한자사량 장생불사유인주 희희 저현관

九七

주인공(鐵漢)아! 밤새워 스스로 헤아려 보라. 장생불사(長生不死)라 하는 것, 사람이 지어서 되는 것을. 아! 슬프도다!

一竅。異名多端。儒曰。靈臺。至善。無極。無思無慮之天。已所

이 현관일규(玄關一竅)는 그 이름이 여러 가지이니, 유가(儒家)에서는 영대(靈臺), 지선(至善), 무극(無極)이라 하고, 사려(思慮)가 도저히 미칠 수 없다 하여 무사무려지천(無思無慮之天)이라 하고, 자기만이 홀로 아는 바라 하여 기소독지지천(己所獨知之地)라 하며,

獨知之地。釋曰。靈山。虛空。皇極。南無涅槃之天。阿彌陀

불가(佛家)에서는 영산(靈山), 허공(虛空), 황극(皇極)이라 하고, 누구나 귀의(歸依)하지 않음이 없는 열반(涅槃)이라 하여 나무열반지천(南無涅槃之天), 아미타불(阿彌陀佛)의 무량(無量)하신 덕상(德相)이 나타나는 곳이라 하여 아미타불지지(阿彌陀佛之地)라 부른다.

佛之地。道曰。靈關。金庭。太極。三淸紫府之天。萬殊一本之

도가(道家)에서는 영관(靈關), 금정(金庭), 태극(太極)이라 하고, 삼청자부(三淸紫府)의 광명(光明)이 있어서 삼청자부지천(三淸紫府之天)이라 하고, 온갖 것이

이곳에 뿌리를 두고 있다 하여 만수일본지지(萬殊一本之地)라 부른다.

地。三教名雖異。而其所一也。在儒得此竅。而成聖。在釋得
삼교(三敎)에서 부르는 이름은 비록 다르나, 그 의미는 하나이다.
유가(儒家)에서 이 현관일규(玄關一竅)를 얻으면 성인(聖人)이 되고,

此竅。而成佛。在道得此竅。而成仙也。只是此竅。上蒼所秘。
불가(佛家)에서 이 현관일규(玄關一竅)를 얻으면 부처(佛)를 이루고,
도가(道家)에서 이 현관일규(玄關一竅)를 얻으면 신선(神仙)이 된다 하였다. 다
만, 이 현관일규(玄關一竅)는 상천(上天)의 비결(秘訣)이므로

而三敎聖人。不敢明洩於書。防匪人得之。恐遭天遣。必要
삼교(三敎) 성인(聖人)들께서 글로 써서 함부로 누설(漏洩)하지 아니하심은, 악인
(惡人)이 얻을 것을 막고 하늘(天)의 견책(遣責)을 받을까 두려워 해서

訪求至人。低心受教。指示此究。次第工夫。是道則進。非道
방구지인 저심수교 지시차규 차제공부 시도즉진 비도

반드시 지인(至人)을 찾아 뵙고 마음을 낮추어 가르침을 받고 이 현관일규(玄關一竅)를 지점(指點)받은 다음 공부(工夫)를 하도록 하신 바이니, 도(道)라면 나아가고 도(道)가 아니면 물러나면 되는 것이다.

則退。若是以泥丸。顖門。印堂。頑心。心下。臍上。下丹田。
만약, 니환(泥丸), 신문(顖門), 인당(印堂), 완심(頑心), 두제(肚臍), 제상(臍上), 하단전(下丹田),

兩腎中間一穴。尾閭。夾脊。玉枕。爲玄關者。皆非大道之所也。
양신중간일혈(兩腎中間一穴), 미려(尾閭), 협척(夾脊), 옥침(玉枕)을 현관(玄關)으로 삼는다면, 모두가 대도(大道)의 소재(所在)가 아니다.

土道古佛詩曰。女女男男濁濁淸。還從本末覓眞情。
토도고불(土道古佛) 시왈(詩曰)
너녀남남(女女男男) 탁탁청청(濁濁淸淸)을
되돌려 본말(本末)을 쫓고 진정(眞情)을 찾으라

有爲曰動無爲靜。得本延年失本傾。
유위왈동무위정(有爲曰動無爲靜) 득본연년실본경(得本延年失本傾)。

유위(有爲)를 움직임(動)이라 하고 무위(無爲)는 고요함(靜)이
라 하나니、
본(本)을 얻으면 나이가 늘어날 것이나 본(本)을 잃으면 무너
지고 말리라。

急早回頭修至善。趁時氣在學長生。
급조회두수지선 진시기재학장생

한시 바삐 머리를 돌려 지선(至善)을 닦고
잠깐 동안의 좋은 시운(時運)을 놓치지 말고 장생불사(長生不
死)를 배우라。

任君積下千金産。一旦無常空手行。
임군적하천금산 일단무상공수행

그대 비록 천금(千金)의 재산(財産)을 쌓아 놓았다 해도
일단 무상(無常)이 눈앞에 닥치면 빈 손으로 돌아가는 것을!

火公老人詩曰。太極陰陽玄妙多。長生大道少人摩。
화공로인시왈 태극음양현묘다 장생대도소인마

화공노인(火公老人) 시왈(詩曰)
태극(太極) 음양(陰陽)의 현묘(玄妙)함 이루 말할 수 없으나、

장생불사(長生不死)에 이르는 대도(大道) 연마(煉磨)하는 이 드물구나.

世間若要人不死。接命添油養太和。
세간약요인불사 접명첨유양태화

세상에서 만약 사람들이 죽지 않으려 하거든 첨유접명(添油接命)의 공법(功法)을 써서 태화(太和)를 기르라.

三才品第四 (삼재품 제사)

三才之圖

天 人 地

陽中有陰　陰中有陽　靜中有動
動中有靜　陽中有陰　陰中有陽

清者濁之源
動者靜之基

淸者濁之源。動者靜之基。
청자탁지원　동자정지기

맑음(淸)은 탁함(濁)의 근원(根源)이 되고, 움직임(動)은 고요함(靜)의 토대(基)가 된다.

☯ 註　淸者。輕淸也。濁者。重濁
청자　경청야　탁자　중탁
也。源者。源頭也。靜者。無爲也。動者。有爲也。基者。根本也。何
야　원자　원두야　정자　무위야　동자　유위야　기자　근본야　하
也。源者。源頭也。

☯ 註 청(淸)은 가볍고 맑은 것이고, 탁(濁)은 무겁고 탁한 것이다. 원(源)이란 발원지(發源地)이다. 정(靜)은 무위(無爲)이고, 동(動)은 유위(有爲)이며, 기(基)는 근본(根本)이다.

爲淸者濁之源。夫天。本是淸氣上浮。這淸氣還從地中發生。地本陰濁之體。由陰極而生陽。濁定而生淸也。男本淸靜之體。女爲汚濁之身。雖淸靜之體。其源出於汚濁之身也。丹道以神爲淸陽之體。而神之源頭。由交感之濁精。化

어찌하여 맑은 것을 탁함의 근원(根源)이라 하는가? 대저 하늘(天)은 본래 맑은 기운(淸氣)이 위로 떠오른 것인데, 이 맑은 기운(淸氣)은 도리어 땅에서 생겨 피어오른 것이다.

땅(地)은 본래 음(陰)하고 탁(濁)한 몸체(體)인데, 음(陰)이 극(極)에 달하면 양(陽)이 생기고, 탁(濁)이 정(定)하여 사무치면 맑음(淸)이 생기는 것이다.

남자(男子)는 본래 청정체(淸靜體)이며, 여자(女子)는 오탁신(汚濁身)이다. 남자(男子)가 비록 청정체(淸靜體)라고 하지만, 그 근원(根源)은 오탁신(汚濁身)에서 나왔다.

단도(丹道)에서, 신(神)은 청양체(淸陽體)라 하는데, 이는 신(神)의 기원(起源)이 된다. 교감(交感)의 탁정(濁精)으로 말미암아 변하여

一〇四

成陽精。由陽精。而生氣。由氣而生神也。故曰。煉精化氣。煉氣化神。豈不是清者。濁之源也。靜者動之基。何謂也。地本靜也。其源還從天氣所結。女本靜也。其源還從父親所降。

丹道以無爲爲靜。有爲爲動。其源還從有爲立基。故曰。動

陽精(양정)이 이루어지고, 양정(陽精)을 말미암아 기(氣)가 생기며, 이 기(氣)로 말미암아 신(神)이 생기는 것이다. 그러한 고(故)로 이르기를, 정(精)을 단련(煅煉)하여 기(氣)로 변화(變化)시키고,

기(氣)를 단련(煅煉)하여 신(神)이 화현(化現)케 된 것이다. 이 어찌 맑을 청(淸)이라는 것은 탁(濁)의 원천(源泉)이 아니겠는가! 고요함(靜)을 움직임(動)의 터(基)라 한다. 이는 무슨 뜻인가?

땅(地)은 본래 고요한데, 그 근원(根源)은 도리어 천기(天氣)로 쫓아 응결(凝結)된 것이다. 여자(女子)는 본래 고요한데, 그 근원(根源)은 부친(父親)으로부터 내린 바 되어 쫓아 이루어진 것이다.

단도(丹道)에서 무위(無爲)를 고요함(靜)이라 하고, 유위(有爲)를 움직임(動)이라 하는데,

一〇五

그 근원(根源)은 도리어 유위(有爲)를 쫓아 기초(基礎)가 세워진 것이므로 이르기를,

者。靜之基也。奉勸世人。急早回頭向道。將自身中。濁氣撥
자 정지기야 봉권세인 급조회두향도 장자신중 탁기발

움직임(動)을 고요함(靜)의 기초(基礎)라 하는 것이다. 세상 사람들에게 권하노니 한시바삐 머리를 돌려 도(道)로 향할진대, 자기 몸에 있는 탁기(濁氣)를 모조리 다 뽑아 없애 버리고,

盡。淸氣上浮。凝結成丹。長生不死。積功累德。丹書來詔。脫
진 청기상부 응결성단 장생불사 적공루덕 단서래조 탈

청기(淸氣)를 위로 떠오르게 하여 응결(凝結)되면 단(丹)이 이루어지고 장생불사(長生不死)할 것이며, 공(功)을 쌓고 덕(德)이 누적(累積)되면 단서(丹書)의 조칙(詔勅)이 내려,

殼飛昇。逍遙物外。將生身父母。同超天堂。共享極樂。不亦
각비승 소요물외 장생신부모 동초천당 공향극락 불역

해탈(解脫)하고 승천(昇天)하여 물(物) 밖에서 소요자재(逍遙自在)할 것이며, 곧 나를 낳아준 부모(父母)도 함께 천당(天堂)에 올라 모두 극락(極樂)을 향유(享有)하리니、이 또한 기쁘지 아니하겠는가?

欣乎。可嘆。世有一等愚迷。貪痴之人。不知性理他說仙佛。
흔호 가탄 세유일등우미 탐치지인 불지성리타설선불

一〇六

皆有分定。不是凡夫做得到的。正所謂道不遠人。人之爲道而遠。人自暴自棄。甘墮苦海。全不思想。人秉陰陽五行而生。爲萬物之首。可以行天地之全功。更可以載天地之

아! 가히 탄식할 만 하도다! 세상에 일등(一等)으로 우미(愚迷)하고 탐치(貪痴)한 사람들이 있어, 성리(性理)는 알지도 못하면서 그들은 신선(神仙)과 부처(佛)는 모두 분수 따라 정해져서 따로 있다고 말하며, 범부(凡夫)들은 될 수도 없고 얻을 수도 없고 갈 수도 없다고 한다. 이는 곧 소위(所謂) 도(道)가 사람들에게 멀리 있는 것이 아닌데, 사람들이 하고자 하는 이 도(道)가 멀리 있다고 하면서, 사람들 스스로 자포자기(自暴自棄)하고 고해(苦海) 속에 빠져드는 것을 달가워하며, 전혀 깊이 생각해 보려 하지 않는다. 사람은 음양(陰陽)과 오행(五行)을 타고 태어나고, 만물(萬物)의 으뜸이 되어, 가히 천지(天地)의 전공(全功)을 행사(行事)할 수 있고, 다시 천지(天地)의 대도(大道)에 가득 넘칠 수도 있는 것이다.

大道。夫天地之道。顯象於日月。而日月之道。顯象於陰陽。而陰陽之道。亦顯象於消長也。消陽長陰。凡夫之道。待至陽盡。陰純而成鬼。消陰長陽。異人之道。待至陰盡。陽純而成仙。況人半陰半陽。半仙半鬼也。若將半邊陰氣煉退。則

무릇 천지(天地)의 도(道)는 해(日)와 달(月)로 그 형상(形象)을 나타내고, 해(日)와 달(月)의 도(道)는 음(陰)과 양(陽)으로 그 형상(形象)을 나타내며, 이 음양(陰陽)의 도(道)는 또한 흥망(興亡)으로 그 형상(形象)을 나타낸다. 양기(陽氣)는 쇠약해지고 음기(陰氣)가 왕성(旺盛)해지는 것은 범부(凡夫)의 도(道)이고, 양기(陽氣)가 다하여 소진(消盡)됨에 이르러서 음(陰)만 귀신(鬼神)이 되며, 음기(陰氣)를 소진(消盡)시키고 양기(陽氣)를 일으켜 많아지게 하는 것은 이인(異人)의 도(道)인데, 음(陰)이 다하여 소진(消盡)됨에 이르러서 양(陽)만 남아 순양(純陽)이 되면 신선(神仙)이 된다. 하물며 사람은 반(半)은 음(陰)이고 반(半)은 양(陽)이므로 반(半)은 신선(神仙)이고 반(半)은 귀신(鬼神)이 된다. 만약, 이 반쪽의 음기(陰

氣)를 단련(煅煉)하여 물리치면、

成純陽。純陽者仙也何難之有。孟子曰。堯舜與人同耳。顏
성순양 순양자선야하난지유 맹자왈 요순여인동이 안

성순양(成純陽) 순양(純陽)이 이루어진다。순양(純陽)이란 신선(神仙)인데、어찌 어려움이 있다 하겠는가! 맹자(孟子) 말씀하시기를、요(堯)임금과 순(舜)임금도 여느 사람과 똑같은 사람이다。

子曰。舜何人也。予何人也。有爲者。亦若是。此皆言人人可
자왈 순하인야 여하인야 유위자 역약시 차개언인인가

안자(顏子)께서도 말씀하시기를、「순(舜)임금은 어떤 사람이며、나는 어떤 사람인가? 하고자 함이 있을 때 역시 이처럼 된다。」이 모든 말은 사람 사람마다 가히

以爲聖賢。人人可以爲仙佛。只在有志無志之分耳。有志
이위성현 인인가이위선불 지재유지무지지분이 유지

성현(聖賢)이 될 수 있고、사람 사람마다 가히 선불(仙佛)이 될 수 있다 한 것이다。다만、의지(意志)가 있는가 의지(意志)가 없는가에 따라 나뉨이 있을 뿐이다。의지(意志)만 있다면

者。不論在家出家。都能修身。在家者。妻爲朋。子爲伴。人身
자 불론재가출가 도능수신 재가자 처위붕 자위반 인신

一〇九

재가(在家)와 출가(出家)를 논(論)할 것 없이 모두가 다 수련(修鍊)할 수 있다.
재가자(在家者)라면 아내는 벗이 되고, 아들은 도반(道伴)이 되니,

雖在紅塵。而心出乎紅塵。何等便宜之事也。
수재홍진 이심출호홍진 하등편의지사야

몸은 비록 홍진(紅塵)에 있어도 마음은 홍진(紅塵)을 벗어난 것이니, 이 얼마나 편의(便宜)한 일인가!

呂祖詩曰。
려조시왈

看破浮生早悟空。太陽隱在月明中。
간파부생조오공 태양은재월명중

여조(呂祖) 시왈(詩曰)

부평(浮萍) 같은 생(生) 간파(看破)하고 빨리 텅 빈 공(空) 깨우치라!
태양(太陽)이 밝은 달(月) 가운데 숨겨져 있도다.

時人悟得陰陽理。方奪天機造化功。
시인오득음양리 방탈천기조화공

때(時)마다 사람들 음양(陰陽)의 묘리(妙理)를 깨달으면
비로소 천기(天機)를 빼앗아 조화공(造化功) 이루리라.

韓祖詩曰。
한조시왈

虛心實腹求鉛光。月裏分明見太陽。
허심실복구연광 월리분명견태양

한조(韓祖) 시왈(詩曰)

마음(心)을 비우고 배(腹)를 채우고 연광(鉛光)을 구(求)하라.
달(月) 속에 분명(分明)하게 태양(太陽)이 보이는도다.

湛破濁淸昇降路。自然丹熟遍身香。

맑게 탁청(濁淸)을 가리고 승강로(昇降路)를 터 놓으니
자연히 단(丹)이 무르익어 온 몸에 향(香) 연기 그득하구나!

급성자(急性子) 시왈(詩曰)

男淸女濁有先天。不曉根基亦枉然。

남자(男子)는 맑고 여자(女子)는 탁한 것 선천(先天)에 있는데
근기(根基)를 훤히 밝히지 못하면 이 또한 헛된 일

急性子詩曰。男淸女濁有先天。不曉根基亦枉然。

女斬赤龍男降虎。何愁俗子不成仙。

여자(女子)는 적룡(赤龍)을 베고 남자(男子)는 백호(白虎)를 항복(降伏) 받으면
어찌 속자(俗子)라도 신선(神仙) 이루지 못할 것을 근심하리요.

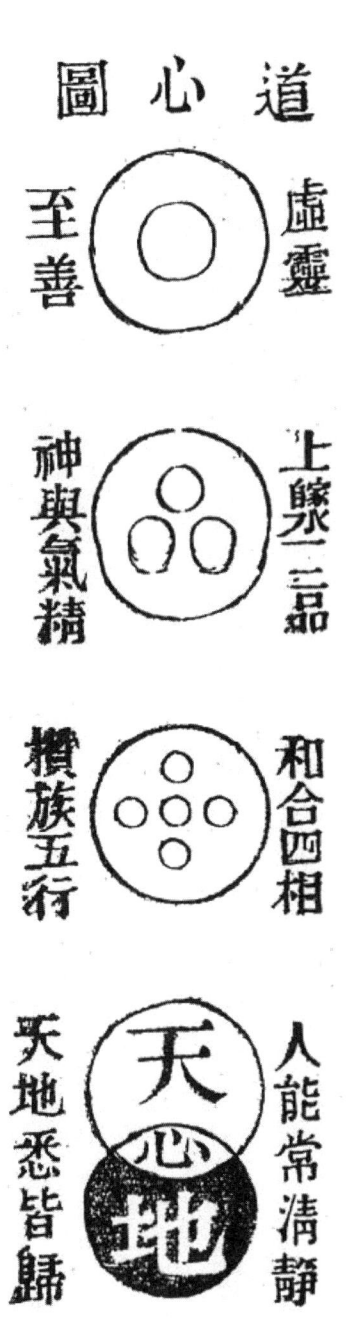

道心品第五
도 심 품 제 오

人能常淸靜。天地悉皆歸。
인능상청정 천지실개귀

사람이 능히 항상 맑고(淸) 고요하면(靜) 천지(天地)가 모두 돌아오리라.

☯註 인능상청정(人能常淸靜)에서 인(人)이란 선남신녀(善男信女)이다.

註 人者。善男信女也。能者。
  인자   선남신녀야 능자

至强無息也。常者。二六時中也。淸者。萬緣頓息也。靜者。一
지강무식야 상자   이륙시중야 청자   만연돈식야 정자 일

능(能)은 더할 나위 없이 굳세고도 쉬지 않는 것이며 상(常)은 이륙시중(二六時
中)이며、청(淸)은 온갖 인연(因緣)을 단번에 쉬는 것이며

念不生也。修道之人。以淸靜爲妙。非禮勿視。則眼淸靜矣。
념불생야   수도지인   이청정위묘   비례물시   즉안청정의
정(靜)은 한 생각도 전혀 생기지 않는는 것이다. 수도(修道)하는 사람은 이 청정(淸靜)을 묘(妙)로 삼는다.
예(禮) 아닌 것을 보지 않으면 눈(眼)이 청정(淸靜)해지고、

非禮勿聽。則耳淸靜矣。非禮勿言。則口淸靜矣。非禮勿動。
비례물청   즉이청정의   비례물언   즉구청정의   비례물동
예(禮) 아닌 것을 듣지 않으면 귀(耳)가 청정(淸靜)해지고、
예(禮) 아닌 것을 말하지 않으면 입(口)이 청정(淸靜)해지고、
예(禮) 가 아님에 움직이지 않으면 마음(心)이 청정(淸靜)해지리라.

則心淸靜矣。天地悉皆歸者。得明師指點。身中之天地。天
즉심청정의   천지실개귀자   득명사지점   신중지천지   천
천지실개귀(天地悉皆歸)란 명사(明師)를 만나 신중(身中)의 천지(天地)를 지점(指點) 받으라는 것이다.

氣歸地。汞投鉛也。地氣歸天。鉛投汞也。神居北海。以淸靜
기귀지   홍투연야   지기귀천   연투홍야   신거북해   이청정
천기(天氣)가 땅으로 돌아가는 것을 홍(汞)이 연(鉛)에 들어간다 하는 것이다. 지기(地

氣)가 하늘로 돌아가는 것을 연(鉛)이 홍(汞)에 들어간다 하는 것이다.
신(神)이 북해(北海)에 거(居)할 수 있는 것은

之功。則身中天氣悉歸之。而身外之天氣以隨之。神居南
지공   즉신중천기실귀지   이신외지천기이수지   신거남
이 청정(淸靜)의 공(功)으로 몸 가운데의 천기(天氣)가 따라 주기 때문의
밖의 천기(天氣)가 따라 주기 때문이다.
신(神)이 남산(南山)에 거(居)할 수 있는 것은

山。則淸靜之功。則身中地氣悉歸之。而身外之地氣以隨
산   즉청정지공   즉신중지기실귀지   이신외지지기이수
청정(淸靜)의 공(功)으로 몸 가운데의 지기(地氣)가 모두 돌아옴으로 하여 몸
의 지기(地氣)가 따라 주기 때문이다.

之。所言身中之天者。道心而已矣。身中之地者。北海而已
지   소언신중지천자   도심이이의   신중지지자   북해이이
소위(所謂) 몸 가운데의 하늘(天)이란 곧 도심(道心)을 말하는 것이고、몸
(身) 가운데의 땅(地)이란 북해(北海)를 이르는 것이다.

矣。道心先天屬乾。乾爲天。故以道心爲天也。北海先天屬
의   도심선천속건   건위천   고이도심위천야   북해선천속
도심(道心)은 선천(先天)에 건(乾)에 속하고、건(乾)은 하늘(天)이 된다. 그러므로 도심(道心)을 하늘(天)이라고 한다. 북해(北海)는 선천(先天)에

도심(道心)은 선천(先天) 건(乾)에 속하는데, 건(乾)은 하늘(天)이라 한다. 그러므로 도심(道心)은 하늘(天)이 되는 것이다. 북해(北海)는 선천(先天) 곤(坤)에 속하는데,

坤。坤爲地。故以北海爲地也。此身中之天地。而感身外之天地。身外之天地。以應身內之天地而身內之天地。有主宰。則身外天地之氣。悉歸於內也。若無主宰。則身內天地之氣。悉歸於外也。不能成道。反與大道有損。書經曰。人心

곤(坤)은 땅이다. 그러므로 북해(北海)는 땅(地)이 되는 것이다. 이 몸 속의 천지(天地)가 몸 밖의 천지와 감동(感動)을 일으키고 몸 밖의 천지(天地)가 몸 안의 천지(天地)에 반응(反應)함으로써 몸 안의 천지(天地)가 주재(主宰)하면 몸 밖의 천지(天地)의 기(氣)가 모두 몸 안으로 돌아오게 된다. 만약 몸 안에 주재(主宰)가 없으면, 몸 안의 천지(天地)의 기운이 모두 몸 밖으로 돌아가 버리게 되니, 도(道)를 이루기는커녕, 오히려 대도(大道)

에 해(害)가 있게 된다. 서경(書經)에 이르기를,

惟危。道心惟微。惟精惟一。允執厥中。正是敎人去人心。守道心。無奈世人。不得明師指點。總在書上招尋大道。豈不思這大道。至尊至貴。子貢曰。夫子之文章。可得而聞也。夫子之言。性與天道。不可得而聞也。又曰。君子憂道不憂貧。

인심(人心)은 오직 위태롭고, 도심(道心)은 오직 미약(微弱)하니, 오직 정미(精微)롭게 오직 한결같이 진실로 그 중(中)을 잡으라 하였는데, 이는 곧 사람들에게 인심(人心)을 버리고 도심(道心)을 지키라 가르친 것이다. 어찌할 수 없구나! 세상 사람들이 명사(明師)의 지점(指點)을 받지 못하매 모두 가책 속에서 대도(大道)만 찾으려 하니, 어떻게 이 대도(大道)가 더할 나위 없이 존귀(尊貴)함을, 생각인들 할 수 있겠는가! 자공(子貢)이 말하기를, 「공부자(孔夫子)의 문장(文章)은 얻어 들을 수 있으나,

一一七

공부자(孔夫子)가 말씀하신 성(性)과 천도(天道)는 얻어 들을 수 없도다」하였고, 또 이르기를, 「군자(君子)는 도(道)는 근심해도 가난은 근심하지 않는다」하였다.

子曰。朝聞道。夕死可也。似此數語推之。何等貴重。豈將大

공자(孔子)께서는 말씀하시기를 「아침에 도(道)를 듣고 저녁에 죽어도 좋다」하셨는데, 이 몇 마디 말씀을 추측해 볼 것 같으면 이 얼마나 귀중한 일인가?

道。露洩於紙墨乎。又豈將大道。不分貴賤。君子小人。俱可

어떻게 바로 대도(大道)를 지묵(紙墨)으로 누설(漏洩)하여 주신 일이냐, 또한 어떻게 바로 대도(大道)를 귀천(貴賤)과 군자(君子)와 소인(小人)을 가리지 않고 모두 다 얻을 수 있도록 해 주신 것은

得乎。定無此理也。三教聖人之經典。所言治國齊家。人事

정녕(定寧)코 전혀 없었던 일이다. 삼교(三教) 성인(聖人)이 경전(經典)에서 말씀하신 바는 치국제가(治國齊家)와 인간사(人間事)의

之常道者。品節詳明。所言修身。次第工夫。概是隱而不露。

지상도자(之常道者)는 품절상명(品節詳明) 소언수신(所言修身) 차제공부(次第工夫) 개시은이불로(概是隱而不露)

一一八

일반적인 도리(道理)를 품절(品節)마다 상세(詳細)히 설명(說明)하여 수신(修身)하는 것을 말씀하셨고, 다음으로 공부(工夫)에 관하여는 대개 숨기고 드러내지 않았다.

所露者。不過是以肉團頑心。爲虛靈不昧。或以心下三寸
六分。爲黃庭。以兩腎中間一穴。爲父母未生前。以冥心空
坐。爲道心。又爲返本還原。一槪虛假。世人信以爲實。深可
嘆也。

소로자 불과시이육단완심 위허령불매 혹이심하삼촌
드러내 놓은 바라 하더라도 육단(肉團)과 완심(頑心)으로 허령불매(虛靈不昧)케
한 것에 불과(不過)하고, 혹은 가슴 아래 세치육분(心下三寸六分)을

륙분 위황정 이양신중간일혈 위부모미생전 이명심공
황정(黃庭)이라 하며, 양쪽 신장(腎臟) 중간(中間)의 한 구멍(一穴)을 부모미생전
(父母未生前)의 면목(面目)이라고 하며, 명심공좌(冥心空坐)를

좌 위도심 우위반본환원 일개허가 세인신이위실 심가
도심(道心)이라 하며, 또 반본환원(返本還原)이라고 하는데, 이 모두가 허망(虛
妄)된 것이며 거짓된 것이나, 세상 사람들이 모두 이를 사실이라 믿으니, 깊이

탄야
탄식할 일이로다

正陽帝君詩曰。可嘆蒼生錯認心。常將血肉當黃庭。
三途墮落無春夏。九界昇遷少信音。
便向仙街了罪籍。遂從道路脫寒陰。
吉凶兩岸無差錯。善士高昇惡士沈。

정양제군(正陽帝君) 시왈(詩曰)
탄식할 일이로다. 창생(蒼生)들이 마음(心)을 잘못 인식(認識)하고
항상 혈(血)과 육(肉)을 황정(黃庭)이라고 당연시하매
삼악도(三惡道)에 시도 때도 없이 떨어지고,
구계(九界)에 승천(昇天)해 올라갔다는 소식이 들리지 않네
문득 몸(身)을 돌려 선가(仙家)로 향해 죄적(罪籍)을 정리하고
곧 도(道)의 길을 쫓아 한음(寒陰)을 벗어나면
길(吉)·흉(凶), 차안(此岸)·피안(彼岸)에 한 치의 착오(錯誤)도 없나니,
선사(善士)는 높이 승천(昇天)하여 오르고 악사(惡士)는 지옥

(地獄)에 잠기리라.

重陽帝君詩曰。道心惟微人心危。幾箇清清幾箇知。
至善中間爲硐府。玄關裏面是瑤池。
猿猴緊鎖休遷走。意馬牢拴莫教馳。

중양제군(重陽帝君) 시왈(詩曰)

도심(道心)은 오직 미약(微弱)하고 인심(人心)은 위태롭기만 한데

몇몇이나 청청(清清)하였으며 몇몇이나 알았겠는가!

지선(至善) 가운데가 신선(神仙)이 사는 동부(硐府)이고 현관(玄關) 이면(裏面)이 바로 금모(金母)가 계신 요지(瑤池)라네

원숭이(心猿)를 울타리 안에 가두고 꼭 닫아, 옮겨 다니며 날뛰지 못하게 하고

말(意馬)을 외양간에 가두어 이리저리 날뛰지 못하도록 하며

允執厥中函養足。金光一道透須彌。

진실로 그 중(中)을 한결같이 잡고 함양(函養)하여 충족(充足)되면
금광(金光)의 한줄기 찬란한 빛 수미(須彌)를 뚫으리라.

人心品第六
인심품제륙

夫人神好淸。而心擾之。
부인신호청 이심요지

대저 인신(人神)은 맑음(淸)을 좋아하나, 마음(心)이 어지럽힌다.

☯ 註 夫人神好淸者。一陰一陽
   부인신호청자 일음일양

註 부인신호청(夫人神好淸)에서 먼저 부(夫)자를 살펴보면, 일음일양(一陰一陽)이

乃爲人。人得一爲大。大得一爲天。超出天外。方爲夫字。人
내위인 인득일위대 대득일위천 초출천외 방위부자 인

곧 사람(人)이다. 사람이 하나(一)를 얻어 큰 대(大)자가 되었으며, 이 대(大)자가 다시 하나(一)를 얻어 하늘 천(天)자가 되었고, 하늘 밖을 뚫고 나가 비로소 부(夫)자가 되었다.

者。得天氣下降。地氣上昇。陰陽相結。以爲人也。神者。稟父母之性。爲元神。受天地之性。爲識神。而元神。無識無知。能主造化。識神。最顯最靈。能應變無停。此神是人之主人翁。而其神之原。出於無極。道家呼爲鐵漢。釋氏喚作金剛。儒

사람(人)이란、천기(天氣)의 하강(下降)함과 지기(地氣)의 상승(上昇)함을 얻어 음양(陰陽)이 서로 엉킴으로써 사람(人)이 된다. 신(神)이란、부모(父母)로부터 받은 성(性)을 원신(元神)이라 하고、천지(天地)로부터 받은 성(性)을 식신(識神)이라 하는데、원신(元神)은 알음알이도 없고 지각(知覺)도 없으나、

능히 조화(造化)를 주재(主宰)할 수 있으며、식신(識神)은 가장 두드러지고 가장 신령(神靈)스러워 능히 반응(反應)하고 변화(變化)를 부림에 쉼이 없는데、이 신(神)이 바로 사람의 주인옹(主人翁)이다。

그 신(神)은 원래 무극(無極)에서 나온 것으로、도가(道家)에서는 철한(鐵漢)이라 부르고、석씨문중(釋氏門中)에서는 금강(金剛)이라 부르며、

家。叫作魂靈。不生不滅。不增不減。在身爲魂。出身爲鬼。修
유가(儒家)에서는 혼령(魂靈)이라 부르는데, 생(生)함도 없고, 멸(滅)함도 없으며, 늘지도 않고 줄지도 않으며, 몸에 있으면 혼(魂)이라 하고, 몸 밖으로 나가면 귀신(鬼神)이 되는 것이다.

善。爲仙爲佛。作惡變禽變獸。夫元神。隨身之有無。從受胎
선(善)을 닦으면 신선(神仙)이 되고, 부처(佛)가 되고, 악(惡)을 지으면 날짐승으로 변하고 들짐승으로 변하리라. 무릇 원신(元神)은 몸이 있고 없음에 따르게 되는데, 태(胎)를 받음을 쫓아

以得其生。凝於無極之中央。主宰生身之造化。十月胎足。
그 생(生)을 얻음으로써 무극(無極)의 중앙(中央)에 응결(凝結)하여 생겨난 몸의 조화(造化)를 주재(主宰)하게 되는데, 태(胎)가 열 달을 채우면,

瓜熟蔕落。地覆天翻。一箇勵抖下地。因的一聲。而元神從
오이가 익어 꼭지가 저절로 떨어지듯 천지(天地)가 뒤집히듯 하나의 덩어리가 땅으로 곤두박질 치면서 큰 소리로 울부짖고, 원신(元神)은

無極。遂下肉團頑心。而這識神。趁此吸氣。隨吸而進。以爲
무극(無極)에서 육단완심(肉團頑心)으로 재빨리 내려오고, 식신(識神)은 흡기(吸氣)를 쫓아 호흡(呼吸)을 따라 빨려 들어가,

授胎與元神。合而爲一。同居於心。從此以心爲主。而元神
수태(受胎)되어 원신(元神)과 합해져 하나 되어, 심장(心臟)에 동거(同居)하게 됨에 따라 이 마음(心)의 주재(主宰)가 되고

失位。識神當權。七情六欲。晝夜耗散。而元神耗散以盡。地
원신(元神)은 설 자리를 잃어버리게 되고, 식신(識神)이 권리(權利)를 잡아 칠정육욕(七情六欲)을 행사(行事)하여 밤낮 모산(耗散)되고, 원신(元神)도 모산(耗散) 소진(消盡)됨에

水火風。四大分馳。其身嗚呼哀哉。以識神爲自己之眞性。
지수화풍(地水火風) 사대(四大)가 제각기 나뉘어 달아나 버리니, 그 몸이란 것! 오호(嗚呼)라! 슬프도다. 식신(識神)을 자기의 진성(眞性)이라 하며

而捨身而出。縱壽高百歲。不免大夢一場。必有鬼卒押至
地獄。將平生之善惡。照簿賞罰。善者。或轉生來世。以受福
報。或爲鬼神。享受香煙。惡者或轉世以受惡報。或失人身
以變四生。而萬劫難復也。好者愛也。淸者靜也。此言元神

몸을 버리고 밖으로 나가니 수명(壽命)이 길어 백세(百歲)까지 산다 해도 한바탕 일장춘몽(一場春夢)을 면치 못하고 반드시 귀졸(鬼卒)에 압송(押送)되어 지옥(地獄)에 끌려가 평생(平生)의 선악(善惡)을 장부(帳簿)와 대조(對照)해서 상(賞)과 벌(罰)을 나누어 선(善)한 자(者)는 혹 전생(轉生)시켜 오는 세상에 복(福)의 응보(應報)를 받게 하거나 혹은 귀신(鬼神)이라 해도 향연(香煙)을 향수(享受)하도록 하고 악(惡)한 자(者)는 혹 세상에 다시 태어나 악보(惡報)를 받거나 혹은 인신(人身)을 잃어버리고 태(胎)·란(卵)·습(濕)·화(化) 사생(四生)으로 변하여 만겁(萬劫)이 지나도 헤어나올 수 없게 되리라. 호(好)자는 애(愛)이다. 청(淸)이란 정(靜)이다. 이 말은, 원신(元神)은

本好淸靜。無奈人心之識神。而好動作。時常以擾之不能
淸靜。因不能淸靜。朝傷暮損。漸磨漸虧。元神一衰。而百病
相攻。無常至矣。奉勸世人。要曉人身難得。中華難生。佛法
難遇。大道難逢。今得人身。幸生中華。切莫糊糊混混。以過

본래 청정(淸靜)을 좋아하나, 인심(人心)은 어쩔 수 없이 식신(識神) 때문에 음직이
는 것을 좋아하게 되고 상시(常時) 흔들어 대므로 청정(淸靜)할 수가 없게 되고,
청정(淸靜)할 수 없음으로 인하여 아침 저녁으로 손상(損傷)을 입고 점차로 마모
(磨耗)되고 이지러져, 원신(元神)이 한번 쇠(衰)하여지면 온갖 병(病)이 앞다투어 침공(侵攻)하게 되고 무상살귀(無常殺鬼)가 이르게 된
다. 권하나니 세상 사람들이여! 사람 몸 받기가 어렵고, 명사(明師) 만나기가 어렵고 불법(佛法) 만나기가 어렵고,
대도(大道) 만나기가 어려운 것을 알라. 이제 사람 몸을 얻었으며, 다행히 명사
(明師)가 있는 곳에 태어났으니 절대로 어리석고 흐리멍덩하게 한 평생(平生)을
허비(虛費)하지 말라.

一世。要把性命二字爲重。識神元神當分。眞身假身當曉。
세상에서 성명(性命) 두 글자의 중요함을 파악하고 식신(識神)과 원신(元神)을 마땅히 분간하고, 진신(眞身)과 가신(假身)을 마땅히 밝게 알며,

人心道心當明。切不可以人心。當道心。以識神。當元神。以
假身。當眞身。
인심(人心)과 도심(道心)을 마땅히 밝히면 절대 인심(人心)이 도심(道心)을 당해내지 못할 것이고, 식신(識神)이 원신(元神)을 당해내지 못할 것이며, 가신(假身)이 진신(眞身)을 당해내지 못하리라.

佛經云。心字詩。三點如星佈。橫鈎似月斜。披
毛從此出。作佛也由他。
불경(佛經)의 심자시(心字詩)에 세 점(三點)은 별(星)을 흩어 놓은 것 같고 옆으로 삐친 갈고리(ㄴ)는 달이 기운 듯 한데 피모서(披毛犀-제4기에 출현했던 지금의 코뿔소와 비슷한 동물)가 이로 쫓아 나오고 부처(佛)되는 것도 그것을 연유(緣由)하는도다.

呂祖詩曰。人生難得今已得。大道難明今已明。

여조(呂祖) 시왈(詩曰)
사람 몸 얻기 어려우나 지금 이미 사람 몸을 얻었고
대도(大道)가 훤히 드러나기 어려우나 지금 이미 드러났는데

此身不向今生度。再等何時度此身。

이 몸을 금생(今生)에 제도(濟度)하지 못한다면
다시 어느 때를 기다려 이 몸을 제도(濟度)할 것인가!

黃老詩曰。一貫道心孔氏書。於今清靜啟靈圖。

황로(黃老) 시왈(詩曰)
오도일이관지(吾道一以貫之)라는 일관도심(一貫道心)의 공자(孔子)가 쓰신 글이
지금 청정(淸靜)의 영도(靈圖)로 계발(啟發)되었는데

真經真法皆言道。天理天年也在儒。

진경(眞經) 진법(眞法)의 모든 도(道)의 말씀과 천리(天理)와 천년(天年)이 유가(儒家)에 있도다

漢武枉尋千歲藥。秦王空想萬年謨。
한 무제(漢武帝)는 천년(千年) 살 약(藥)을 헛되이 찾았으며 진시황(秦始皇)은 만년영화(萬年榮華)를 헛되이 꾀하였도다.

此經在手春秋永。別有乾坤鎭玉壺。
이경(經)이 손(手)에 있으면 춘추(春秋)를 영원(永遠)히 하고 따로이 있는 건곤(乾坤)이 옥호(玉壺)를 진압(鎭押)하리라.

太白星詩曰。羣經惟此有奇思。翻案偏然有妙詞。
태백성(太白星) 시왈(詩曰) 뭇 경(經) 중에 오직 이것만이 기사묘상(奇思妙想)이 있도다 정론(定論)을 뒤집어 놓은 편향(偏向)된 그대로 절묘(切妙)한 말씀을

那管春秋而過去。只將旦暮以窺之。
나관춘추이과거 지장단모이규지

어찌 춘추(春秋)가 관여(關與)하여 과거(過去)로 떠나가게 할 수 있으랴!
아침 저녁으로 항상 엿보듯 은밀히 살피고

全憑淸靜爲靈藥。豈有人心種紫芝。
전빙청정위령약 기유인심종자지

오로지 청정(淸靜)에 의지(依支)하는 것이 영약(靈藥)이다.
어찌 인심(人心)에 자지(紫芝·靈芝와 비슷한 검은 버섯) 종자(種子)가 따로 있겠는가?

道心繾爲眞父母。精神力量庇佳兒。
도심재위진부모 정신력량비가아

도심(道心)이야말로 참 부모(父母)이며
정신(精神) 역량(力量)이 그 아름다움을 감싸주리라.

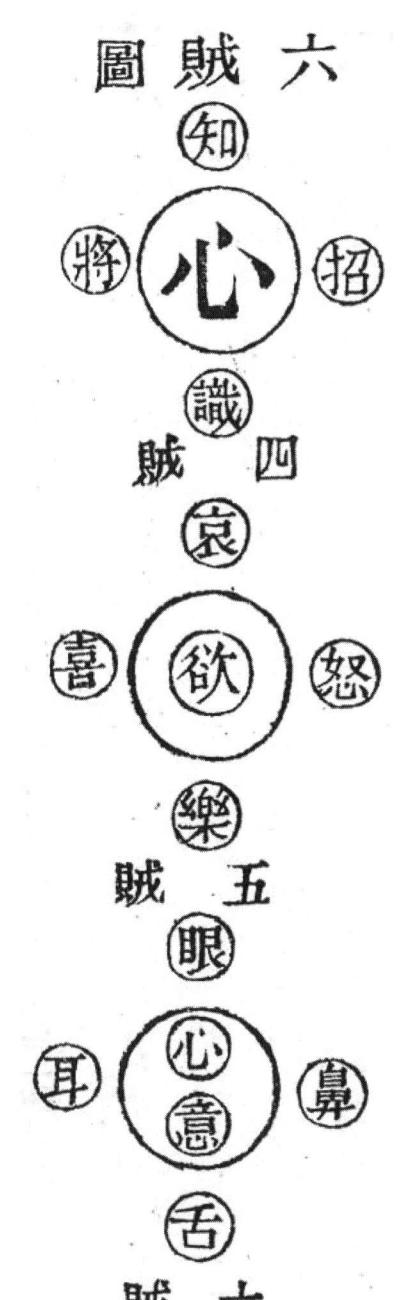

六賊品第七 (륙적품제칠)

人心好靜而慾牽之。
(인심호정이욕견지)

☯ 註 人心者。常人之心也。好靜者。

註 인심(人心)이란 보통 사람의 마음(心)이다. 호정(好靜)이란 인심(人心)은 고요함(靜)을 좋아하나, 욕심(慾心)이 끌어당긴다.

不愛妄動也。慾者。七情六慾也。牽之者。牽引外馳也。夫人
(불애망동야 욕자 칠정륙욕야 견지자 견인외치야 부인)

애착(愛着)하거나 망동(妄動)하지 않는 것이다. 욕(慾)이란 칠정(七情) 육욕(六慾)이다.

견지(牽之)란 끌려서 밖으로 내달림이다.

心。本不好靜。因有元神在內。有時元神主事。故心有時好靜也。人心本不好動。因有識神在內。有時識神主事。故心亦有時好動也。人身因有六根。則有六識。因有六識。則有六塵。因有六塵。則有六賊。因耗六神。

대저 인심(人心)은 본래 고요함(靜)을 좋아하지 않으나, 원신(元神)이 안에 있음으로 인해서 때때로 원신(元神)이 일을 주관(主管)하는 고(故)로 마음(心)은 때때로 고요함(靜)을 좋아한다.

인심(人心)은 본래 움직임(動)을 좋아하지 않으나, 식신(識神)이 안에 있음으로 인해서 때때로 식신(識神)이 일을 주관(主管)하는 고(故)로 마음(心) 역시 때때로 움직임(動)을 좋아하게 되는 것이다. 인신(人身)에 육근(六根)이 있음으로 하여 육식(六識)이 있게 되고, 육식(六識)이 있음으로 하여 육진(六塵)이 있게 되고, 육진(六塵)이 있음으로 하여 육적(六賊)이 있게 되고 육

적(六賊)이 있음으로 하여 육신(六神)이 소모(消耗)되고、육신(六神)이 소모(消耗)됨으로 하여

則墮六道也。六賊者。眼耳鼻舌身心。是也。眼貪美色而不絶。久以後。這點靈性。墮在 卵生地獄 。變爲飛禽鵲鳥。羽毛之類。身披五色翎毛。何等好看。耳聽邪話而不絶。久以後。這點靈性。墮在 胎生地獄 。變爲騾駝豿馬。走獸之類。項帶

육도(六道)에 떨어지게 된다。육적(六賊)이란 안(眼)・이(耳)・비(鼻)・설(舌)・신(身)・심(心)이다。눈(眼)이 미색(美色) 탐(貪)하기를 즐겨 끊지 못하면 오랜 후에 저점(這點)의 영성(靈性)이 난생지옥(卵生地獄)에 떨어져、변하여 날짐승인 까치나 까마귀가 되는데、우모류(羽毛類)는 온 몸에 오색찬란(五色燦爛)한 깃털을 입고 있으나、그 얼마나 보기 좋다 하겠는가! 귀(耳)로 그릇된 말만 듣기를 즐겨 끊지 못하면 오랜 후에

저 점(這點) 영성(靈性)이 태생지옥(胎生地獄)에 떨어져 변하여 낙타나 코끼리, 말과 같은 길짐승이 되는데, 주수류(走獸類)는 목에 방울을 달았으니,

鈴鐺。何等好聽。鼻貪肉香而不絶。

그 얼마나 듣기 좋다 하겠는가! 코(鼻)로 육향(肉香)의 냄새를 탐(貪)하여 끊지 못하면, 오랜 후에 저점(這點) 영성(靈性)이

❶ 濕生地獄。變爲魚鱉蝦蠏。水族之類。常在臭沈。何等好聞。

습생 지옥(濕生地獄)에 떨어져 변하여 물고기, 자라, 새우, 게가 되는데, 수족류(水族類)는 맑지 못한 습기 속에 깊이 가라앉아 항상 악취에 있으니 그 어찌 냄새가 좋다고 하겠는가!

❷ 舌貪五葷。三厭而不絶。久以後。這點靈性。墮在 化生地獄

혀(舌)가 파・마늘・달래・부추・담배와 날짐승・길짐승・어류(魚類)를 탐(貪)하여 끊지 못하면 오랜 후에 저점(這點) 영성(靈性)이 화생지옥(化生地獄)에 떨어져 변하여

❸ 變爲蚊蟲蛆蠓。蟣虱之類。還是以口傷人傷物。何等有味

모기, 구더기가 되는데 기슬류(蟣虱類)는 도리어 입으로 사람을 상하게 하고 물건을 상(傷)하게 하지만, 그것이 얼마나 맛이 있다 하겠는가!

心貪財而無厭久以後。這點靈性。墮在駝腳之類。一生與

마음(心)으로 재물(財物)을 탐(貪)하여 싫어함이 없으면, 오랜 후에 저점(這點) 영성(靈性)이 타각류(駝腳類)에 떨어져 평생을 사람과 함께 해야 하는

人駝物。而貨財金銀常不離身。何等富足。身貪淫而無厭

낙타 같은 동물이 되어 재화(財貨)나 금(金)·은(銀) 따위를 늘 몸에 지고 다니므로 몸에서 떠날 날이 없으나, 그 어찌 부자라 하여 만족(滿足)하겠는가! 몸(身)으로 음욕(淫慾)을 탐(貪)하여 싫어함이 없으면

久以後。這點靈性。墮在煙花雞鴨之類。一日交感無度。何

오랜 후에 저점(這點) 영성(靈性)이

연화지옥(煙火地獄)에 떨어져 계압류(雞鴨類)가 되어 하루에도 수없이 교감(交感)을 하나,

等悅意。此言六慾牽心之報也。還有七情之傷。而不可不知也。七情者。喜怒哀懼愛惡慾。是也。喜多傷心。怒多傷肝。哀多傷肺。懼多傷膽。愛多傷神。惡多傷情。慾多傷脾。此爲

그 얼마나 즐겁다 하겠는가! 이상의 말들은 육욕(六慾)에 마음이 이끌려 받는 인과응보(因果應報)이다. 또한 칠정(七情)으로 상(傷)하는 것이 있으니 불가부지(不可不知)라!

칠정(七情)이란 기쁨(喜)과 성냄(怒)과 슬픔(哀)과 두려움(懼)과 사랑(愛)과 미움(惡)과 욕심(慾心)이다.

기쁨(喜)이 지나치면 심장(心臟)이 상(傷)하고
화(怒)가 지나치면 간(肝)이 상(傷)하고
슬픔(哀)이 지나치면 폐(肺)가 상(傷)하고
두려움(懼)이 지나치면 담(膽)이 상(傷)하고
애착(愛着)이 지나치면 신(神)이 상(傷)하고

七情牽心之傷也。又有外十損。而亦不可不知也。久行損筋。久立損骨。久坐損血。久睡損脈。久聽損精。久看損神。久臥損脈。久思損脾。久淫損命。此爲十損也。大凡言損氣。食飽損心。

미움(惡)이 지나치면 정(情)이 상(傷)하고 욕심(慾心)이 지나치면 비장(脾臟)이 상(傷)한다.

이는 칠정(七情)에 연루(連累)되어 마음(心)이 상(傷)하는 것이다. 또한 이 외에 십손(十損)이 있으니 이 또한 불가부지(不可不知)라.

오래 걸으면 근육(筋肉)이 손상(損傷)되고
오래 서 있으면 뼈(骨)가 손상(損傷)되고
오래 앉아 있으면 피(血)가 손상(損傷)을 입고
오래 잠을 자면 맥(脈)이 손상(損傷)되며
오래 들으면 정(精)이 손상(損傷)되며
오래 보면 신(神)이 손상(損傷)되고
오래 말하면 기(氣)가 손상(損傷)되고

배부르게 먹으면 심장(心臟)이 손상(損傷)되며
오래 생각에 빠지면 비장(脾臟)이 손상(損傷)을 입고
오래 음탕(淫蕩)함에 빠지면 명(命)이 손상(損傷)된다.
이를 십손(十損)이라 한다.

세인(世人)。무일인(無一人)。불수차륙적(不受此六賊)。칠정(七情)。십손지해야(十損之害也)。봉권천하(奉勸天下)。선
남신녀(男信女)。장륙적(將六賊)。칠정(七情)。십손(十損)。일필구소(一筆勾銷)。반심향도(返心向道)。절막상차(切莫上此)
적선(賊船)。공타침륜(恐墮沈淪)。회지만의(悔之晚矣)。

대체로 세상 사람들 중에 단 한 사람도 이 육적(六賊)과 칠정(七情)、십손(十損)
의 손상(損傷)의 해(害)를 받지 않음이 없다. 권하건대 세상의
선남신녀(善男信女)들이여! 육적(六賊)과 칠정(七情)、십손(十損)을 일필(一筆)
에 지워 없애 버리고 마음을 돌려 도(道)에 뜻을 두고 절대로 이 적선(賊船) 위에
올라 타지 말라.

두려운 것은 깊이 빠져 윤회(輪迴)에 떨어질까 하는 것! 후회는 언제나 늦다!

無心道人詩曰。眼不觀色鼻不香。正意誠心守性王。

무심도인(無心道人) 시왈(詩曰)

눈(眼)으로 미색(美色)을 보지 말고 코(鼻)로 향기를 탐하지 말라.
올바른 뜻(意)、정성스런 마음으로 성왕(性王)을 지키면

三境虛空無一物。不生不滅壽延長

삼경(三境) 허공(虛空)에 한 물건도 걸림이 없고
생(生)도 없게 되고 멸(滅)도 없게 되어 수명(壽命) 길어지리라.

清靜子詩曰。妄念纔興神急遷。神遷六賊亂心田。

청정자(清靜子) 시왈(詩曰)

망념(妄念)이 조금이라도 일어나면 신(神)이 이내 밀려나 버리고
신(神)이 밀려나면 육적(六賊)이 심전(心田)을 어지럽히고

心田旣亂身無主。六道輪回在目前。

심전(心田)이 어지럽혀지면 몸의 주재(主宰)가 없게 되어
육도(六道) 윤회(輪回)가 눈 앞에 있게 된다.

尹眞人詩曰。

靈光終夜照河沙。凡聖原來共一家。

윤진인(尹眞人) 시왈(詩曰)
영광(靈光)이 온 밤(夜)을 하사(河沙)에 비추니
범부(凡夫)와 성인(聖人)이 원래 같은 한 집안이라.

一念不生全體現。六根纔動被雲遮。

한 생각도 생기지 아니하면 본래 몸체가 모두 드러나지만
육근(六根)이 조금이라도 움직이면 구름이 끼어 가리게 된다.

三尸品第八
삼시품제팔

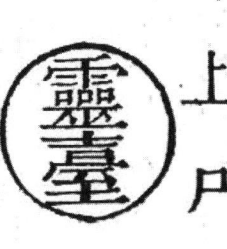
三尸圖
上尸 彭琚 靈臺

中尸 彭瓆 靈爽
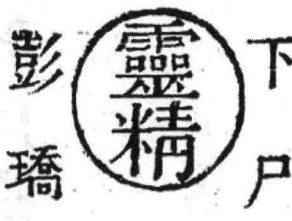
下尸 彭矯 靈精

常能遣其慾。而心自靜。澄其心。而神自清。自然六慾不生。三
상능견기욕 이심자정 징기심 이신자청 자연륙욕불생 삼
毒消滅。
독소멸

항상 욕심(慾心)을 쫓아낼 수 있으면 마음(心)이 스스로 고요해지고 그 마음(心)이 가라앉으면 신(神)은 스스로 맑아지고, 자연히 육욕(六慾)이 생기지 않으며, 삼독(三毒)은 소멸(消滅)되리라.

㊟ 註 常者。平常也。能者。志能也。遣者。逐遣也。
상자 평상야 능자 지능야 견자 축견야

㊟ 註 상(常)은 평상(平常)이다. 능(能)은 해낼 수 있는 의지(意志)이다. 견(遣)은 몰아

내쫓는 것이다.

慾者。私慾也。言二六時中。將靈臺之上。打掃潔淨。勿使萬物所搖。外相不入。內相不出。而道心自然清靜矣。澄其心者。將渾水以澄清也。而心有雜念。如水之有泥漿也。知止而后有定。定而后能靜。五祖出偈。神秀偈曰。身是菩提樹。

욕(慾)은 사사로운 욕심(慾心)이다. 말하건대, 이륙시중(二六時中) 항상 영대(靈臺) 위를 정결(淨潔)히 소제(掃除)하여 만물(萬物)에 흔들림이 없도록 하고, 외상(外相)이 들어오지 않게 하고, 내상(內相)도 나가지 않게 하면 도심(道心)은 자연히 맑고 고요해진다 할 것이다. 그 마음(心)을 가라앉힌다는 징기심(澄其心)은 장혼수이징청야(將渾水以澄淸也) 이심유잡념(而心有雜念) 여수지유니장야(如水之有泥漿也) 지지(知止) 혼탁(混濁)한 물을 가라앉혀서 맑게 한다는 뜻인데, 마음(心)에 잡념(雜念)이 있으면, 물이 진흙탕이 되는 것과 같다. 그치는 곳을 안 이후에 이후유정(而后有定) 정이후능정(定而后能靜) 오조출게(五祖出偈) 신수게왈(神秀偈曰) 신시보리수(身是菩提樹) 정(定)이 있게 되고, 정(定)한 이후에 고요(靜)할 수 있는 것이다. 오조(五祖)께

서게(偈)를 지어 내놓으라 하시니, 신수(神秀)가 게송(偈頌)하기를
몸이 곧 보리수(菩提樹)요,

心乃明鏡臺。時時勤打掃。休得惹塵埃。六祖曰。菩提本無
심내명경대 시시근타소 휴득야진애 륙조왈 보리본무

마음(心)은 명경대(明鏡臺)이니
시시때때로 부지런히 쓸고 닦아
먼지 일어나지 않게 하세

육조(六祖)께서는
보리(菩提)는 본디 나무가 없고

樹。明鏡亦非臺。本來無一物。怎得惹塵埃。正此之謂也。而
수 명경역비대 본래무일물 즘득야진애 정차지위야 이

명경(明鏡) 역시 좌대(坐臺)가 아니라네.
본래 한 물건도 없는 것인데
어찌하여 먼지가 일어나겠는가.
라고 한 것은 바로 이것을 이른 것이다.

神自清者。心無念頭擾撓。而元神自然清明。元神清明。而
신자청자 심무념두요뇨 이원신자연청명 원신청명 이

이신자청(而神自清)이란, 마음(心)에 염두(念頭)의 어지럽힘이 없으면 원신(元神)은 자

眼耳鼻舌心身。六慾則無妄動矣。三毒者。三尸也。人身有三尸神。名三毒。上尸名彭琚。管人上焦善惡。中尸名彭瓆。管人中焦善惡。下尸名彭矯。管人下焦善惡。上尸住玉枕關。中尸住夾脊關。下尸住尾閭關。每逢庚申甲子。詣奏善

연히 청명(淸明)해지고, 원신(元神)이 청명(淸明)해지면 안(眼)·이(耳)·비(鼻)·설(舌)·심(心)·신(身)의 육욕(六慾)이 망동(妄動)을 할 수 없게 된다. 삼독(三毒)이란 삼시(三尸)이다.

인신(人身)에 삼시신(三尸神)이 있는데, 삼독(三毒)이라 이름한다. 상시(上尸)는 이름을 팽거(彭琚)라 하는데, 사람의 상초(上焦)에서 선악(善惡)을 관장(管掌)하고, 중시(中尸)는 이름을 팽질(彭瓆)이라 하는데 사람의 중초(中焦)에서 선악(善惡)을 관장(管掌)하며, 하시(下尸)는 이름을 팽교(彭矯)라 하는데, 사람의 하초(下焦)에서 선악(善惡)을 관장(管掌)한다.

상시(上尸)는 옥침관(玉枕關)에서 살고

중시(中尸)는 협척관(夾脊關)에서 살며, 하시(下尸)는 미려관(尾閭關)에서 사는데, 매번 경신일(庚申日)과 갑자일(甲子日)마다 천상(天上)에 올라, 그 사람이 행(行)한 선악(善惡)을 아뢴다.

惡。又有九蠱。作害不淺。阻塞三關九竅。使其眞陽。不能上
또한 구고(九蠱)가 있어 해(害)를 일삼고, 삼관(三關)과 구규(九竅)를 가로막아 봉쇄(封鎖)하고, 그 진양(眞陽)으로 하여금 상승(上昇)할 수 없게 한다.

昇。而九蠱俱有名字。一曰。伏蠱。住玉枕竅。二曰龍蠱。住天
이 구고(九蠱)에 모두 이름이 있는데
첫째는 복고(伏蠱)라 하는데 옥침규(玉枕竅)에 살고,
둘째는 용고(龍蠱)라 하는데 천주규(天柱竅)에 살고,

柱竅。三曰白蠱。住陶道竅。四曰肉蠱。住神道竅。五曰赤蠱。
셋째는 백고(白蠱)라 하는데 도도규(陶道竅)에 살고,
넷째는 육고(肉蠱)라 하는데 신도규(神道竅)에 살고,

住夾脊竅。六日隔蠱。住玄樞竅。七日肺蠱。住命門竅。八日胃蠱。住龍虎竅。九日蟯蠱。住尾閭竅。三尸住三關。九蠱住九竅。變化多端。隱顯莫測。化美色。夢遺陽精。化幻景。睡生煩惱。使其大道難成矣。故丹經云。三尸九蠱在人身。阻塞

다섯째는 적고(赤蠱)라 하는데 협척규(夾脊竅)에 살고,
여섯째는 격고(隔蠱)라 하는데 현추규(玄樞竅)에 살고,
일곱째는 폐고(肺蠱)라 하는데 명문규(命門竅)에 살고,
여덟째는 위고(胃蠱)라 하는데 용호규(龍虎竅)에 살고,
아홉째는 회고(蟯蠱)라 하는데 미려규(尾閭竅)에 산다.
삼시(三尸)는 삼관(三關)에 살고, 구고(九蠱)는 구규(九竅)에 사는데 모두 변화무쌍하여 그 숨고 드러남을 예측(豫測)할 수 없다. 미색(美色)으로 화(化)하여 꿈(夢)에 양정(陽精)을 유실(遺失)하게 하고, 환영(幻影)으로 화(化)하여 잠잘 때 번뇌(煩惱)가 생기게 함으로 하여, 대도(大道)를 이루기 어렵게 한다. 그러한 고

148

(故)로 『단경(丹經)』에 말하기를, 「삼시(三尸)와 구고(九蠱)가 인신(人身)에 있으면서

黃河毒氣深。行者打開三硐府。九蠱消滅壽長生。正此之謂也。不知修道之士。可知斬三尸。殺九蠱之法否。倘若不知急訪明師。低心求指大道。請動孫悟空。在東海龍宮。求來金柤棒。打三關。借來猪八戒之釘扒。扒開九竅。而三尸

황하(黃河)를 가로막고 봉쇄(封鎖)하여 독기(毒氣)가 깊으니, 수행자(修行者)는 삼동부(三硐府)를 때려 쳐 열고, 구고(九蠱)를 소멸(消滅)시키면 장생불사(長生不死)하리라.」하였으니, 바로 이를 이른 말인 것이다.

불지수도지사 가지참삼시 살구고지법부 당약불
지급방명사 저심구지대도 청동손오공 재동해룡궁 구
래금갑봉 타삼관 차래저팔계지정배 배개구규 이삼시

수도(修道)하는 사람들은 모르는도다! 삼시(三尸)를 베고 구고(九蠱)를 죽이는 법(法)을 아는가, 모르는가? 만약 모른다면, 바삐 명사(明師)를 찾아 뵙고 마음을 낮추고 대도(大道)를 구(求)하여 지점(指點) 받고, 청(請)하여 손오공(孫悟空)을 움직여 동해(東海) 용궁(龍宮)에 있는 금갑봉(金柤棒)을 구해와 삼관(三關)을 치고, 저팔계(豬八戒)의 껏쇠(釘扒)를 빌려와

구규(九竅)를 더불어 열면、삼시(三尸)는 죽고、

亡形。九蠱滅跡。關竅通徹。法輪常轉。性根長存。命基永固。

망형 구고멸적 관규통철 법륜상전 성근장존 명기영고

구고(九蠱)는 흔적(痕跡)도 없이 소멸(消滅)하고 삼관(三關)과 구규(九竅)가 막힘없이 뚫리고, 법륜(法輪)은 항상 돌며, 성근(性根)은 장존(長存)하고, 명기(命基)가 영영 견고(堅固)해지며、

七情頓息。六慾不生。三毒消滅矣。

칠정돈식 륙욕불생 삼독소멸 의

칠정(七情)은 문득 숨을 죽이게 되고、육욕(六慾)은 생기지 못하게 되며、삼독(三毒)은 소멸(消滅)하리라.

清虛眞人詩曰。茅菴靜坐勝高樓。斬去三尸上十洲。

청허진인시왈 모암정좌승고루 참거삼시상십주

청허진인(淸虛眞人) 시왈(詩曰)

띠풀로 엮은 집에 고요히 앉았으되 높은 누각(樓閣)보다 좋도다.

삼시(三尸)를 베어 없애고 십주(十洲)에 올라 보니

堪嘆玉堂金馬客。文章錦繡葬荒坵。

감탄옥당금마객 문장금수장황구

無垢子詩曰。

탄복할 만 하구나! 옥당(玉堂)에 금마객(金馬客)이여!
문장(文章)이 금수강산(錦繡江山) 같아도 황폐(荒廢)한 언덕
돌무덤에 묻히는 것을!

七情六慾似風塵。一夜滂沱洗垢新。

무구자(無垢子) 시왈(詩曰)
칠정(七情) 육욕(六慾)이란 흡사 풍진(風塵) 같은 것
하룻밤 세찬 비(雨)로 말끔히 때(垢)를 씻어내고 새롭게 하라.

待等地雷初發動。尸嚎鬼哭好驚人。

기다리던 지뢰(地雷)가 처음 발동(發動)을 하니
시귀(尸鬼)의 울부짖는 곡(哭)소리 사람을 놀래키고도 남는다.

達摩祖師詩曰。一陽氣發用功夫。九蠱三尸趁此除。

달마조사(達摩祖師) 시왈(詩曰)
일양(一陽)의 기(氣)가 발동(發動)할 때 공부(工夫)를 해서
구고(九蠱)와 삼시(三尸)를 쫓아 없애야 한다.

到陳擒拏須仔細。恐防墮落洞庭湖。

진(陣)에 도착하여 사로잡았어도 꼼꼼히 살펴라. 두렵도다, 동정호(洞庭湖)에 추락(墜落)하지 않도록 방비(防備)하라.

氣質品第九 기질품제구

氣質圖 (性, 怒, 哀, 欲, 喜, 樂, 心)

所以不能者。爲心未澄。慾未遣也。

☯註 所以不能者。是

所以不能者란、그럼으로써 그러할 수 없는 것은 마음(心)을 가라앉히지 못했으며 욕심(慾心)도 내버리지 못한 것이다.

☯註 소이불능자(所以不能者)란、

不能掃三心。飛四相也。爲心未澄者。是人心未死也。慾未

不能掃三心。飛四相也란、삼심(三心)을 쓸어 없애지도 못하고 사상(四相)을 날려 버리지도 못한 것이다.

위심미징(爲心未澄)이란 인심(人心)을 아직 죽이지 못한 것이다.

遣也者。是七情六慾。常未去也。蓋人生天地之間。不能成
시야자 시칠정륙욕 상미거야 개인생천지지간 불능성

仙。成佛。成聖。成賢者。何也。皆因不能去喜去怒去哀去樂
선 성불 성성 성현자 하야 개인불능거희거노거애거락

者。明矣。若果能去喜情。化爲元性。去怒情。化爲元情。去哀
자 명의 약과능거희정 화위원성 거노정 화위원정 거애

情。化爲元神。去樂情。化爲元精。去慾情。化爲元氣。五慾化
정 화위원신 거락정 화위원정 거욕정 화위원기 오욕화

遣也者(慾未遣也)란 칠정(七情)과 육욕(六慾)을 아직 없애 버리지 못한 것이다. 대개 사람이 천지(天地) 사이에 태어나, 신선(神仙)도 이루지 못하고, 부처(佛)도 이루지 못하고, 성인(聖人)도 이루지 못하고, 현인(賢人)도 이루지 못하는 것은 왜인가? 모두가 희(喜)를 떼어버리지 못하고, 노(怒)를 떼어버리지 못하고, 애(哀)를 떼어버리지 못하고, 낙(樂)을 떼어버리지 못했기 때문이다.

명의 약과 능히 희정(喜情)을 떼어버릴 것 같으면 화(化)해서 원성(元性)이 되고, 노정(怒情)을 떼어버리면 화(化)해서 원정(元情)이 되고, 애정(哀情)을 떼어버리면 화(化)해서 원신(元神)이 되고, 낙정(樂情)을 떼어버리면 화(化)해서 원정(元精)이 되고,

욕정(慾情)을 떼어버리면 화(化)해서 원기(元氣)가 된다. 오욕(五慾)이 변하여서

爲五元。有何仙不可成。而何佛不可證也。儒曰。戒愼乎。其

오원(五元)이 되면, 어찌 신선(神仙)을 이룰 수 없겠으며, 어찌 부처(佛)를 증득(證得)할 수 없겠는가? 유가(儒家)에서 이르기를,

所不覩。恐懼乎。其所不聞。釋曰。無眼耳鼻舌身意。無色聲

「보이지 않는다 하더라도 경계(警戒)하고 삼갈지라, 듣지 않는다 하더라도 두려워하고 무서워할지라」라 하였고, 불가(佛家)에서는 「안(眼)·이(耳)·비(鼻)·설(舌)·신(身)·의(意)의 육근(六根)을 없게 하고,

香味觸法。道曰。恍恍惚惚杳冥冥。如照三敎。聖經行持。

색(色)·성(聲)·향(香)·미(味)·촉(觸)·법(法)의 육진(六塵)을 없애라」하였다. 도가(道家)에서는 「더할 나위 없는 황홀(恍惚)에, 더할 나위 없이 깊고 아련함이로다」하였다. 삼교(三敎)를 비추어 보면, 성인(聖人)의 경전(經典)을 행(行)하고 지켜 나가면,

又有何私不可去。而何慾不可遣也。夫三敎聖人。總是敎

우유하사불가거 이하욕불가견야 부삼교성인 총시교

또한 어찌 사사로움을 떼어버리지 못하겠으며, 어찌 욕심(慾心)을 쫓아내지 못하겠는가? 삼교성인(三敎聖人)께서는 모두,

人去其私慾者。何也。然而私慾。乃屬陰也。三敎聖人總是

사람들에게 그 사욕(私慾)을 떼어버리라고 가르치셨는데 무엇 때문인가? 그런데 사욕(私慾)은 바로 음(陰)에 속한다. 삼교성인(三敎聖人)들께서 모두,

敎人煉其純陽者。何也。然而純陽。乃屬仙也。順其陰者。鬼

사람들에게 그 순양(純陽)을 단련(煅煉)하라고 가르치셨는데, 무엇 때문인가? 그런데 순양(純陽)은 바로 선(仙)에 속한다. 음(陰)에 순응(順應)하면 귀(鬼)가 되고

也。順其陽者仙也。丹經云。朝進陽火。暮退陰符。不知世之

양(陽)에 순응(順應)하면 선(仙)이 된다. 『단경(丹經)』에 이르되, 아침에는 양화(陽火)로 나아가고, 저녁에는 음부(陰符)로 물러나는 도리(道理)를 세상의 선남신녀(善男信女)들은 모르는도다 하였다.

善男信女。可知進陽退陰之功否。倘若不知速將世間。假

가히 진양(進陽)과 퇴음(退陰)의 공행(功行)을 아는가, 모르는가? 만약 모른다면, 속히 세상의 한결같지 않은 모든 것,

事_사一_일筆_필鉤_구消_소。積_적德_덕感_감天_천。明_명師_사相_상遇_우。指_지示_시性_성與_여天_천道_도。進_진陽_양退_퇴

일필(一筆)로 갈고리로 찍어 없애 버리고, 덕행(德行)을 쌓아 하늘을 감동(感動)시키고, 명사(明師)를 만나 성(性)과 천도(天道)를 지시(指示)받고,

陰_음之_지理_리。口_구傳_전心_심受_수。不_불勞_로而_이得_득。焉_언嘻_희性_성與_여天_천道_도。不_불可_가得_득而_이聞_문

진양퇴음(進陽退陰)의 도리(道理)를 구전심수(口傳心授) 받으면, 힘들이지 않고도 얻을 것이니, 아! 슬프다. 성(性)과 천도(天道)는 가히 얻을 수도 없고 들을 수도 없는 것인데

也_야。豈_기易_이聞_문乎_호哉_재。吾_오將_장天_천道_도略_략指_지。大_대概_개而_이言_언之_지。每_매逢_봉朔_삭日_일。天_천

어떻게 쉽게 들을 수 있겠는가! 내가 이제 천도(天道)를 간략하게 가리켜 대개(大概) 말하려 한다. 매번 초하루가 되면,

上_상日_일月_월並_병行_행。至_지初_초三_삼巳_사時_시。進_진一_일陽_양。名_명地_지雷_뢰復_복。至_지初_초五_오日_일。亥_해

천상(天上)의 해(日)와 달(月)이 병행(並行)하고, 초사흘(初三日) 사시(巳時)에 일양(一陽)이 나아가는데, 이름을 지뢰복괘(地雷復卦)라 한다. 초닷새(初五日) 해시(亥時)에 이르면

시 이양 명 지택림 지 초팔일 사시 진삼양
時。進二陽。名地澤臨。至初八日。巳時。進三陽。名
이양(二陽)이 나아가는데, 이름을 지택림괘(地澤臨卦)라 한다. 초팔일(初八日) 사시(巳時)에 이르면 삼양(三陽)이 나아가는데, 이름을 지천태괘(地天泰卦)라 하며,

연 팔양 지 초십일 해시 진사양 명뢰천대장 지십삼일 사
鉛八兩。至初十日。亥時。進四陽。名雷天大壯。至十三日。巳
이때 연(鉛) 팔냥(八兩)이 된다. 초십일(初十日) 해시(亥時)에 이르면, 사양(四陽)이 나아가는데 이름을 뢰천대장괘(雷天大壯卦)라 한다. 십삼일(十三日) 사시(巳時)에 이르면

시 진오양 명택천쾌 지십오일 해시 진륙양 명건위천 역
時。進五陽。名澤天夬。至十五日。亥時。進六陽。名乾爲天。易
오양(五陽)이 나아가는데, 이름을 택천쾌괘(澤天夬卦)라 한다. 십오일(十五日) 해시(亥時)에 이르면 육양(六陽)이 나아가는데, 이름을 건괘(乾卦)라 하고 하늘(天)이라 하나니,

왈 군자종일건건 순양지체야 약불용화단련 과차필우
曰。君子終日乾乾。純陽之體也。若不用火煅煉。過此必又

『역경(易經)』에 말하기를, 「군자(君子)는 종일토록 건(乾)하고 더욱 건(乾)하여서 순양체(純陽體)이다. 만약, 화(火)를 써서 단련(煅煉)하지 않으면, 이것이 지나쳐 반드시 음(陰)이 생긴다」 하였다.

生陰矣。至十八日。巳時。進一陰。名天風姤。至二十日。亥時。
생음의 지십팔일 사시 진일음 명천풍구 지이십일 해시

십팔일(十八日) 사시(巳時)에 이르러, 일음(一陰)이 나아가는데, 이름을 천풍구괘(天風姤卦)라 하고, 이십일(二十日) 해시(亥時)에 이르면,

進二陰。名天山遯。至二十三日。巳時。進三陰。名天地否。爲
진이음 명천산돈 지이십삼일 사시 진삼음 명천지비 위

이음(二陰)이 나아가는데 이름을 천산돈괘(天山遯卦)라 하고, 이십삼일(二十三日) 사시(巳時)에 이르면, 삼음(三陰)이 나아가는데, 이름을 천지비괘(天地否卦)라 하며,

汞半斤。至二十五日。亥時。進四陰。名風地觀。至二十八日。
홍반근 지이십오일 해시 진사음 명풍지관 지이십팔일

이때 홍(汞) 반근(半斤)이 된다. 이십오일(二十五日) 해시(亥時)에 이르러 사음(四陰)이 나아가는데, 이름을 풍지관괘(風地觀卦)라 하고,

巳時。進五陰。名山地剝。至三十日。亥時。進六陰。名坤爲地。
사시 진오음 명산지박 지삼십일 해시 진륙음 명곤위지

이십팔일(二十八日) 사시(巳時)에 이르면 오음(五陰)이 나아가는데, 이름을 산지박괘(山地剝卦)라 하고, 삼십일(三十日) 해시(亥時)에 이르면 육음(六陰)이 나아가는데 이름을 곤괘(坤卦)라 하고 땅(地)이라 하나니,

六爻純陰也。而天土則無月。無月者。則無命矣。
육효(六爻) 순음(純陰)인 이 천토(天土)는 곧 달(月)이 없는 것이고, 달(月)이 없다고 하는 것은 명(命)이 없다 하는 것이다.

道光祖詩曰。悟道修行是進陽。河圖之數大文章。
도광조(道光祖) 시왈(詩曰)
도(道)를 깨치고 수행(修行)하려면 이 양화(陽火)가 나아가야 하는 것
하도(河圖)의 수(數) 대문장(大文章)이로다.

雙爲私欲單爲道。退乃符消進乃長。
적도(赤道)인 두 줄기 쌍선(雙線)은 사욕(私慾)이고 황도(黃道) 한 줄기 단선(單線)은 도(道)로다.
물러나는 것은 음부(陰符)로 소공(消功)이며, 나아가는 것은 양화

(陽火)의 장공(長功)이나

但得眞傳無極理。自然丹熟遍身香。

다만 진전(眞傳)인 무극리(無極理)를 얻어야만
자연히 금단(金丹)이 익어 온 몸에 향(香)이 두루 가득해지며

一朝脫卻胎周襖。跳出凡籠禮玉皇。

하루 아침에 태주오(胎周襖)를 벗어 내던지고
단걸음에 범롱(凡籠)을 뛰쳐나와 옥황(玉皇)을 배알(拜謁)하리라。

鍾離祖詩曰。煉性先須煉老彭。一輪蛾月西南橫。

종리조(鍾離祖) 시왈(詩曰)
성(性)을 연마(煉磨)하려면 먼저 노팽(老彭)을 단련(煅煉)해야 하나니,
아월(蛾月)이 한바탕 굴러 서남(西南)으로 눕고

陰符進退丹益熟。陽火盈虧月漸明。

음부(陰符)로 나아가고 물러나서 금단(金丹)은 더욱 익고

양화(陽火)가 가득 차고 이지러들어 달이 점점 밝아지고

扯_차坎_감塡_진離_리返_반本_본位_위。擒_금烏_오捉_착兎_토復_복初_초城_성。

감(坎)은 뽑고 리(離)는 채워 본래 제자리로 되돌아가 금오(金烏)를 사로잡고 옥토(玉兎)를 붙잡아 초성(初城)에 복귀(復歸)하니

從_종今_금不_불上_상閻_염王_왕套_투。我_아做_주神_신仙_선赴_부玉_옥京_경。

이제부터는 염라대왕 앞에 고리를 걸어 채워가지 않고 나 신선(神仙)되어 옥경(玉京)으로 나아가는도다.

虛無圖

內觀其心 心無其心

外觀其形 形無其形

遠觀其物 物無其物

虛無品第十
허무품제십

能遣之者。內觀其心。心無其心。外觀其形。形無其形。遠觀其物。物無其物。三者旣悟。唯見於空。

능히 내보낸다 하는 것은 안으로 그 마음을 보아도 그 마음이 없고, 밖으로 그 형상(形象)을 보아도 형상(形象)이 없으며, 멀리 그 사물(事物)을 보아도 사물(事物)에 그 사물(事物)이 없다 할 것이니, 이 세 가지를 이미 깨쳤다면 오직

☯ 註 能遣之者。是

공(空)만 보리라.

☯ 註 능견지자(能遣之者)란

將一切雜念。遣逐他方也。內觀其心者。是瞑目內視也。心

일체(一切) 잡념(雜念)을 모조리 밖으로 쫓아 내보내는 것이다. 내관기심(內觀其心)이란 팔부(八分)는 감고 이부(二分)는 뜨는 명목(瞑目)으로 안(內)를 들여다 본다는 뜻이다.

無其心者。念頭從心而發。連心都沒得了。看他念從何生

심무기심(心無其心)이란, 염두(念頭)가 마음(心)을 쫓아 나와도 마음과 연관(連關)해서 도무지 아무것도 없는데, 그 념(念)을 볼때 어떤 것이 쫓아 나오겠는가?

也。外觀其形者。是瞑目外視也。形無其形者。心生於形。連

외관기형(外觀其形)이란 팔부(八分)는 감고 이부(二分)는 뜨는 명목(瞑目)으로 밖을 보는 것이다. 형무기형(形無其形)이란 마음(心)이 형상(形象)으로 인해 생기나,

形都沒得了。看他心。又從何而生也。遠觀其物者。是瞑目

형도 몰득료 간타심 우종하이생야 원관기물자 시명목

형상(形象)과 연관(連關)해서 도무지 아무것도 없는데 그 마음(心)을 본들 또 어

떤 것이 쫓아 생기겠는가? 원관기물(遠觀其物)이란 팔부(八分)는 감고 이부(二分)는 뜨는 명목(瞑目)으로

遠視。天地日月。星辰山河。林屋都沒有了。看他身。又生於
원시 천지일월 성신산하 림옥도몰유료 간타신 우생어
먼 곳을 보니, 하늘(天)과 땅(地)과 해(日)와 달(月)과 별(星)과 산(山)과 강(江)과 수풀(林)과 집(屋) 등 도무지 아무것도 없는데 그 몸을 본들 어느 곳에서 생기는 것이 있겠는가?

何處也。三者旣無。是言心身物。都似乎沒得了。唯見於空
하처야 삼자기무 시언심신물 도사호몰득료 유견어공
삼자기무(三者旣無)란 마음(心)과 몸(身)과 사물(事物) 모두가 도무지 아무것도 없는 것과 같은 것을 말하는 것이다.

者。是言天地人三才。萬物。未有一物。混混沌沌。只有虛空。
자 시언천지인삼재 만물 미유일물 혼혼돈돈 지유허공
유견어공(唯見於空)이란 천(天)·지(地)·인(人) 삼재(三才)와 만물(萬物)이 한 물건도 있기 전으로 더할 나위 없이 혼돈(混沌)해서 다만 허공(虛空)만 있고

常未了卻。故曰。唯見於空。以外而言。乃是虛空。以內而言。
상미료각 고왈 유견어공 이외이언 내시허공 이내이언

항상 아무것도 이루어진 것이 없는 것이다. 그러므로 다만 공(空)만 본다는 것은, 밖으로는 바로 이 허공(虛空)을 말하는 것이고, 안으로는

乃是眞空。眞空者。自身之玄關也。經云。三界內外爲道尊。
내시진공 진공자 자신지현관야 경운 삼계내외위도존

바로 이 진공(眞空)을 말하는 것인데, 이 진공(眞空)이라고 하는 것이 곧 자기 자신(自己自身)의 현관(玄關)인 것이다. 경(經)에 말하기를, 「삼계(三界) 내외(內外)에 도(道)가 다만 존귀(尊貴)하다」 하였고,

老祖曰。吾所以有大患者。爲吾有身。及吾無身。吾有何患。
로조왈 오소이유대환자 위오유신 급오무신 오유하환

노조(老祖)께서 말씀하시기를, 「나에게 대환(大患)이 있게 된 것은 나의 몸(身)이 있기 때문인데, 나에게 몸(身)이 없다면 나에게 어찌 우환(憂患)이 있겠는가!」

又云後其身。而身先。外其身。而身存。金剛經云。不可以身
우운후기신 이신선 외기신 이신존 금강경운 불가이신

또 말씀하시기를, 「그 몸(身)을 뒤로 하고 몸(身)을 앞세우며, 그 몸(身)을 밖에 두고 몸(身)을 살핀다」 하였다. 「금강경(金剛經)」에 이르기를,

相見如來。臨濟禪師云。眞佛無形。眞性無體。眞法無相。古
상견여래 림제선사운 진불무형 진성무체 진법무상 고

「몸(身)과 상(相)으로서는 여래(如來)를 볼 수 없다」하였고, 임제선사(臨濟禪師)는 말하기를, 「진불(眞佛)은 형상(形象)이 없고, 진성(眞性)은 체(體)가 없으며, 진법(眞法)은 상(相)이 없는 것이다.」하였고

仙云。莫執此身云是道。此身之外有眞身。自古成道仙佛。
옛 선인(仙人)이 말하기를, 이 몸(身)에 집착(執着)하면서 그것이 도(道)라 하지 말라. 이 몸 외에 진신(眞身)이 있다 하였다. 자고(自古)로 도(道)를 이룬 선불(仙佛)들은

皆以忘形守道爲妙。可嘆世間。有等愚人。不但不能忘其
모두 이 형상(形象)을 잊어버리고 도(道)를 지키는 것을 묘(妙)로 삼았다. 아, 탄식할 일이로다! 세상에 어리석은 사람들이 있어, 그 형상(形象)을 잊어버리지 못할 뿐만 아니라,

形。而且將此假身。認爲眞身。咆酒肉以肥此身戀美衣以
오히려 이 가신(假身)을 진신(眞身)이라 여기고 으르렁거리며 술(酒)과 고기(肉)로 이 몸을 살찌우고 아름다운 옷에만 연연(戀戀)하여

一六七

飾此身。愛美色以伴此身。至於修煉。無非八段錦。六字氣。
이 몸을 치장하고 미색(美色)만 탐애(貪愛)하여 이 몸(身)의 반려(伴侶)로 삼고, 수련(修煉)에 이르러서는 팔단금(八段錦)과 육자기(六字氣) 소주천(小週天)이 아님이 없다 하나,

小週天。一切。都在色身上搬弄。或者。服三皇藥草。五金八石。以爲外丹。或者。行三峯採戰之功。將年幼女子。以爲爐鼎。把女子之精氣。奪來。名爲採陰補陽。或者。吸精氣。以爲

이 모두가 다 색신(色身)을 가지고 노는 것이다. 혹자(或者)는 삼황약초(三皇藥草)를 먹는다 하고 오금팔석(五金八石)을 외단(外丹)이라 하며, 혹자(或者)는 삼봉채전공(三峯採戰功)을 행한다 하고, 나이 어린 여자를 로(爐)와 정(鼎)으로 삼아 여자의 정기(精氣)를 잡아 탈취(奪取)하는 것을 이름하기를, 음기(陰氣)를 채취(採取)하여 양기(陽氣)를 채운다고 하며, 혹자(或者)는 정기(精氣)를 흡수(吸收)하여

補腦。或者。服紅鉛。名爲先天梅子。或者。服白乳。以爲菩提
보뇌 혹자 복홍연 명위선천매자 혹자 복백유 이위보리
뇌(腦)를 보양(補養)한다 하고, 혹자(或者)는 홍연(紅鉛)을 먹는 것을 이름하여
선천매자(先天梅子)라 하며, 혹자(或者)는 백유(白乳) 먹는 것을 보리주(菩提酒)
라 하고,

之酒。或者。枯坐以爲參禪。或者。守心以爲煉性。種種旁門
지주 혹자 고좌이위참선 혹자 수심이위련성 종종방문
혹자(或者)는 나무토막처럼 앉아 있으면서 참선(參禪)을 한다 하고, 혹자(或者)는
수심(守心)하는 것을 련성(煉性)이라 하는 등, 가지 가지 삼천 육백 방문(三千六
百旁門)을

三千六百。難以盡擧。都在色身上作事。地獄裏找路。不但
삼천륙백 난이진거 도재색신상작사 지옥리조로 불단
모두 다 열거(列擧)하기는 어렵다. 이런 것들은 모두 다 색신(色身)을 가지고 일
을 만드는 것으로 지옥부(地獄府)의 길을 스스로 찾는 것이며,

不能成仙。一旦陽氣將盡。四大分馳。一點靈性。永墮沈淪。
불능성선 일단양기장진 사대분치 일점령성 영타침륜
신선(神仙)을 이룰 수 없을 뿐만 아니라, 일단 양기(陽氣)가 모두 소진(消盡)되면
사대 색신(四大色身)은 각각 뿔뿔이 흩어져 버리고 일점(一點) 영성(靈性)은 영원

一六九

히 지부(地府)에 깊이 떨어져 버릴진대、

而肉身何在之有也。嗚呼眞可嘆哉
이육신하재지유야 오호진가탄재

육신(肉身)이 어느 곳에 있다 할 것인가. 오호(嗚呼)라! 진실로 탄식할 일이로다!

金蟬子詩曰。虛無一炁成仙方。空覺色身覓性王。
금선자시왈 허무일기성선방 공각색신멱성왕

금선자(金蟬子) 시왈(詩曰)

허무일기(虛無一氣)가 신선(神仙)되는 처방(處方)이라
공(空)된 색신(色身)을 깨닫고 성왕(性王)을 찾으라.

功滿三千丹詔下。超凡成聖步仙鄉。
공만삼천단조하 초범성성보선향

공(功)이 삼천(三千) 가득 원만해지면 단조(丹詔)가 내려와
범부(凡夫) 몸 벗고 성인(聖人) 되어 선향(仙鄉)을 걷게 되리라.

紫淸眞人詩曰。此法眞中妙更眞。無頭無尾又無形。
자청진인시왈 차법진중묘갱진 무두무미우무형

자청진인(紫淸眞人) 시왈(詩曰)

이 법(法) 진중(眞中)의 묘(妙) 더욱 한층 진(眞)하고

一七〇

翠虛子詩曰。
취허자시왈

杳冥恍惚能相見。便是超凡出世人。
묘명황홀능상견   편시초범출세인

묘명(妙冥)하고 황홀(恍惚)한 속에 서로 볼 수 있으니
문득 범속(凡俗)을 뛰어넘어 출세(出世)하는 사람이로다.

無心無物亦無身。得會生前舊主人。
무심무물역무신   득회생전구주인

마음(心)도 없고 물(物)도 없고 또한 몸(身)도 없는데
생전(生前) 소식을 듣고 보니 옛 주인(主人)이로세

翠虛子詩曰
취허자시왈

但是此中留一物。靈臺聚下紅砂塵。
단시차중류일물   령대취하홍사진

다만 이러한 가운데 한 물(物)이 머물며
영대(靈臺)에서 홍사진(紅砂塵)을 모으는도다.

虛空
空　圖
　　　　外而形空
〇　空無所空
天空
　　　　內而心空
〇　無無所無
人空
　　　　遠而物空
〇　寂無所寂
地空

虛空品十一
허 공 품 십 일

觀空亦空。空無所空。所空旣無。無無亦無。無無旣無。湛然常寂。寂無所寂。慾豈能生。慾旣不生。卽是眞靜。☯ 註 觀

관공역공 공무소공 소공기무 무무역무 무무기무 담연상
적무소적 욕기능생 욕기불생 즉시진정   관

공(空)을 봄(觀)도 역시 공(空)이며, 공(空)이 공(空)한 바가 없다. 공(空)한 바가 이미 없고, 없음(無)이 없다는 것도 또한 없으며, 없음(無)이 없다는 것조차 이미 없어야 담연(湛然)히 항상 고요할 것이다.

적적무소적(寂寂無所寂)에도 그 고요할 바가 없으니, 욕심(慾心)이 어찌 생기겠는가? 욕심(慾心)조차 고요함(靜)에도 그 고요할 바가 없으니, 욕심(慾心)이 어찌 생기겠는가? 욕심(慾心)조차 이미 생기지 않으면, 곧 이것이야말로 참된 고요함(靜)이다.

空亦空。空無所空者。此承上文而言。三心已掃。四相已飛。

❷註 관공역공(觀空亦空) 공무소공(空無所空)이란 앞 장(章) 글을 이어서 말한 것으로, 삼심(三心)을 이미 쓸어 없애고, 사상(四相)을 이미 날려 버렸으면

外不知其物。內不知其心。只有眞空存焉。到如是之際。連眞空都沒有了。無無亦無。無旣無。是言無眞空。無太空。無慾界。無色界。無想界。粉碎虛空。湛然常寂。寂無

밖으로는 그 물(物)을 알 수 없고, 안으로는 그 마음(心)을 알 수 없으니, 다만 진공(眞空)만 남아 있을 것이 아니겠는가. 이와 같은 경지에 도달하면 진공(眞空)과 이어져서 도무지 아무것도 없게 될 것이다. 무무역무(無無亦無) 무무기무(無無旣無)라는 말은, 진공(眞空)도 없고, 태공(太空)도 없고, 욕계(慾界)도 없고, 색계(色界)도 없고, 상계(想界)도 없고, 사계(思界)도 없이 허공(虛空)마저 분쇄(粉碎)되어 가루가 되었다는 것이다. 담연상적(湛然常寂) 적무소적(寂無所寂)이란

所寂者。言其大定。無人無我。混混沌沌。一派先天矣。慾豈
소적자 언기대정 무인무아 혼혼돈돈 일파선천의 욕기
대정(大定)을 말하는데, 남도 없고 나도 없는, 더할 나위 없는 혼돈(混沌)에서 파
생(派生)된 한 선천(先天)인 것이다.

能生。慾旣不生。卽是眞靜者。言慾念不生。則入眞靜。三花
능생 욕기불생 즉시진정자 언욕념불생 즉입진정 삼화
욕기능생(慾豈能生) 욕기불생(慾旣不生) 즉시진정(卽是眞靜)이란 말은 욕념(慾念)
이 생기지 않은즉 진정(眞靜)에 들어가게 되고

自然聚頂。五炁自然朝元。神空於下焦。則精中現鉛花。神
자연취정 오기자연조원 신공어하초 즉정중현연화 신
삼화(三花)가 자연히 정점(頂點)에 모아지고 오기(五炁)가 자연히 조원(朝元)을 하
게 되며, 신(神)이 하초(下焦)를 비운즉 정(精) 가운데 연화(鉛花)가 나타나고,

空於中焦。則氣中現銀花。神空於上焦。則神中現金花。故
공어중초 즉기중현은화 신공어상초 즉신중현금화 고
신(神)이 중초(中焦)를 비운즉 기(氣) 가운데 은화(銀花)가 나타나고, 신(神)이
상초(上焦)를 비운즉 신(神) 가운데 금화(金花)가 나타나는 것이다.

三花聚於鼎矣。空於喜。則魂定。魂定。而東方青帝之氣朝
삼화취어정의 공어희 즉혼정 혼정 이동방청제지기조

그러므로 삼화(三花)를 정(鼎)에 모은다고 하는 것이다. 희(喜)를 비운즉 혼(魂)이 안정되고, 혼(魂)이 안정되면 동방청제(東方靑帝)의 기(氣)가 조원(朝元)하게 되고,

元。空於怒。則魄定。魄定。而西方白帝之氣朝元。空於哀。則
원   공어노   즉백정 백정   이서방백제지기조원   공어애 즉

노(怒)를 비운즉 백(魄)이 안정되고 백(魄)이 안정되면 서방백제(西方白帝)의 기(氣)가 조원(朝元)하게 되고, 애(哀)를 비운즉

神定。神定。而南方赤帝之氣朝元。空於樂則精定。精定。而
신정 신정   이남방적제지기조원   공어락즉정정 정정   이

신(神)이 안정되고 신(神)이 안정되면 남방적제(南方赤帝)의 기(氣)가 조원(朝元)하게 되고, 낙(樂)을 비운즉 정(精)이 안정되고

北方黑帝之氣朝元。空於慾。則意定。意定。而中央黃帝之
북방흑제지기조원   공어욕 즉의정 의정 이중앙황제지

북방흑제(北方黑帝)의 기(氣)가 조원(朝元)하게 되고, 욕심(慾心)을 비운즉 중앙황제(中央黃帝)의 기(氣)가

氣朝元。故曰。五氣朝元。儒曰。人慾盡淨。天理流行。釋曰。無
기조원 고왈 오기조원   유왈 인욕진정 천리류행   석왈 무

조원(朝元)하게 된다. 고(故)로 이를 오기조원(五氣朝元)이라 하는 것이다. 유가(儒家)

에서는 이르기를, 사람이 욕심(慾心)을 깨끗이 소진(消盡)하면 천리(天理)가 유행(流行)한다 하였고,

無明。亦無無明盡。道曰。虛其心。實其腹。皆是言觀空之道。

불가(佛家)에서는 이르기를, 무명(無明)을 없애고 무명(無明)이 다함마저 없앤다 하였으며, 도가(道家)에서는 이르기를, 그 마음(心)을 텅 비우고 그 실속을 채우라 하셨는데, 이 모두가 공(空)을 보는 도(道)를 말한 것이다.

雖曰。觀空之道。亦不是頑空枯坐。不過去其雜念而已。倘

비록 공(空)을 보는 도(道)를 말하였으나, 완공(頑空)에 빠져, 죽은 고목 나무처럼 앉아 있는다는 것이 아니다. 그렇게 하는 것은 잡념(雜念)을 떼어 버리는 것에 불과(不過)한 것이다.

若未得明師指示。何處安爐。何處立鼎。何謂煉己。何謂築

만약, 명사(明師)의 지시(指示)를 아직 얻지 못하였다면, 그 어느 곳에다 화로(火爐)를 앉히겠으며 어느 곳에다 솥단지(鼎)를 세울 것인가

어떻게 연기(煉己)한다 하겠으며
어떻게 축기(築基)한다 하겠는가

基。何謂採藥。
기 하위채약
어떻게 채약(採藥)할 것이며
어떻게 약(藥)을 얻는다 하겠는가

何謂得㷜。
하위득로
어떤 것을 노눈(老嫩)이라 하겠으며
어떻게 하거(河車)를 굴린다 하겠으며
화후(火候) 조절을 어떻게 한다 하겠는가

何謂老嫩。何謂河車。何謂火候。何
하위로눈 하위하거 하위화후 하

謂乾坤交姤。何謂坎離抽添。何謂金木交幷。何謂鉛汞相
위건곤교구 하위감리추첨 하위금목교병 하위연홍상
어떻게 건곤교구(乾坤交姤)를 할 것이며
어떻게 감리추첨(坎離抽添)을 한다 하겠는가
무엇을 금목교병(金木交幷)이라 하겠으며
어떻게 연홍상투(鉛汞相投)한다 하겠는가

投。何謂陽火陰符。何謂淸靜沐浴。何謂灌滿乾坤。何謂脫
투 하위양화음부 하위청정목욕 하위관만건곤 하위탈

胎神化。次第工夫。任你觀空靜坐。縱有三花聚於何鼎。任
유오기조어하원
有五炁朝於何元。只落得形如枯木。心若死灰。一朝壽滿。
청령선화지귀 래거명백 명규귀선 혹정중신이수향연
清靈善化之鬼。來去明白。名叫鬼仙。或頂衆神而受香煙。

어떻게 양화음부(陽火陰符)를 진퇴(進退)시킨다 할 것이며
어떻게 청정목욕(淸靜沐浴)시킨다 하겠으며
어떤 것을 관만건곤(灌滿乾坤)이라 하겠으며
어떤 것을 탈태신화(脫胎神化)라 하겠는가
차례대로 공부(工夫)하는 것은 그대들 나름대로 공(空)을 관(觀)하며 정좌(靜坐)하겠으나, 설령
삼화(三花)가 있다 하더라도 어느 솥(鼎)에다 어떻게 모을 것이며,
오기(五氣)가 있다 하더라도 어느 원(元)에다 어떻게 조회(朝會) 하겠는가? 다만, 몸은 고목(枯木)처럼 되어 버리고, 마음은 꺼져 버린 재(灰)가 되어 하루 아침에 수명(壽命)이 꽉 차면
맑은 영(淸靈)은 좋은 귀(鬼)로 화(化)하여 그 오고 감이 명백(明白)하여 귀선(鬼仙)이라 부르는데, 혹은 뭇 신(神)들의 우두머리가 되어 향연(香煙)을 받거나,

一七九

或轉來世以爲官宦。倘若迷性。依然墮落。前工枉費。深可
혹 전래세이위관환 당약미성 의연타락 전공왕비 심가

혹 세상에 다시 태어나면 관리(官吏)가 될 것이다. 그러나, 만약 성(性)이 미혹(迷惑)된 채 타락(墮落)하여 이전에 한 공부(工夫)는 모두 쓸데없이 허비한 것이 되고 마니,

痛哉。好道者。愼之謹之。
통재 호도자 신지근지

깊이 통곡할 일이로구나! 도(道)를 좋아하는 자(者)여! 신중히 하고 근신(謹愼)할지라.

觀空子詩曰。 富貴榮華似水漚。塵勞識破上慈舟。
관공자시왈 부귀영화사수구 진로식파상자주

관공자(觀空子) 시왈(詩日)

부귀영화(富貴榮華)란 물거품(水漚)과 같은 것
티끌 세상 수고로움 꿰뚫어 보고 자항법선(慈航法船)에 오르라.

觀空得寶爐中煉。穩跨靑鸞謁帝洲。
관공득보로중련 온과청란알제주

공(空)을 관(觀)하는 삼보(三寶)를 얻어 화로(火爐)를 단련(煅煉)하면

유유히 청난새(靑鸞) 타고 상제(上帝)를 배알(拜謁)하리라.

懼留孫詩曰。
구류손 시왈

空形空象空仙方。空寂空心空性王。
공형공상공선방 공적공심공성왕

구류손(懼留孫) 시왈(詩曰)

형(形)도 비우고 상(象)도 비우고 선(仙)도 비우는 것이 처방(處方)이며
적(寂)도 비우고 심(心)도 비우고 성(性)도 비우는 것이 우두머리이다.

空裏不空空色相。眞空觀妙大文章。
공리불공공색상 진공관묘대문장

공(空)한 가운데 공(空) 되지 않는 것이 공색(空色)의 상(相)이며
진공(眞空)의 묘(妙)를 관(觀)하는 것이 대문장(大文章)이로다.

玉鼎眞人詩曰。無爲大道是觀空。不是枯禪修鬼童。
옥정진인시왈 무위대도시관공 불시고선수귀동

옥정진인(玉鼎眞人) 시왈(詩曰)

무위(無爲)의 대도(大道)는 바로 공(空)을 관조(觀照)하는 것

一八一

이
고목 나무 같은 참선(參禪)으로 귀동(鬼童)을 닦는 것이 아니다.

若得明師親說破。無形無象結玲瓏。
약 득 명 사 친 설 파　무 형 무 상 결 령 롱

만약 명사(明師)로부터 친히 설파(說破)하심을 들을 수 있다면 형(形)도 없애고 상(象)도 없애고 영롱(玲瓏)한 단(丹)을 맺을 수 있으리라.

眞常品十二 진상품십이

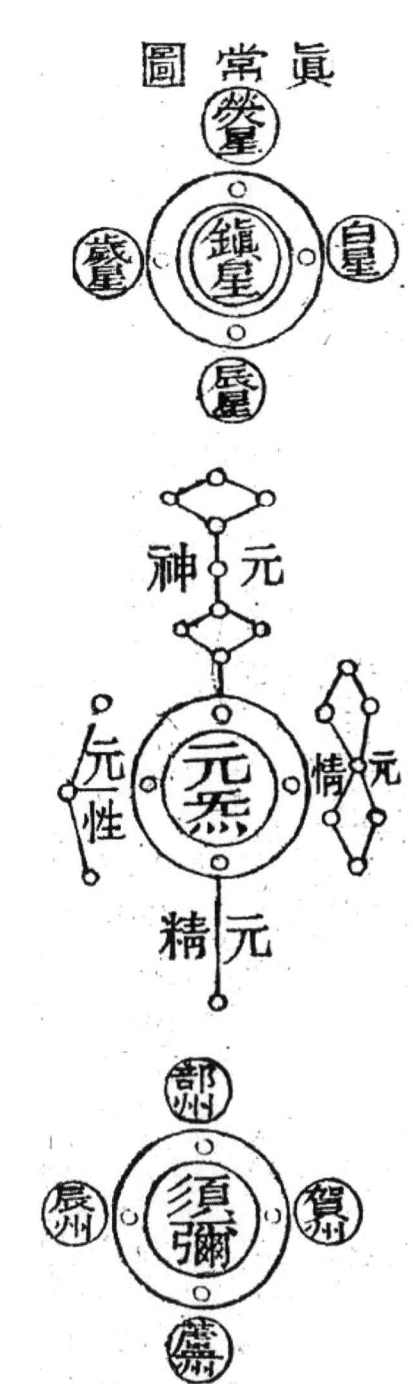

眞常應物眞常得性。常應常靜。常淸靜矣。
진상응물진상득성 상응상정 상청정의

☯ 註 眞常應
　　　진상응

진실로 떳떳이 만물(萬物)을 응대(應對)하면, 진실로 떳떳한 본성(本性)을 얻게 되느니, 떳떳이 응대(應對)하되 항상 고요하면 항상 맑고 고요할 것이다.

☯ 註 진상응물(眞常應物)이란,

物者。無念紛擾謂之眞。五德五元謂之常。感而遂通謂之
물자 무념분요위지진 오덕오원위지상 감이수통위지

念(念)에 어지럽고 요란함이 없는 것을 이르는 진(眞)이며, 오덕(五德)과 오원(五元)을 이르는 상(常)이며, 감(感)으로 좇아 통하는 것을 이르는 응(應)이며,

應。㒳水苗發生謂之物也。眞常得性者。此感彼應謂之得。眞

약묘(㒳苗)가 발생(發生)하는 것을 이르는 물(物)이다. 진상득성(眞常得性)이란 이쪽에서 느끼는 감(感)이 저쪽에서 일어나는 반응(反應)을 이르는 득(得)이며,

靈不散謂之性也。常應常靜者。此常乃爲平常之常。又非

진령(眞靈)이 흩어지지 않는 것을 이르는 성(性)이다. 상응상정(常應常靜)에서 이 상(常)은 곧 평상(平常)의 상(常)이며,

眞常之比也。平常事來則應。事去則靜矣。常淸靜矣。是言

또 진상(眞常)이 아닌 것에 비견(比肩)되는 것으로 평상사(平常事)가 오면 응(應)하고 일(事)이 가면 정(靜)하는 것이다. 상청정의(常淸靜矣)란

一八四

寂然不動也。修道之士。每日上丹。掃心飛相。去妄存誠。陽
적연불동야 수도지사 매일상단 소심비상 거망존성 양

적연부동(寂然不動)한 것을 말한다. 수도인(修道人)은 매일 단(丹)을 굽는 정로(鼎爐)에 올라 마음을 쓸어 없애고 상(相)을 날려 버리고 망념(妄念)을 떼어버리고 정성(精誠)을 모으면

極生陰。寂然不動。萬緣頓息。陰極生陽。感而遂通。萬脈朝
극생음 적연불동 만연돈식 음극생양 감이수통 만맥조

양(陽)이 극(極)에 달하여 음(陰)이 생(生)하면 적연부동(寂然不動)하게 되어 온갖 인연(因緣)은 문득 숨을 죽이게 될 것이며, 음(陰)이 극(極)에 달하여 양(陽)이 생기면, 감(感)을 쫓아 통하여 온갖 맥(脈)이 종가(宗家)에 조회(朝會)함으로 하여

宗。而先天五德發現。名曰眞常。眞常者。良知也。先天五元
종 이선천오덕발현 명왈진상 진상자 량지야 선천오원

선천오덕(先天五德)이 발현(發現)하게 되는데, 이를 진상(眞常)이라고 하는 것이다. 진상(眞常)이란 양지(良知)이다. 선천 오원(先天五元)이

發現。名曰應物。應物者。良能也。良知良能。乃名眞性。人心
발현 명왈응물 응물자 량능야 량지량능 내명진성 인심

발현(發現)하면 이름하여 응물(應物)이라고 한다. 응물(應物)이란 양능(良能)이다. 이 양지양능(良知良能)을 곧 진성(眞性)이라고

부르는 것이다.

死盡。道心全活。乃名眞常得性。先天一氣。名爲物知覺。收
인심(人心)이 죽어서 다 없어지면 도심(道心)이 온전히 살아나게 되는데, 이를 곧 진상득성(眞常得性)이라 하는 것이다. 선천일기(先天一氣)를 이름하여 물(物)이라고 하는데 이 물(物)을 지각(知覺)하고,

斂。名爲應。人心常死。則道心常活。道心常活。則妄念不生。
수렴(收斂)하는 것을 이름하여 응(應)이라고 한다. 인심(人心)이 항상 죽어 있으면 도심(道心)이 항상 살아 있고, 도심(道心)이 항상 살아 있으면 망념(妄念)이 생기지 않는다.

妄念不生。則常復先天。常復先天。則藥苗常生。藥苗常生。
망념(妄念)이 생기지 않으면 항상 선천(先天)에 복귀(復歸)하게 되고 항상 선천(先天)에 복귀(復歸)해 있으면 약묘(藥苗)가 항상 생(生)하고 약묘(藥苗)가 항상 생(生)하면

則眞性常覺。眞性常覺。則眞常常應。眞常常應。則河車常
진성(眞性)은 항상 깨어 있고, 진성(眞性)이 항상 깨어 있으면 진상(眞常)이 항상 반응

(反應)을 일으키고, 진상(眞常)이 항상 반응(反應)을 일으키면 하거(河車)가 항상 돌고

轉。河車常轉。則海水常朝。海水常朝。則火候常煉。火候常煉。則金丹常結。金丹常結。則沐浴常靜。沐浴常靜。則法身已成。法身已成。了然無事。故曰常應常靜。常清靜矣。可嘆

하거(河車)가 항상 돌면 해수(海水)가 항상 조회(朝會)하며, 해수(海水)가 항상 조회(朝會)하면 화후(火候)가 항상 단련(煅煉)을 하고, 화후(火候)가 항상 단련(煅煉)을 하면 금단(金丹)이 항상 결실(結實)을 맺고, 금단(金丹)이 항상 결실(結實)을 맺으면 목욕(沐浴)이 항상 정(靜)하고, 목욕(沐浴)이 항상 정(靜)하면 법신(法身)이 이미 이루어지고, 법신(法身)이 이미 이루어졌으면 전혀 조금도 할 일이 없다. 그러므로 상응상정(常應常靜) 상청정의(常清靜矣)라 말하는 것이다. 탄식할 일이로다.

世人在儒者。希聖學賢。一見五經四書。每言去慾爲先。就

세상 사람들이 유가(儒家)에서는 성인(聖人) 되기를 바라고 현인(賢人)을 배우려고 한번 사서오경(四書五經)을 보고는 매번 욕심(慾心)을 버리는 게 우선이라고 말들을 하며,

以一味去慾。而了大事。再不窮究存心養性。心是何存。性
한낱 느낌으로 욕심(慾心)을 떼어버린 줄 알고 대사(大事)를 마쳤다 하고, 두 번 다시 존심양성(存心養性)을 궁구(窮究)하려 하지 않으니, 마음을 어떻게 모을 것이며,

是何養。在釋者。參禪學佛。一見法華金剛。每言去念爲先。
성(性)을 어떻게 기를 것인가? 불가(佛家)에 있어서는 참선(參禪)을 하고 부처(佛)를 배운다 하며, 한번 법화경(法華經)과 금강경(金剛經)을 보고는, 매번 념(念)을 떼어 버리는 게 우선이라고 말들을 하며,

就以一味去念。而了大事。再不窮究明心見性。心是何明。
한낱 느낌으로 념(念)을 떼어버린 줄 알고 대사(大事)를 마쳤다 하면서 다시는 명심견성(明心見性)을 궁구(窮究)하려 하지 않으니, 어떻게 마음을 밝힐 것이며,

性是何見。在道者。修眞學仙。一見淸靜道德。每言觀空爲
성(性)을 어떻게 볼 수 있겠는가! 도가(道家)에 있어서는 진(眞)을 닦고 선(仙)을 배운다 하며 한번 청정경(淸靜經)

과 도덕경(道德經)을 보고는 매번 관공(觀空)이 우선이라고 말들을 하며 먼저 한낱 느낌으로 관공(觀空)이 된 줄 알고 대사(大事)를 마쳤다 하면서 다시는 수심련성(修心煉性)을 궁구(窮究)하려 하지 않으니, 마음을 어떻게 닦을 것이며 성(性)을 어떻게 연마(煉磨)할 것인가? 어찌 한낱 느낌으로만 완공(頑空)에 빠져 말라 비틀어진 고목나무처럼 앉아 있으면서 가히 대도(大道)를 이룰 수 있겠는가? 어찌 대도(大道)가 곧 천도(天道)이며、천도(天道)가 만물(萬物)을 생장(生長)하며、모든 일월성신(日月星辰)과 풍운뢰우(風雲雷雨)가 이에 힘입어 일어나는 것을 알겠는가? 역(易)에서 말하기를、

先就以一味觀空。而了大事。再不窮究修心鍊性。心是何修。性是何鍊。豈以一味頑空枯坐。道可成哉。豈不知大道即天道。天道生長萬物。全賴日月星辰。風雲雷雨。易曰。鼓之以雷霆。潤之以風雨。日月推遷。一寒一暑是也。豈以一

미공공무위 이만물자능성호
味空空無爲。而萬物自能成乎。

공(空)을 비우고 무위(無爲)하여서 만물(萬物)을 능히 이룰 수 있겠는가!

북(鼓)을 움직이는 것 뢰정(雷霆)으로써 하고, 윤택(潤澤)하게 하는 것 풍우(風雨)로써 하며, 해(日)와 달(月)이 밀고 옮겨 일한(一寒)과 일서(一暑)가 있게 되는 것이다. 어찌 한낱 느낌으로

문창제군시왈
文昌帝君詩曰。

건곤일월개무심 적기양휘처처령
乾坤日月皆無心。赤炁揚輝處處靈。

유유현근동태극 자연환발합천경
惟有玄根同太極。自然煥發合天經。

류행만고겸천고 합찬청녕영태녕
流行萬古兼千古。合撰清寧永太寧。

문창제군(文昌帝君) 시왈(詩曰)

건곤(乾坤)과 일월(日月) 모두가 무심(無心)하고
붉은 기운(赤氣)이 빛나게 드러나니 곳곳마다 신령스럽도다

오직 현근(玄根)이 있어 태극(太極)과 함께 하니
자연히 빛을 발(發)해서 천경(天經)과 합하고

孚佑帝君詩曰。
부우제군시왈

清淨洞陽敷妙德。
청정동양부묘덕

眞機運動不留停。
진기운동불류정

眞常之氣大而剛。
진상지기대이강

充塞乾坤顯一陽。
충색건곤현일양

自此昇平千萬世。
자차승평천만세

愃安熙皡樂無疆。
항안희호락무강

清炁靈圖皆煥發。
청기령도개환발

瓊書寶典善鋪張。
경서보전선포장

흘러 흐름은 만고(萬古)에 또 천고(千古)를 겸(兼)하고
함께 지은 청녕(清寧) 영원히 태녕(太寧)하리라.

청정(清淨)한 동양(洞陽)은 현묘(玄妙)한 덕(德)을 펼치고
진기(眞機)한 운동(運動)은 그침이 없어라.

부우제군(孚佑帝君) 시왈(詩曰)

진상(眞常)의 기(氣)가 크고도 굳세며
가득찬 건(乾) 곤(坤)에 일양(一陽)이 뚜렷이 드러나서

스스로 이 평상(平常)에 올라 천만세(千萬世)를 지나고
변함없이 평안(平安)하고 더할 나위 없는 밝은 경계(境界)에서
즐거움(樂) 끝이 없으리라.

一九一

청기(淸氣) 어린 영도(靈圖) 모두 다 빛을 발(發)하고
옥(玉)으로 된 글 보배 전경(典經) 훌륭하게 펴고 펼치니

天地有根因有此。玄玄妙妙見眞常。
천지유근인유차 현현묘묘견진상

천지(天地)는 이것이 있음으로 하여 뿌리가 있게 되어서
현묘(玄妙)하고도 현묘(玄妙)한 진상(眞常)을 보게 되누나.

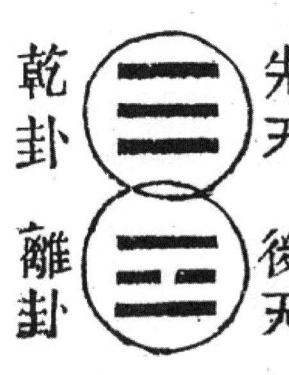

眞道品十三 (진도품십삼)

如此淸靜。漸入眞道。旣入眞道。名爲得道  註 如此淸
靜。漸入眞道。此承上章而言。如此淸靜無爲。可返先天。

이와 같이 맑고 고요하면 점차 진도(眞道)에 들어가고, 이미 진도(眞道)에 들어감
에 이름하여 득도(得道)했다 한다.

 註 여차청정(如此淸靜) 점입진도(漸入眞道)란 앞 장(章)을 이어서 하는 말로,
이와 같이 청정(淸靜)하고 무위(無爲)하면 가히 선천(先天)으로 돌아갈 수 있고,

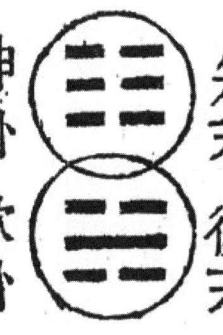

既返先天。漸次以入眞道。眞道者。非三千六百旁門。九十六種。外道之比也。此爲先天大道。生天。生地。生人。生物之道也。道也者。大矣哉。果何物也。曰。無極而已矣。夫無極眞道也。自古口口相傳。不敢筆之於書。恐匪人得之。必遭天譴。

이미 선천(先天)으로 돌아갔으면 점차 진도(眞道)에 들어간 것이다. 진도(眞道)라고 하는 것은 삼천육백방문(三千六百旁門)과 구십육종외도(九十六種外道)와는 비교할 바가 아니다. 이는 선천대도(先天大道)라 하는데, 하늘(天)을 낳고 땅(地)을 낳고 사람(人)을 낳고 만물(萬物)을 낳은 도(道)이다.

도(道)라고 하는 것 너무나 크도다! 과연 어떠한 물건일까? 말할진대 무극(無極)이라 할 뿐이로다. 무릇 이 무극진도(無極眞道)는 자고(自古)로 입에서 입으로만 서로 전하며, 감히 붓(筆)으로 기록하여 글로 남기지 아니한 것은, 행위가 바르지 못한 사람들이 얻으면 반드시 하늘의 견책(譴責)을 만날 것을 두려워한 것이다.

雖然書中藏道。必是喻言。隱母而言子。隱根而言枝。概是
비록 글로 써서 그 가운데 도(道)를 담아 놓는다 해도 반드시 비유의 말로 하였는데, 어머니는 숨겨 두고 아들만 말하고, 뿌리(根)는 숨기고 가지(枝)만 말하였다. 대개 이런 것은 물(物)을 빗대어 도(道)를 밝힌 것인데,

借物闡道。張冠李戴是也。余亦不敢明洩。將此眞道。微露
마치 장씨(張氏)의 관(冠)을 이씨(李氏)가 쓰고 있는 격인 것이다. 나 역시 감히 부로 누설(漏洩)하지 못하고, 이제 이 진도(眞道)를 어렴풋이나마 대강만 드러내어,

大概。以作訪道之憑証。不致悞墮旁門也。眞道者。乃生身
이 작방도지빙증이 되게 하고, 자칫 잘못하여 사도방문(邪道旁門)에 떨어지는 일이 없도록 할 뿐이다. 진도(眞道)라 하는 것은 곧 이 몸이 생기게 된 최초의 원인(原因)이 된다.

之初是也。得父之精。母之血。二物交合。精爲鉛。血爲汞。鉛
아버지의 정(精)을 받을 때 어머니의 피(血)와 이물(二物)이 서로 교합(交合)하여, 정(精)은 연(鉛)이 되고, 혈(血)은 홍(汞)이 되는데, 연(鉛)이 홍(汞)에 투합(投合)하면

一九五

投汞。名乾道而成男。汞投鉛。爲坤道。而成女。半月生陽。半
月生陰。由此而五臟。由此而六腑。由此週天。三百六十五
骨節。由此八萬四千毫毛孔竅。先天卦氣以足。瓜熟蒂落。
一箇筋抖下地。囡啼一聲。先天無極竅破。而元神。元氣。元

건도(乾道)라 하여 남자(男子)가 되고, 홍(汞)이 연(鉛)에 투합(投合)하면, 곤도(坤道)라 하여 여자(女子)가 되는 것이다. 반달(半月)은 양(陽)을 생(生)하고 반달(半月)은 음(陰)을 생(生)하니,
이로 말미암아 오장(五臟)이 되고, 이로 말미암아 육부(六腑)가 되고, 이로 말미암아 주천(週天)을 이루는 삼백육십오골절(三百六十五骨節)이 되고,
이로 말미암아 팔만 사천(八萬四千)의 솜털 구멍이 생기고, 선천괘기(先天卦氣)가 만족(滿足)하게 되어 오이가 익어 꼭지가 떨어지듯
한 덩어리가 땅으로 곤두박질 치며 울부짖는 외마디 소리에 선천(先天) 무극규(無極竅)가 터지면서 원신(元神)과 원기(元氣)와 원정(元精)이

精。從無極而出。分爲三家。乾失中陽以落坤。坤變坎。坤失
무극(無極)을 쫓아나와 나뉘어 세 집이 되는데, 건괘(乾卦∷☰)가 가운데 양(陽)
을 잃어버림으로써 곤(坤∷☷)에 떨어지고, 곤괘(坤卦∷☷)는 감괘(坎卦∷☵)로 변
한다.

中陰以投乾。乾變離。先天乾坤定位。而變成後天坎離。火
곤괘(坤卦∷☷)가 가운데 음(陰)을 잃어버리면 건(乾)이 들어가, 건괘(乾卦)는
리괘(離卦∷☲)로 변한다. 선천(先天) 건곤(乾坤)이 자리를 정(定)하면 변하여
후천(後天) 감리(坎離)가 되고,

水未濟也。從此後天用事。凡夫之途也。若有仙緣。訪求返
화수(火水)는 서로 건네지 못하게 된다. 이로 쫓아서 후천(後天)에서 하게 되는
일은 범부(凡夫)의 길인 것이다. 만약 선연(仙緣)이 있거든,

本還原之眞道。這眞道。先點無極一竅。此竅儒曰。至善。釋
반본환원(返本還原)의 진도(眞道)를 찾아 구하라. 이 진도(眞道)는 구득(求得)할
때 제일 먼저 무극일규(無極一竅)에 지점(指點) 받는데, 이 규(竅)를 유가(儒家)

에서는 지선(至善)이라 하고,

曰。南無。道曰。玄關。異名頗多。前篇先以剖明。要用六神會

불가(佛家)에서는 나무(南無)라 하며, 도가(道家)에서는 현관(玄關)이라 하는데, 다른 이름이 너무나도 많다. 전편(前篇)에서 먼저 낱낱이 밝혔듯이, 요(要)하건대

合之功。守定此竅久守竅開。元神歸位。復用九節玄功。名

육신회합(六神會合)의 공(功)을 써서 이 규(竅)를 한결같이 지킴에 오래도록 지켜 나가면 규(竅)가 열리게 되고, 원신(元神)은 본래 자리로 돌아가고, 다시 구절현공(九節玄功)을 쓰는 것을 이름하여

爲金丹九轉。抽爻換象。扯坎塡離。奪天地之正氣。吸日月

금단구전(金丹九轉)이라 한다. 효(爻)를 뽑아 상(象)을 바꾸고, 감괘(坎卦∶☵)의 가운데 효(爻∶⚋)를 뽑아 리괘(離卦∶☲)를 채우고 천지(天地)의 정기(正氣)를 탈취(奪取)하고,

之精華。用文武之火候。修八寶之金丹。日就月將。聖胎漸

일월(日月)의 정화(精華)를 흡취(吸取)하고, 문무(文武)의 화후(火候)를 써서 팔

보(八寶)의 금단(金丹)을 닦기를 일취월장(日就月將)하면, 성태(聖胎)가 점점 이루어져서,

成。和光混俗。積空累德。三千功滿。八百果圓。丹書下詔。脫殼飛昇。逍遙物外。天地有壞他無壞。浩劫長存。故曰。金剛不壞之體也。不枉出世一場。雖然如此好處。必要眞師口傳心授。務要立生死不退之心。方可穩當矣。

다만 속세(俗世)에 섞이고 동화(同化)되어 공(功)이 저축(貯蓄)되고 덕(德)이 쌓아지기를, 삼천공(三千功)이 가득 차고 팔백과(八百果)가 원만(圓滿)해지면, 단서(丹書)로 된 칙령(勅令)이 내려와 허물을 벗어 버리고 날아 올라 사물(事物) 밖에서 소요자재(逍遙自在)하게 되고, 천지(天地)는 무너져도 그는 무너지지 않고, 끝없이 긴 세월을 영원히 존재(存在)하는 고(故)로, 금강불괴지신(金剛不壞之身)이라고 하는 것이다. 헛되지 않게 세상 한 장면 벗어날 수 있는, 비록 이와 같이 좋은 곳에 처해 있다 하여도 반드시 진사구(眞師口)의 전심수(傳心授)를 필요로 하며, 무요립생사불퇴지심(務要立生死不退之心) 방가온당의 날 수 있다.

반드시 진사(眞師)의 구전심수(口傳心授)를 받고 생사(生死) 갈림길에 서서도 힘쓰기를 물러남이 없는 마음을 가져야만 바야흐로 온당(穩當)하다 하리라.

元始天尊詩曰。清靜妙經本自然。得明眞道悟先天。金丹一服身通聖。隨作逍遙閬苑仙。

원시천존(元始天尊) 시왈(詩曰)

청정묘경(清靜妙經)은 본래 스스로 그러한 것
언어 진도(眞道)를 밝히고 선천(先天)을 깨치라.
금단(金丹)을 한번 복용(服用)하매 몸 성경(聖境)을 꿰뚫고
소요자재(逍遙自在)하는 랑원(閬苑)의 선(仙) 되리라.

靈寶天尊詩曰。清靜眞言卻不多。內中玄妙少人摩。

령보천존(靈寶天尊) 시왈(詩曰)

청정진언(清靜眞言)으로 도리어 해탈(解脫)한 이 많지 않고
가운데 있는 현묘(玄妙)함 어루만지는 사람 적구나.

此身有盞長生酒。請問凡夫喝過麽。

이 몸에 잔(盞)과 장생주(長生酒)가 있으니 잠깐 묻겠나니, 범부(凡夫)들이여 한잔 마시고 지나가지 않으시려나.

降生天尊詩曰。淸靜後逢正子時。一輪明月見江湄。

강생천존(降生天尊) 시왈(詩曰)

청정(淸靜)한 후(後)에야 정자시(正子時)를 만나게 되고 밝은 달(月)이 한번 구르니 강미(江湄)를 보게 되는도다.

此中眞道於斯覓。借問諸君知不知

이러한 가운데 이곳에서 진도(眞道)를 찾게 되었도다. 말씀 좀 여쭙겠나니, 제군(諸君)은 아시는가, 모르시는가?

妙有品十四

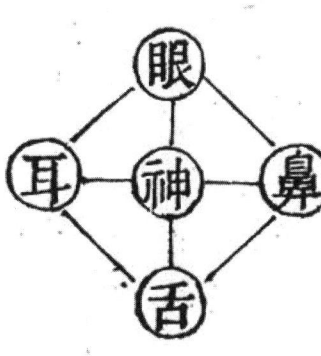

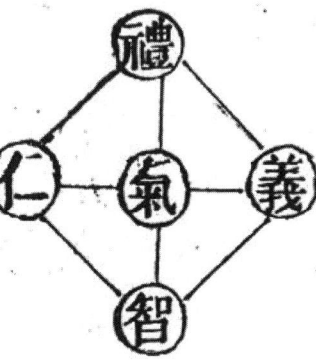

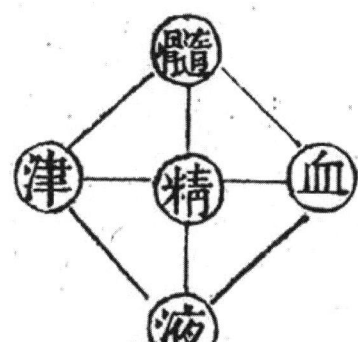

雖名得道。實無所得。☯註 雖是雖然。名是名目。得爲得傳。道爲大道。實者眞也。無者虛也。雖名得道者。乃承上文

☯註 수(雖)는 비록 그렇다 하나이고, 명(名)은 명목(名目)이며, 득(得)은 전하는 것을 얻는 것이고,

비록 도(道)를 얻었다 하나, 실제로 얻은 바가 없다.

도(道)는 대도(大道)를 이르며, 실(實)은 진(眞)이다. 무(無)라 함은 허(虛)이다.

수명득도(雖名得道)란 앞 문장(文章)을 잇는 글로,

이언(而言)。점입진도야(漸入眞道也)。득수명사진전(得受明師眞傳)。정수(正授)。하자(何者)。시현관일규(是玄關一竅)。

점차 진도(眞道)에 들어감을 말하는 것이다. 명사(明師)로부터 진전(眞傳)을 바로 전해주심을 받아 얻었다면, 현관일규(玄關一竅)란 어떤 것인가?

하자(何者)。시육신회합(是六神會合)。하자(何者)。시축기련기(是築基煉己)。하자(何者)。시채약련단(是採藥煉丹)。하자(何者)。시거탁류청(是去濁留清)。하자(何者)。시홍거투연(是汞去投鉛)。하자(何者)。시약묘로눈(是藥苗老嫩)。

육신회합(六神會合)이란 어떤 것인가?
축기연기(築基煉己)란 무엇인가?
채약연단(採藥煉丹)이란 어떤 것인가?
거탁류청(去濁留清)이란 무엇인가?
홍거투연(汞去投鉛)이란 무엇인가?
약묘로눈(藥苗老嫩)이란 무엇인가?

是鉛來投汞。何者。是嬰兒姹女。何者。是金公黃婆。何者。是
연래투홍 하자 시영아차녀 하자 시금공황파 하자 시
연래투홍(鉛來投汞)이란 무엇인가?
영아차녀(嬰兒姹女)란 무엇인가?
금공황파(金公黃婆)란 무엇인가?

金木交並。何者。是水火旣濟。何者。是法輪常轉。何者。是陽
금목교병 하자 시수화기제 하자 시법륜상전 하자 시양
금목교병(金木交並)이란 무엇인가?
수화기제(水火旣濟)란 무엇인가?
법륜상전(法輪常轉)이란 무엇인가?

火陰符。何者。是文武烹煉。何者。是淸靜沐浴。何者。是灌滿
화음부 하자 시문무팽련 하자 시청정목욕 하자 시관만
양화음부(陽火陰符)란 무엇인가?
문무팽련(文武烹煉)이란 무엇인가?
청정목욕(淸靜沐浴)이란 무엇인가?
관만건곤(灌滿乾坤)이란 무엇인가?

乾坤。何者。是溫養脫胎。何者。是七還九轉。何者。是移爐換
건곤 하자 시온양탈태 하자 시칠환구전 하자 시이로환

二〇五

온양탈태(溫養脫胎)란 무엇인가?
칠환구전(七還九轉)이란 무엇인가?
이로환정(移爐換鼎)이란 무엇인가?

鼎。何者。是龍吟虎嘯。何者。
용음호소(龍吟虎嘯)란 무엇인가?
면벽조신(面壁調神)이란 무엇인가?
이 모든 것들을 하나하나 받들어 받아야만 비로소 도(道)를 얻었다 이름을 붙일 수 있는 것이다.

是面壁調神。一一領受。方名得
道也。雖名得道。實無所得。何也。夫道所言關竅藥物。一
그런데 비록 도(道)를 얻었다 하나 실은 얻은 바가 없다 하는 수명득도(雖名得道) 실무소득(實無所得)이란 도대체 무슨 말인가?
무릇 도(道)란 관규(關竅)와 약물(藥物)을 말하는 바

切種種。無窮無盡。美名奇寶一概都是人身自有。並非身
일체 가지가지가 무궁무진(無窮無盡)한 아름다운 이름과 기이한 보배로 되어 있으나 이 모든 것은 다 인신(人身)에 스스로 본디 있는 것이지,

外得來。故曰實無所得也。果眞實爲得者。必是受道之後。몸 밖에서 얻어 가지고 오는 것이 아닌 것이다. 그러한 고(故)로 말하기를, 실제로 얻은 바가 없다고 하는 것이다. 과연 진실로 도(道)를 얻었다고 한다면, 반드시 이 도(道)를 전해 받은 후、

苦修苦煉。立定長遠之計。鐵石之心。千難不改。萬難不退。고통으로 닦고 고통으로 연마(煉磨)하며、원대(遠大)한 계획(計畫)을 빈틈없이 세우고、철석(鐵石) 같은 마음으로 천(千) 가지 재난(災難)이 닥쳐도 고치지 않고、만(萬) 가지 재난(災難)이 닥쳐도 물러서지 않으며、

富貴不能淫。貧賤不能移。威武不能屈之志。方可不致半부귀(富貴)할지라도 음탕(淫蕩)하지 않으며、빈천(貧賤)해도 뜻을 옮기지 않으며、권세(權勢)와 무력(武力)에도 절대로 의지(意志)를 꺾지 않고、바야흐로 도착하기 전(前)에는

途而廢。定要將身外。假名利恩愛。酒色財氣。一刀斬斷速중도(中途)에서 가던 길을 포기(暴棄)하지 아니하고、결정코 몸 밖의 거짓된 명(名)·리(利)·은(恩)·애(愛)와 주(酒)·색(色)·재(財)·기(氣)를 단 한 칼에

二〇七

목을 쳐 끊어 버리고,

修身中。眞名利恩愛。酒色財氣。方爲得道。而身外人人皆曉。身內知者鮮矣。聽吾將身內說來。身拜金闕。享受天爵。乃爲眞名。金丹成就。無價貴寶。乃爲眞利。超度父母。時常親敬。乃爲眞恩。坎離相交。金木相並。乃爲眞愛。玉液瓊漿。

황급히 몸 속의 진정한 명(名)·리(利)·은(恩)·애(愛)와 주(酒)·색(色)·재(財)·기(氣)를 닦으면 비로소 득도(得道)했다 할지니, 몸 밖은 사람 사람마다 모두 밝힐 줄 알면서도 신내지자선의 청오장신내설래 신배금궐 향수천작 몸 안을 아는 자는 드물도다. 내가 몸 안을 설명하겠으니 잘 들으라. 몸이 금궐(金闕)을 배알(拜謁)하게 되면 천작(天爵)을 누리게 되니, 바로 이것이 진짜 명예(名譽)이고, 금단(金丹)을 성취(成就)하면 가격을 매길 수 없이 보귀(寶貴)한 것이니 바로 이것이 진짜 리(利)이며, 부모(父母)를 초발(超拔)하여 제도(濟度)하면, 감리상교 금목상병 내위진애 옥액경장 친경 내위진은 때마다 항상 친히 공경하는 것이 되니, 바로 이것이 진짜 은혜로운 것이고, 감리(坎離)를 서로 교차시키고, 금목(金木)을 서로 어울리게 하니, 바로 이것이 진짜 사랑(愛)이고, 옥액경장(玉液瓊漿)과

菩提香膠。乃爲眞酒。嬰兒姹女。常會黃房。乃爲眞色。七寶
보리향교　　　내위진주　　영아차녀　　상회황방　　　내위진색　칠보

보리향교(菩提香膠)가 바로 진짜 술(酒)이며, 영아차녀(嬰兒姹女)가 항상 황방(黃房)에서 회동(會同)을 하니, 바로 이것이 진짜 색(色)이고,

瑤池。八寶金丹。乃爲眞財。絪縕太和。浩然回風。乃爲眞氣。
요지　 팔보금단　　내위진재　　인온태화　　호연회풍　　내위진기

칠보요지(七寶瑤池)와 팔보금단(八寶金丹)이 바로 진짜 재(財)이며, 인온태화(絪縕太和)와 호연회풍(浩然回風)이 바로 진짜 기(氣)이다.

這便是身中之八寶也。捨得外。而成得內。捨得假。而成得
저편시신중지팔보야　　사득외　　이성득내　　사득가　　이성득

真。外培功。內修果。動度人。而靜度己。以待日就月將。外功
진　　외배공　내수과　동도인　　이정도기　이대일취월장　외공

이러한 것들을 신 중(身中)의 팔보(八寶)라 하는 것이다. 밖으로 얻은 것을 버리면, 안(內)에서 얻은 것을 성취(成就)하며, 가(假)짜로 얻은 것을 버리면 진(眞)짜를 모두 성취하며

밖으로는 공(空)을 배양(培養)하고, 안으로는 과(果)를 닦으며, 움직이면(動) 사람을 제도(濟度)하고, 고요할(靜) 땐 자기를 제도(濟度)하여서 나날이 진보발전(進步發展)하면

浩大。內果圓明。脫殼飛昇。萬劫長存。方爲得道成道。了道。
호대 내과원명 탈각비승 만겁장존 방위득도성도 료도

외공(外功)이 대단히 커지고, 내과(內果)도 원만히 밝아져, 허물을 벗어 버리고 날아 올라, 만겁(萬劫)을 영원히 존재(存在)하게 되는데, 바야흐로 이것을 득도(得道)라 하고, 성도(成道)라 하고 료도(了道)라 하는 것이며, 이것을

大丈夫之能事畢矣。
대장부지능사필의

대장부(大丈夫)가 능히 일을 마쳤다 하는 것이다.

道心子詩曰。 奉勸世人希聖賢。榮華富貴亦徒然。
도심자시왈   봉권세인희성현 영화부귀역도연

도심자(道心子) 시왈(詩曰)

받들어 권하노니, 세상 사람들아, 성현(聖賢)되기 희구(希求)하라.
영화(榮華)와 부귀(富貴)란 역시 부질없는 것!

身中自有長生酒。體內不無養命錢。
신중자유장생주 체내불무양명전

二一〇

몸에 본래 스스로 장생주(長生酒)도 있고
체내(體內)에 양명전(養命錢)도 없지 않도다.

色卽是空空卽色。仙爲祖性性爲仙。
색(色)이 곧 공(空)이요, 공(空)도 곧 색(色)이며
선(仙)의 할아비가 성(性)이고, 성(性)이 선(仙)이다.

乾坤聽得吾詩勸。急早回頭上法船。
건곤(乾坤) 남녀들은 들으라! 내가 시(詩)로 권하는 것을 터득하고
조급히 머리를 돌려 자항법선(慈航法船)에 오르라.

無心道人詩曰。世人急早學仙家。不必苦貪酒色花。
무심도인(無心道人) 시왈(詩曰)
세상 사람들아! 서둘러 빨리 선가(仙家)를 배우고
필요 없이 탐욕(貪慾)으로 괴로워 하는데, 주색(酒色)은 부질없는 것,

去假修眞眞不假。掃邪悟道道非邪。
거가수진진불가 소사오도도비사

거짓으로 꾸며진 것을 떼어내 버리고 진(眞)을 닦으라, (眞)은 거짓된 것이 아니다.
사악(邪惡)한 것을 쓸어 없애고, (道)를 깨달으라, (道)는 사악(邪惡)한 것이 아니다.

燒_소丹_단要_요捉_착山_산中_중鳥_조。煉_련汞_홍當_당擒_금井_정裏_리蛙_와。
소단(燒丹)엔 산중(山中)의 새(鳥＝陰根)를 잡아야 하고
홍(汞)을 연마(煉磨)하는 데는 우물 안 개구리부터 붙잡아야
하는 것.

會_회得_득此_차玄_현玄_현妙_묘理_리。凡_범夫_부管_관許_허步_보霞_하雲_운。
이러한 현묘(玄妙)함 터득할 수 있으면 현묘(玄妙)한 결 따라
범부(凡夫)라도 허락 받고 무지개 구름 위를 걸으리라.

聖道品十五

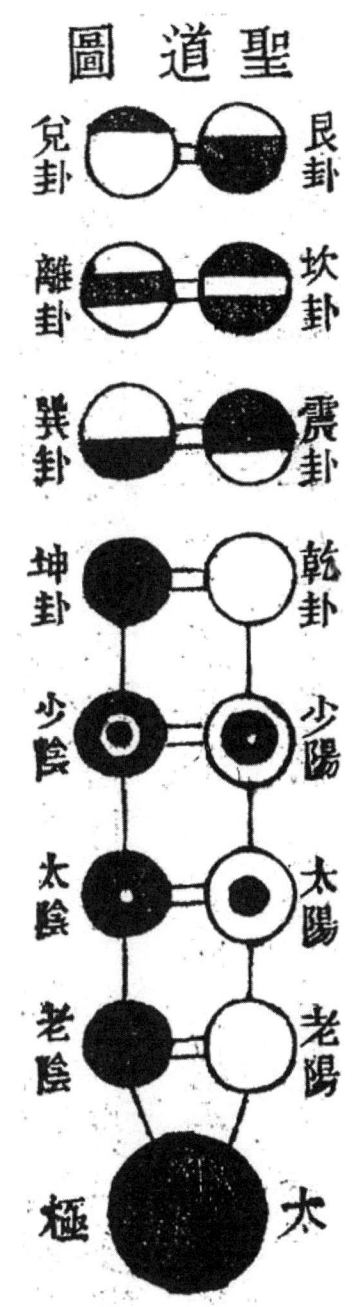

爲化衆生。名爲得道。能悟之者。可傳聖道。☯註 爲化衆者라야 가히 성도(聖道)를 전할 수 있도다.
☯註 위화중생(爲化衆生)에서 중생(衆生)을 교화(敎化)해야만 도(道)를 얻었다 이름을 붙일 수 있고, 능히 깨친

生者。爲者專意也。化者普度也。衆者一槪也。生者男女也。
위(爲)는 오로지 한결같은 뜻이고, 화(化)란 널리 제도(濟度)하는 것이다. 중(衆)이란

일체(一切) 모두이다. 생(生)이란 남녀(男女)인데,

勸化九六衆生。而回西也。名爲得道者。名者聲揚也。爲者
구십육억(九十六億) 중생(衆生)을 교화(敎化)하여 서방정토(西方淨土)로 돌아가게 하는 것이다.
명위득도(名爲得道)에서 명(名)은 소문을 드러내는 것이고,

助成也。得者受持也。道者工夫也。勸化衆生修道。功德浩
위(爲)란 도와 이룬다는 것이다. 득(得)이란 받아 지닌다는 것이다. 도(道)란 공부(工夫)하는 것이다. 중생(衆生)들을 수도(修道)하도록 교화(敎化)하여 공덕(功德)이 한없이 커지면,

大。自外而得之故曰。得道也。能悟之者。能是能爲。悟是窮
스스로 밖에서 얻어질 수 있는 고(故)로 득도(得道)라고 말하는 것이다. 능오지자(能悟之者)에서 능(能)이란 능히 할 수 있는 것이고, 오(悟)란 끝까지 추구하여

究。得了大道。總要窮理盡性。以至於命。勤參苦採。內外加
구료대도(得了大道) 총요궁리진성(總要窮理盡性) 이지어명(以至於命) 근참고채(勤參苦採) 내외가

대도(大道)를 터득하고 마치는 것이다. 모두어 요약하건대, 이치를 궁리(窮理)하고 극진히 성(性)을 다하며, 명(命)에 다다름으로써 근고(勤苦)히 참오(參悟)하고 채취(採取)하여 내외공(內外功)을 더하라.

功。可傳聖道者。可是可以。傳是度人。聖是高眞。道是天機

공가전성도자 가시가이 전시도인 성시고진 도시천기

가전성도(可傳聖道)에서 가(可)란 할 수 있다는 것이고, 전(傳)은 사람을 제도(濟度)한다는 것이며, 성(聖)은 고귀(高貴)하고 진실(眞實)한 것이며, 도(道)는 천기(天機)인 것이다.

也。功圓果滿。領受天命。方可傳道。三期普度。道須人傳也。

야 공원과만 령수천명 방가전도 삼기보도 도수인전야

공(功)이 원만해지고 과(果)가 가득 차게 되어 천명(天命)을 받게 되면, 비로소 도(道)를 전할 수 있는 것이다. 삼기보도(三期普度) 시기가 되어, 도(道)가 모름지기 사람에게 전해지게 되었다.

呂祖曰。人要人度超凡世。龍要龍交出汚泥。未領天命。不

려조왈 인요인도초범세 룡요룡교출오니 미령천명 불

여조(呂祖) 이르시되, 「사람이 사람을 제도(濟度)하여 인간 세상을 벗어나게 하고, 용(龍)이 용(龍)을 사귀어 진흙탕에서 나오게 하는 것인데, 천명(天命)을 받지 못하고는

能傳道。儒云畏天命。畏大人。之言小人。不知天命。
도(道)를 전할 수 없다」하였다. 유가(儒家)에서 이르기를 「천명(天命)을 두려워하고, 대인(大人)을 두려워하며, 성인(聖人)의 말씀을 두려워하라」하였으나, 소인(小人)은 천명(天命)을 알지 못하므로

而不畏也。何謂聖道。生身之本也。世人可知。生身之本乎。
두려워하지도 않는 것이다. 어떤 것을 성도(聖道)라 하는가? 몸이 생겨난 근본(根本)이다. 세상 사람들아! 몸이 생겨난 근본(根本)을 가히 알겠는가?

父母交後。臁胎一月。三百六十箇時辰。無極以成。其餘半
부모(父母)가 교합(交合)한 후, 수태(受胎)하여 1개월은 삼백육십시진(三百六十時辰)의 무극(無極)이 이뤄지는데,

月生陽。半月生陰也。又半月。無極一動。而生皇極之陽。又
반달(半月) 남짓 양(陽)이 생기고, 반달(半月)은 음(陰)이 생긴다. 또, 반달(半月)은 무극(無極)이 한번 움직여서 황극(皇極)의 양(陽)이 생기고,

半月。無極一靜。而生皇極之陰。朣胎二月也。又半月。皇極一動。而生太極之陽。又半月。太極一動。而生老陽。又半月。老陽一動。而生太陽。又半月。老陰一靜。而生太陰。朣胎五月也。又半月。老陽一靜。而

또 반달(半月)은 무극(無極)이 한번 정(靜)하여서 황극(皇極)의 음(陰)이 생기게 되는데, 회태(朣胎)한지 2개월째이다. 또 반달(半月)은 황극(皇極)이 한번 움직여서 태극(太極)의 양(陽)이 생기고 또 반달(半月)은 태극(太極)이 한번 정(靜)하므로 태극(太極)의 음(陰)이 생기게 되는데, 회태(朣胎)한지 3개월째이다. 또 반달(半月)은 태극(太極)이 한번 움직여서 노양(老陽)이 생기고, 또 반달(半月)은 노음(老陰)이 생기게 되는데, 회태(朣胎)한지 4개월째이다. 또 반달(半月)은 노양(老陽)이 한번 움직여서 태양(太陽)이 생기고,

二一七

또 반달(半月)은 노음(老陰)이 한번 정(靜)하므로 태음(太陰)이 생기게 되는데, 회태(懷胎)한지 5개월째이다. 또 반달(半月)은 노양(老陽)이 한번 정(靜)하므로

生少陰。又半月。老陰一動。而生少陽。懷胎六月也。又半月。
생소음 우반월 로음일동 이생소양 회태륙월야 우반월

소음(少陰)이 생기고, 또 반달(半月)은 노음(老陰)이 한번 움직이므로 소양(小陽)이 생기게 되는데, 회태(懷胎)한지 6개월째이다.

太陽一動。而生乾。又半月。太陰一靜。而生坤。懷胎七月也。
태양일동 이생건 태음일정 이생곤 회태칠월야

또 반달(半月)은 태양(太陽)이 한번 움직여서 건(乾)이 생기고, 또 반달(半月)은 태음(太陰)이 한번 정(靜)하므로 곤(坤)이 생기게 되는데, 회태(懷胎)한지 7개월째이다.

又半月。太陽一靜。而生兌。又半月。太陰一動。而生艮。懷胎
우반월 태양일정 이생태 태음일동 이생간 회태

또 반달(半月)은 태양(太陽)이 한번 정(靜)하므로 태(兌)가 생기고, 또 반달(半月)은 태음(太陰)이 한번 움직여 간(艮)이 생기게 되는데, 회태(懷胎)한지 8개월째이다.

八月也。又半月。少陰一動。而生離。又半月。少陽一靜。而生
팔월야 우반월 소음일동 이생리 우반월 소양일정 이생

또 반달(半月)은 소음(小陰)이 한번 움직여 리(離)가 생기고, 또 반달(半月)은 소양(小陽)이 한번 정(靜)하여 감(坎)이 생기게 되는데,

坎。朡胎九月也。又半月。少陰一靜。而生震。又半月。少陽一動。而生巽。朡胎十月也。由無極而皇極。由皇極。而太極。兩儀。四象。八卦。萬物。周身三百六十五骨節。八萬四千毫毛孔竅。由無極。聖道而生之者也。

회태(朡胎)한지 9개월째이다. 또 반달(半月)은 소음(小陰)이 한번 정(靜)하여 진(震)이 생기고, 또 반달(半月)은 소양(小陽)이 한번 움직여 손(巽)이 생기게 되는데, 회태(朡胎)한지 10개월째이다. 무극(無極)을 말미암아 황극(皇極)이, 황극(皇極)으로 말미암아 태극(太極)이, 태극(太極)이 양의(兩儀)와, 사상(四象)과, 팔괘(八卦)와, 만물(萬物)과 몸에 두루 3백 6십 5 골절(三百六十五骨節)과 8만4천(八萬四千)의 솜털 구멍이, 무극(無極)으로 말미암아 성도(聖道)가 생기게 된 것이다.

斗母元君詩曰。識得生身性自歸。無不爲兮無不爲。

두모원군(斗母元君) 시왈(詩曰)
몸이 생기는 이치 알고 터득하면 성(性)은 스스로 갈 곳을 알아 돌아가게 되나니,
하지 못할 것이 없도다, 하지 못할 것이 없도다!

萬殊一本退藏密。生聖生凡在此推。

만수(萬殊)를 모두 한 본관(本貫)으로 줄이면 터득 끝에도 담을 수 있어서
성인(聖人)을 생(生)하고 범부(凡夫)를 생(生)하는 것도 이 추동(推動)에 달려 있는 것이다.

觀音古佛詩曰。可傳聖道領慈航。普渡羣迷煉性光。

관음고불(觀音古佛) 시왈(詩曰)
가히 성도(聖道)를 전할 수 있으면 자항법선(慈航法船)을 영도(領導)할 수 있어서
널리 미혹(迷惑)된 중생(衆生)을 제도(濟度)하여 성광(性光)을 단련(煅煉)하게 하고

能悟先天清靜道。金仙不老壽延長。

능히 선천(先天)의 청정도(淸靜道)를 깨달아
금선(金仙) 되어 불로장생(不老長生) 하리라。

玄女娘娘詩曰。**聖道不傳湧沸濤。渡男渡女渡塵勞。**

현녀랑랑(玄女娘娘) 시왈(詩曰)
성도(聖道)가 전해지지 않을 땐 들끓듯이 파도가 쏟아지리니
남자도 건네주고 여자도 건네주고 티끌 세상 모든 노고로움 건네주라。

五行四相全修就。頭戴金冠赴九霄

오행(五行)과 사상(四相)을 모두 닦아 성취(成就)하면
머리에 금관(金冠) 쓰고 구소(九霄)에 나아가리라。

消長品十六
소 장 품 십 륙

```
消
長  乾
圖  天     二十四歲 ○
      ○
  十六歲  三十二 ○     四十歲 甲八
      ○  天風姤
         澤天夬
      十三  天山遯         五十六
      歲四 ○  雷天大壯         至六十四歲足
         地天泰  ○  坤
       十歲 ○       爲
       八月 ○  天地否  ○  地
          風地觀
          地澤臨
         五歲
         四月 ○  山地剝
              地雷復
            二歲零八箇月 地
```

太上老君曰。上士無爭。下士好爭。
태상로군왈 상사무쟁 하사호쟁

태상노군(太上老君)께서 말씀하시기를, 상사(上士)는 다툼(爭)이 없고, 하사(下士)는 다투기를 좋아한다.

☯ 註 太者。大也。上者。
   태자 대야 상자

尊也。老者。古也。曰者。說也。上士者。文學大德也。下士者。淺
존야 로자 고야 왈자 설야 상사자 문학대덕야 하사자 천

註 태(太)란 크다는 뜻이다. 상(上)이란 높다는 것이다. 노(老)란 오래 되었다는 것이다. 왈(曰)은 말씀하심이다.

상사(上士)란 문헌(文獻)과 경전(經典)에 밝아 대단한 덕(德)이 있는 것이다. 하사(下士)란 배움과 학문(學文)이 얕아

學執著也。無爭者。函容深厚也。好爭者。憤高好勝也。老君

집착(執着)하여 매달리는 것이다. 무쟁(無爭)이란 마음 씀씀이가 매우 너그러운 것이다. 호쟁(好爭)이란 높은 체 잘난 체 하고 기어코 이기려고만 하는 것이다.

說。上士之心。卽聖人之心。包天裏地。渾然天理。賢愚盡包。

노군(老君)께서 말슴하시기를 상사(上士)의 마음(心)은 곧 성인(聖人)의 마음(心)으로, 하늘(天)을 포라(包羅)하고 안에 땅(地)을 품고 있어, 천리(天理)와 혼연일체(渾然一體)를 이루고, 현명(賢明)함과 우매(愚昧)함을 모두 끌어안아 다하고,

和光混俗。自謙自卑。銼銳埋鋒。不露圭角。外圓內方。作事

한줄기 빛이 되어 티끌 세상에 섞여 있으면서 스스로 겸손해 하고 스스로를 낮추며, 예리한 날과 뽀족한 끝을 꺾어 버리고, 옥(玉)으로 된 뿔이라도 드러내지 않으며, 밖으로는 두루 원만(圓滿)하게 하지만 안으로는 모질고 엄격하게 하고,

循乎天理。出言順乎人心。何爭之有。下士好爭者。下士亦
순호천리 출언순호인심 하쟁지유 하사호쟁자 하사역

하는 일을 천리(天理)에 따르며, 말을 하면 인심(人心)을 거스르는 일이 없을진대, 어찌 다툼이 있을 수 있겠는가. 하사호쟁(下士好爭)이란, 하사(下士) 역시

是。好學之士。無奈根基淺薄。學不到聖人之位。多有憤高
시 호학지사 무나근기천박 학불도성인지위 다유분고

배우기를 좋아하는 선비(士)가 어찌할 도리 없이, 근기(根基)가 천박(淺薄)하여, 배워도 성인(聖人)의 자리에 오르지 못할진대, 너무나 잘난 체 높은 체 하는 데만 집착(執着)하며

執著。偏僻好勝。自是自彰。論是論非。故曰。好爭也。上士如
집착 편벽호승 자시자창 론시론비 고왈 호쟁야 상사여

편벽(偏僻)된 생각으로 기어코 이기려고만 하고, 자신만이 옳고 자신만이 분명(分明)하다 하며, 시시비비(是是非非)를 따지는 데에만 급급하는 고(故)로, 다투기를 좋아한다 하는 것이다.

進陽。君子道長也。下士如進陰。小人道長也。陰陽消長之
진양 군자도장야 하사여진음 소인도장야 음양소장지

상사(上士)는 양(陽)으로 진행(進行)하는 것과 같아서 군자(君子)의 도(道)를 키우는 것이고, 하사(下士)는 음(陰)으로 진행(進行)하는 것과 같아서 소인

(小人)의 도(道)를 키우는 것이다. 음양소장(陰陽消長)의 이치와 理。進退存亡之道。亦不可不知也。人之初生時。身輭如綿。

나아가고 물러나고, 존립(存立)과 멸망(滅亡)의 도(道) 역시 할 수 있는 것도 아니고, 알 수 있는 것도 아닙니다. 사람이 처음 태어날 때, 몸이 부드럽기가 솜과 같으니,

坤柔之象也。九百六十日變一爻。初生屬坤。至二歲。零八月。進一陽。變坤爲復。至五歲。零四月。進二陽。變復爲臨。至八歲。進三陽。變臨爲泰。至十歲。零八月。進四陽。變泰爲壯。

곤괘(坤卦)의 부드러움의 모습인 것이다. 9백 6십일(2년 8개월)이면 효(爻)가 하나씩 변하는데, 처음 태어나면 곤괘(坤卦)에 속하고, 두 살(二歲) 8개월이 되면 일양(一陽)이 진행(進行)하며, 곤괘(坤卦: ☷☷)가 변해서 복괘(復卦: ☷☳)가 된다. 다섯 살(五歲) 4개월이 되면, 이양(二陽)이 진행(進行)하여 복괘(復卦)가 변해서 림괘(臨卦: ☷☱)가 된다.

여덟살(八歲)이 되면, 삼양(三陽)이 진행(進行)하여 림괘(臨卦)가 변해서 태괘(泰卦∷☰)가 된다. 열 살 8개월이 되면, 사양(四陽)이 진행(進行)하여 태괘(泰卦)가 변해서 장괘(壯卦∷☰)가 된다.

至十三歲。零四月。進五陽。變壯爲夬。至十六歲。進六陽。變夬爲乾。六爻純陽上士之位也。此時修煉。立登聖域。以下

열세살(十三歲) 4개월이 되면, 오양(五陽)이 진행(進行)하여 장괘(壯卦)가 변해서 쾌괘(夬卦∷☰)가 된다. 열여섯살(十六歲)이 진행(進行)하여 장괘(壯卦)가 변해서 쾌괘(夬卦)가 변해서 건괘(乾卦∷☰)가 된다. 이때 수련(修煉)하면, 성역(聖域)에 올라설 수가 있다. 이상 육효(六爻)는 순양(純陽)으로서 상사(上士)의 위(位)인 것이다.

九十六箇月。變一爻。此時不修。漸而成下士矣。至二十四歲。進一陰。變乾爲姤。此時修煉。不遠復矣。如若不修。至三

그후 96개월(8년후 24세)이 되면, 효(爻)가 하나씩 변하는데, 이때 수련(修煉)하지 않으면 점점 하사(下士)가 되고 만다.

二二七

스물 네 살(二十四歲)이 되면、일음(一陰)이 진행(進行)하며 건괘(乾卦: ☰)가 변해서 구괘(姤卦: ☴)가 된다. 이때 수련(修煉)하면 머잖아 복귀(復歸)할 수 있으나、만약 수련(修煉)하지 않으면

십이세 진이음 변구위돈
十二歲。進二陰。變姤爲遯。此時修煉。容易成功。如若不修。
차시수련 용이성공 여약불수
서른 두 살(三十二歲)에 이르러, 이음(二陰)이 진행(進行)하여 구괘(姤卦)가 변해서 돈괘(遯卦: ☶)가 된다. 이때 수련(修煉)하면、쉽게 공(功)을 이룰 수 있으나、만약 수련(修煉)하지 않으면、

지사십세 진삼음 변돈위비
至四十歲。進三陰。變遯爲否。此時修煉。還可進功。如若不
차시수련 환가진공 여약불
마흔살(四十歲)에 이르러 삼음(三陰)이 진행(進行)하여 돈괘(遯卦)가 변해서 비괘(否卦: ☍)가 된다. 이때 수련(修煉)하면、아직도 공부(工夫)를 진행(進行)할 수 있으나、

수 지사십팔세 진사음 변비위관 진차능수 구이가성 당
修。至四十八歲。進四陰。變否爲觀。趁此能修。久而可成。倘
만약 수련(修煉)하지 못하면、마흔 여덟살(四十八歲)에 이르러、사음(四陰)이 진행(進行)하여 비괘(否卦)가 변해서 관괘(觀卦: ☷)가 된다. 이때를 쫓아 능히 수련(修煉)하여 오래 걸려서라도 이룰 수는 있겠으나、

若再不修。至五十六歲。進五陰。變觀爲剝。趁此快修。困學
약 재 불 수   지오십륙세   진오음   변관위박   진차쾌수   곤학
혹시라도 만약 다시 수련(修煉)하지 않으면、쉰여섯살(五十六歲)에 이르러 오음(五陰)이 진행(進行)하여 관괘(觀卦)가 변해서 박괘(剝卦∷☷)가 된다. 이때를 쫓아 쏜살같이 서둘러 수련(修煉)하면 공부가 힘들긴 해도

可成。再若不修。至六十四歲。進六陰。變剝爲坤。純陰無陽。
가성   재약불수   지륙십사세   진륙음   변박위곤   순음무양
이룰 수는 있으나、만약 다시 수련(修煉)하지 않으면、예순네살(六十四歲)에 이르러、육음(六陰)이 진행(進行)하여 박괘(剝卦)가 변해서 곤괘(坤卦∷☷)가 된다. 이때는 순음(純陰)으로 양기(陽氣)가 없고

卦氣已足。趁此餘陽未盡。若肯修煉。還可陰中返陽。死裏
괘기이족   진차여양미진   약긍수련   환가음중반양   사리
괘기(卦氣)가 이미 가득 찼으나、이때를 쫓는다면 양(陽)이 조금은 남아 있어、만약 수련(修煉)하려 애쓴다면、아직은 음중(陰中)에서 양(陽)으로 가히 돌이킬 수 있어서、죽음에서 도망쳐 나와

逃生。倘若再不修。待至餘陽已盡。無常至矣。一口氣不來。
도생   당약재불수   대지여양이진   무상지의   일구기불래

생명(生命)을 유지할 수는 있겠으나, 혹시라도 만약 다시 수련(修煉)하지 않으면 남은 양기(陽氣)마저 이미 소진(消盡)됨에 이르러, 무상(無常)이 닥치면, 한번 나간 입기운(口氣)은 다시 돌아오지 않나니,

嗚呼哀哉。豈不是大夢一場。奉勸世人。勿論年老。年少。總

오호애재 기불시대몽일장 봉권세인 물론년로 년소 총

오호(嗚呼)라! 애통하구나. 어찌 이것이 일장춘몽(一場春夢)의 한바탕 꿈이 아닌가! 받들어 권하노니, 세상 사람들아! 나이가 많거나 나이가 적거나를 막론하고 모두

宜急早回頭。爲妙耳。切莫死後。方悔。欲修。可能得乎。

의급조회두 위묘이 절막사후 방회 욕수 가능득호

마땅히 황급하게 머리를 돌리는 것이 묘수(妙手)인저! 절대로 죽은 후에 비로소 후회하지 말라. 수련(修煉)하고자 한다면, 기히 터득할 수 있는 것을!

忍辱仙詩曰。上士無爭是聖功。分明三敎共根宗。

인욕선시왈 상사무쟁시성공 분명삼교공근종

인욕선(忍辱仙) 시왈(詩曰)

상사(上士)는 다툼이 없는데, 이것이 성인(聖人)의 공(功)이다. 삼교(三敎)가 분명 그곳에 뿌리를 두었도다.

太和無礙太和妙。色相莫沾色相空。
태화(太和)엔 걸림이 없으니 태화(太和)에 묘(妙)가 있을진저!
색상(色相)에 젖지 말라, 색상(色相)은 텅 빈 것.

一月光橫四海外。千江瑞映三才中。
한바탕 달빛(月光)이 사해(四海) 밖을 가로지르니
일천강(千江)에 비치는 상서로움 삼재(三才)와 걸맞고

陽滿爲仙陰滿鬼。時人不識此圓融。
양(陽)이 가득 차면 신선(神仙)이라 하고 음(陰)이 가득 차면 귀
신(鬼神)인 것을.
때(時)를 만난 사람들도 이 원융(圓融)함을 인식하지 못하는도다.

渾厚子詩曰。清靜妙經處處融。無爭上士如虛空。
혼후자(渾厚子) 시왈(詩曰)
청정묘경(清靜妙經)은 그 어디에도 걸림 없이 융화롭고
다툼이 없는 상사(上士) 허공(虛空)과 같네.

但能體用相輝映。乃信乾坤闢混濛。
다만 체(體)와 용(用)에 능해야만 서로 눈부시게 비치리니 이에 건곤(乾坤)은 확신코 혼몽(混濛)을 열리라

萬象虛明含滿月。一眞顯露協蒼穹。
만상(萬象)이 텅 빈 곳에 광명(光明)이 가득 달(月)을 머금고 일진(一眞)을 뚜렷이 드러내며 창궁(蒼穹)과 협화(協和)를 이루도다.

下爭上讓陰陽理。聖聖賢賢不一同
아래(下)는 다투고 위(上)는 양보(讓步)하는 것 음양(陰陽)의 이치, 성(聖)과 성(聖)、현(賢)과 현(賢)도 한 가지로 똑같은 동급(同級)이 아니라네.

道德品十七

上德不德。下德執德。執著執者。不名道德。

❂ 註 上德不덕(德)이 높은 사람은 덕(德)을 내세우지 않으나, 덕(德)이 낮은 사람은 오히려 덕(德)에 집착(執着)하나니, 집착(執着)하고 매달리는 자는 도덕(道德)한다 이름을 붙일 것도 없다.

❂ 註 상덕불덕(上德不德)이란 덕자(德者)。 비시상덕지사(非是上德之士)。 반불중기덕야(反不重其德也)。 이상덕위선천(而上德爲先天)。 오덕(五德)이 높은 사람이 도리어 그 덕(德)을 중요하게 여기지 않는다는 것이 아니

다. 상덕(上德)이란 선천(先天)으로, 오덕(五德)을 모두 다 갖추고 있는데,

俱全。在儒。以遵崇仁義禮智信爲德。以忠恕爲行。在釋。以
유가(儒家)에서는 인(仁)·의(義)·예(禮)·지(智)·신(信)을 받들어 따르는 것을 덕(德)으로 삼고, 충서(忠恕)를 행(行)으로 삼는다.

戒除殺盜淫妄酒爲德。以慈悲爲行。在道。以修煉金木水
불가(佛家)에서는 살(殺)·도(盜)·음(淫)·망(妄)·주(酒)의 계제(戒除)를 덕(德)으로 삼고, 자비(慈悲)를 행(行)으로 삼는다. 도가(道家)에서는 금(金)·목(木)·수(水)·화(火)·토(土)를 수련(修煉)하는 것을

火土爲德。以感應爲行。德行全備。未染後天。以爲上德。後
덕(德)으로 삼고, 감응(感應)을 행(行)으로 삼는다. 덕(德)과 행(行)이 온전히 갖추어지면, 후천(後天)에 물들지 않음으로써 상덕(上德)이라 하는 것이고,

天返先天。亦是上德。本來自有。不待外求。故曰。上德不德
후천(後天)을 선천(先天)으로 돌이키는 일 역시 상덕(上德)이라 하는데, 상덕(上德)은 본래부터 스스로 있는 것이지,

필요하여 외부(外部)에서 구해 오는 것이 아니므로 덕(德)이 높은 것은 덕(德)이 아니라 한 것이다.

下德執德者。非是下德之士。反重其德也。而下德以染也。

하덕집덕(下德執德)이란, 덕(德)이 얕은 사람이 도리어 그 덕(德)에 집착(執着)하여 중요하게 여긴다는 것이 아니다. 하덕(下德)이란 후천(後天)에 물듦으로

後天。五德漸失。非執德之道。難以返其先天。何以爲執德。

오덕(五德)을 점차 잃게 된다. 집덕(執德)의 도(道)는 옳지 않은 것이고, 그것을 가지고는 선천(先天)으로 되돌리기가 어렵다. 무엇을 집덕(執德)이라 하는가?

知過必改。知罪必悔。戒刑殺以成仁。戒巧取以成義。戒邪

잘못을 알면 반드시 고쳐야 하고, 죄(罪)인 줄 알면 반드시 뉘우쳐야 하리니, 형살(刑殺)을 경계(警戒)함으로써 인(仁)을 이루고, 교취(巧取)를 경계(警戒)함으로써 의(義)를 이루고,

淫以成禮。戒酒肉以成智。戒妄語以成信。而仁義禮智信。

음(淫)이 성례(成禮) 계주육이성지 계망어이성신 이인의례지신

사음(邪淫)을 경계(警戒)함으로써 예(禮)를 이루고, 주육(酒肉)을 경계(警戒)함으로써 지(智)를 이루고, 망어(妄語)를 경계(警戒)함으로써 신(信)을 이루는 것이다. 인(仁)·의(義)·예(禮)·지(智)·신(信) 오덕(五德)은,

五德。由免强而來。故曰。下德執德也。執著執者。

집착집자(執著執者) 불명도덕(不名道德)이란 무엇을 말하는가?

금(禁)하고 억지로 함으로써 오는 것이기 때문에 말하기를, 하덕(下德)은 집덕(執德)이라고 하는 것이다.

何謂也。執爲執拗。著爲著相。不信陰功。不明道德。見人戒

집(執)이란 집요(執拗)한 것을 이르고, 착(著)이란 상(相)에 집착(執着)하는 것으로, 음공(陰功)을 믿지 않으면 도덕(道德)을 밝힐 수 없다.

刑殺。以放生靈。他言輕人身。而重畜物。見人戒盜取。以周

사람들에게 살생(殺生)을 삼가고 방생(放生)하라 하면, 그들은 사람은 가벼이 여기고 축생(畜生)을 더 중시한다고 말들을 한다.

貧困。他言總空子。而塡人債。見人戒邪淫。以保身體。他言

사람들에게 도둑질(盜)을 삼가고

斷人慾。而無世界。見人戒酒肉。以明智德。他言那六畜。而係人喫。見人戒妄語。以講信實。他言只要心好。何必忍口。種種執固不通。難以盡敍。故曰。不名道德也。豈不知。孔

빈곤(貧困)한 이들을 구제(救濟)하라 하면, 그들은 모두가 멍청이 짓이고 사람들의 빚을 메워줄 뿐이라고 말들을 한다. 사람들에게 사음(邪淫)을 삼가고 몸을 청정(淸淨)하게 보전(保全)하라 하면,

그들은 인욕(人慾)을 끊으면 세계(世界)는 없는 것이라고 말들을 한다. 사람들에게 술(酒)과 고기(肉)를 삼가고 지혜(智慧)와 덕성(德性)을 밝히라 하면, 그들은 말·소·양·개·닭·돼지 등 육축(六畜)은

사람에게 매여 있어서 먹게 되어 있다고 말들을 한다. 사람들에게 망령된 말(妄語)을 삼가고 믿음성 있고 진실되게 하라 이야기하면, 그들은 마음(心)을 곱게 쓰면 되지, 굳이 말을 참을 필요가 있느냐고 말들을 하는데,

이런 가지가지 온갖 고집불통(固執不通)들을 이루다 말하기는 어렵다. 그런 고(故)로 이러한 것들을 도덕(道德)한다 이름 붙일 것도 없다 한 것이다. 어찌 모르는가?

二三七

聖人所言。仁義禮智信。李老君治下。金木水火土。釋
성인소언 인의례지신 리로군치하 금목수화토 석

공성인(孔聖人)께서는 인(仁)·의(義)·예(禮)·지(智)·신(信)을 말씀하신 바이
고,

이로군(李老君)께서는 금(金)·목(木)·수(水)·화(火)·토(土)를 치공(治功)하라 하셨고,

迦佛戒去。殺盜淫妄酒。是何言也。不戒殺。則無仁而缺木。
가불계거 살도음망주 시하언야 불계살 즉무인이결목

석가불(釋迦佛)께서는 살(殺)·도(盜)·음(淫)·망(妄)·주(酒)를 삼가고 떼어 버
리라 하셨는데, 이것은 어떤 말씀이셨을까?
살생(殺生)을 삼가지 않으면 인(仁)이 결여 목(木)이 결핍되어

在天。則歲星不安。在地。則東方有災。在人。則肝膽受傷矣。
재천 즉세성불안 재지 즉동방유재 재인 즉간담수상의

하늘(天)에 있어서 세성(歲星)이 불안(不安)하고, 땅(地)에 있어서는 동쪽에 재앙
(災殃)이 있게 되고, 사람에게 있어서는 간(肝)과 쓸개(膽)가 손상을 입는다.

不戒盜。則無義。而缺金。在天。則太白星不安。在地。則西方
불계도 즉무의 이결금 재천 즉태백성불안 재지 즉서방

도둑질(盜)을 삼가지 않으면, 의(義)가 없어 금(金)이 결핍되어 하늘(天)에 있어
서 태백성(太白星)이 불안(不安)하고, 땅(地)에 있어서는 서쪽에 재앙(災殃)이 있
게 되고

有災。在人。則肺腸受傷矣。不戒邪淫。而缺火。在天。
유재 재인 즉폐장수상의 불계사음 이결화 재천
사람에게 있어서는 폐장(肺腸)이 손상을 입는다.
사음(邪淫)을 삼가지 않으면 예(禮)가 없어 화(火)가 결핍되고, 하늘(天)에 있어서

則熒惑星不安。在地。則南方有災。在人。則心腸受傷矣。不
즉 형혹성불안 재지 즉남방유재 재인 즉심장수상의 불
형혹성(熒惑星)이 불안(不安)하고, 땅(地)에 있어서는 남쪽에 재앙(災殃)이 있게
되고, 사람(人)에게 있어서는 심장(心腸)이 손상(損傷)을 입는다.

戒酒肉。則無智。而缺水。在天。則辰星不安。在地。則北方有
계주육 즉무지 이결수 재천 즉신성불안 재지 즉북방유
술(酒)과 고기(肉)를 삼가지 않으면, 지(智)가 없어서 수(水)가 결핍되고, 하늘(天)에 있
어서 신성(辰星)이 불안(不安)하고, 땅(地)에 있어서는 북쪽에 재앙(災殃)이 있게 되고,

災。在人。則腎胱受傷矣。不戒妄語。則無信。而缺土。在天。則
재인 즉신광수상의 불계망어 즉무신 이결토 재천 즉
사람(人)에게 있어서는 신장(腎)과 방광(肪胱)이 손상(損傷)을 입는다.
망어(妄語)를 삼가지 않으면, 신(信)이 없어서 토(土)가 결핍되고, 하늘(天)에

鎭星不安。在地。則中央有災。在人。則脾胃受傷矣。哀哉。
진성불안 재지 즉중앙유재 재인 즉비위수상의 애재
진성(鎭星)이 불안(不安)하고, 땅(地)에 있어서는 중앙에 재앙이 있게 되고, 사람에게 있어서는 비위(脾胃)가 손상을 입는다. 슬프도다.

二三九

진성(鎭星)이 불안(不安)하고, 땅(地)에 있어서는 중앙(中央)에 재앙(災殃)이 있게 되고, 사람(人)에게 있어서는 비장(脾)과 위(胃)가 손상(損傷)을 입게 된다. 애통하도다!

天花眞人詩曰。先天上德爲純陽。若肯修行果是强。

천화진인(天花眞人) 시왈(詩曰)

선천(先天)의 상덕(上德)은 곧 순양(純陽)이니
만약 기꺼이 수행(修行)하면 과(果)가 굳어지리라.

五德五元三寶足。何須執德苦勞張。

오덕(五德: 仁義禮智信)과 오원(五元: 金木水火土)과 삼보(三寶: 精氣神)가 모두 충족(充足)되어 있는데
하필이면 덕(德)에 집착(執着)하여 노고(勞苦)를 펼칠 것인가.

彩合仙詩曰。三敎原來一理同。何須分別各西東。

채합선(彩合仙) 시왈(詩曰)

삼교(三敎)가 원래 한 가지로 같은 이치인데
하필이면 분별(分別)하여 각각 동서(東西)를 나누는가?

三花三寶三歸裏。五德五行五戒中。
삼화(三花)와 삼보(三寶)와 삼귀(三歸)가 서로 한 울타리 안에 있고 오덕(五德)과 오행(五行)과 오계(五戒) 또한 서로 들어맞는 것인데!

何仙姑詩曰。
하선고시왈

道德眞詮品最奇。全憑五戒立根基。
하선고(何仙姑) 시왈(詩曰)
도덕(道德) 진전(眞詮) 더없이 진기(珍奇)한 품(品)이로다.
오로지 오계(五戒)에 의지하여 근기(根基)를 세우라.

憤高執著回頭想。莫等幽冥悔後遲。
높다고 잘난 체 하고 집착(執着)하는 데서 머리를 돌려 생각해 보라.
저승을 기다리게 막을 순 없고 후회(後悔)는 언제나 늦는 것!

妄心品十八
망심품십팔

衆生所以不得眞道者。爲有妄心。
중생소이불득진도자 위유망심

중생(衆生)이 진도(眞道)를 얻지 못하는 까닭은 망심(妄心)이 있기 때문이다.

☯註 衆生所以不得
중생소이불득

眞道者。天下男女名曰衆生。言衆性。投生下界也。眞道乃
진도자 천하남녀명왈중생 언중성 투생하계야 진도내

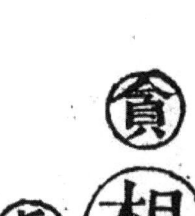

☯註 중생소이불득진도자(衆生所以不得眞道者)란, 진도자 천하남녀(天下男女)를 이름해 가로되 중생(衆生)이라 하는데, 무수한 성령(性靈)들이 하계(下界)에 태어난 것을 말한다.

先天大道。非三千六百旁門之比也。爲有妄心者。亡女爲之妄。夫人之心。屬乎離卦。離爲女。又爲日。日爲星中天子。女本后妃之象。正直無私。光照天下。生化萬物。養育羣生。亡卻女。卽亡卻眞靈。眞靈者日也。夫妄心。由何而起也。因

선천대도(先天大道)는 곧 선천대도(先天大道)인데、3천6백방문(三千六百旁門)과는 비교 할 수 있는 것이 아니다. 위유망심(爲有妄心)에서 망녀(亡女)를 망(妄)이라 한다.

대저 사람의 마음은 리괘(離卦)에 속하는데 이 리괘(離卦)는 여자이다. 또 해(日)는 성중(星中)의 천자(天子)이며,

여자는 본래 후비(后妃)의 상(象)으로서 정직(正直)하고 사사로움이 없고, 광명(光明)이 온 천하(天下)를 비추며, 낳아서 만물(萬物)을 변화(變化)하게 하며, 길러서 무수한 생명(生命)들을 육화(育化)하나니,

망각녀(亡卻女). 즉 망각진령(亡卻眞靈). 진령자일야(眞靈者日也). 부망심(夫妄心). 유하이기야(由何而起也). 인

죽어 여자가 물러나 버리면 곧 진령(眞靈)도 죽어 물러나 버리게 된다. 진령(眞靈)이란 해(日)이다. 대저 망심(妄心)이란 왜 일어나는가?

二四四

酒色財氣。名利恩愛。所牽引也。妄想酒以養身。豈不知酒
주색재기 명리은애 소견인야 망상주이양신 기불지주

中之害。迷眞亂性。人身氣脈。與天地同其昇降。週流循環。
중지해 미진란성 인신기맥 여천지동기승강 주류순환

一飲酒。氣脈不順。則身中之星度錯矣。星度錯。
일음주 기맥불순 기맥불순 즉신중지성도착의 성도착

而壽元折也。妄想色。以親身。豈不知色中之害。刮骨攝魂。
이수원절야 망상색 이친신 기불지색중지해 괄골섭혼

주(酒)・색(色)・재(財)・기(氣)와 명(名)・리(利)・은(恩)・애(愛) 등에 이끌려서 일어나는 것이다. 망령되게 술(酒)만을 간절히 생각하여 몸을 자양(滋養)할진대 술(酒) 가운데 해(害)가 있어서

진(眞)을 헛갈리게 하고 성(性)을 어지럽히게 하는 것을 어찌 알랴! 인신(人身)의 기맥(氣脈)은 천지(天地)와 더불어 한 가지로 그 오르고 내림과 두루 흘러 순환(循環)하는 것인데

한 잔 술(酒)이 들어가면, 기맥(氣脈)이 순조롭지 못하게 되고, 기맥(氣脈)이 순조롭지 못하면 신중(身中)의 성도(星度)가 착란(錯亂)을 일으키게 된다. 성도(星度)가 착오(錯誤)를 일으키면,

수원(壽元)이 꺾이게 되는 것이다. 망령되게 색(色)만을 간절히 생각하여 몸에 가

二四五

人身以精而生氣以氣而生神。有此三寶。人方長壽。一貪
色。則精洩。精洩。不能生氣。氣衰。不能生神。三寶耗散。而壽
元損也。妄想財。以肥家。豈不知財中之害。朝思暮想。苦勞

까이 할진대, 색(色) 가운데 해(害)가 있어서 뼈를 긁어내고, 혼(魂)을 빼내 가는 것을 어찌 알랴!

인신(人身)이란 정(精)으로써 기(氣)가 생겨나고, 기(氣)로써 신(神)이 생겨나므로, 이 삼보(三寶)가 있게 되어 사람이 비로소 장수(長壽)하는 것인데, 한번 색(色)을 탐(貪)하면

즉 정(精)이 누설(漏洩)되어 버리고, 정(精)이 누설(漏洩)되면 기(氣)가 생길 수 없고, 기(氣)가 쇠약(衰弱)해지면 신(神)이 생기지 못하므로, 정·기·신 삼보(精氣神三寶)가 모산(耗散)되어 수원(壽元)이 손상(損傷)을 입는 것이다.

이 비가 기불지재중지해 조사모상 고로 망령되게 재물(財物)만을 간절히 생각하여 집안을 살찌울진대, 재물(財物) 가운데 해(害)가 있어서 아침 저녁 이런 궁리 저런 궁리 고통과 수고로움 천만(千萬)가지인 것을 어찌 알랴!

千般。把你一點精氣神耗散。縱有萬金之富。難買無常不
그대가 모산(耗散)되는 정·기·신(精·氣·神)을 한 점(一點)이라도 잡아 보려고
만금(萬金)의 부(富)를 가지고 종횡(縱橫)으로 누벼서 무상(無常)이 찾아오지 못
하게 매수(買收)하기는 어려운 것!

叫。一口氣不來。赤手空拳。分文難帶。罪孽隨性。四生六道。
한번 나간 입기운(口氣)은 다시 돌아오지 않고, 맨 손 맨 주먹으로 이승을 떠날
뿐, 푼전(分錢) 하나도 저승으로 가져가지 못하고, 지은 죄얼(罪孽)만 그림자처럼
성(性)에 따라 붙어, 사생육도(四生六道)로

轉變無休。深可嘆也。妄爭閒氣。以逞光棍。豈不知氣中之
전변(轉變)하며 쉴 날이 없는데 깊이 탄식하노라. 망령되게 쓸 데 없이 분노(忿
怒)하고 지지 않으려고 다투며 뽐냄으로써 무뢰한 악당이 되는데, 어찌 기(氣)가
운데 해(害)가 있음을 알라!

害。小事不忍。而成大事。或人命官非牢獄枷鎖。傾家敗産。
해(害). 소사불인(小事不忍)이 이성대사(而成大事) 혹인명관비로옥가쇄(或人命官非牢獄枷鎖) 경가패산(傾家敗産)

작은 일에 참지 못하면 큰 일로 되어 혹은 인명(人命)을 해치는 과실(過失)을 범하여 감옥에 갇히게 되고, 집안은 기울고 파산하며

妻埋子怨。悔之晚矣。妄想名。以榮身。豈不知名中之害。習

아내는 몸을 숨기고 자식은 원망(怨望)하리니, 후회해도 언제나 늦는 것이다. 망령되게 명예만을 간절히 생각하여 몸이 영달(榮達)할진대 어찌 명예 가운데 해(害)가 있음을 알라!

文以勞其心。習武以勞其形。碌碌一生。縱然官陞極品。難

글을 익히는 것은 그 마음을 고단하게 하고, 무예(武藝)를 익히는 것도 그 몸을 고단하게 하며, 쓸데 없이 일생동안 바쁘게 고생만 하고 설령 벼슬이 극품(極品)에 오른다 해도

買長生不死。爲忠臣。爲良將。死後爲神。爲奸黨。爲逆賊。死

장생불사(長生不死)를 사기는 어렵고, 제 아무리 충신(忠臣)이며 훌륭한 장수(將帥)였다 하더라도 죽은 후에는 신(神)이 되든지 간사한 무리가 되든지 역적(逆賊)이 되든지 하고,

墮沈淪矣。妄想恩愛。以溫身豈不知恩愛之害。你有銀錢
衣食。妻則敬。子則孝。你若貧苦。妻必不賢。子必不孝。雖有
賢孝者。必被妻恩子愛所累。一口氣斷。誰是妻。誰是子。所
造之罪。自己抵擋。妻子雖親。亦難替你受其罪也。奉勸世

타침륜의 망상은애 이온신기불지은애지해 니유은전
죽어서는 결국 침륜(沈淪)에 떨어지리라. 망령되게 은애(恩愛)만을 간절히 생각하여 몸을 위안(慰安) 삼으려 할진대 어찌 은애(恩愛)에 해(害)가 있음을 알라! 그대에게 돈푼이나 있고, 은전(銀錢)과 의식(衣食)이 있으므로

의식 처즉경 자즉효 니약빈고 처필불현 자필불효 수유
아내는 공경(恭敬)하고 자식은 효도하는 것이지, 그대가 만약 빈곤(貧困)하다면 아내는 반드시 어질지 못하게 되고 자식은 효도하지 않으리라.

현효자 필피처은자애소루 일구기단 수시처 수시자 소
비록 현효(賢孝)한 자(者)라 하더라도 반드시 아내와의 은혜로움과 자식과의 사랑스러움에 얽힌 바 되는데, 한번 입기운(口氣)이 끊어져 버리면 아내란 누구이고 자식이란 누구인가?

조지죄 자기저당 처자수친 역난체니수기죄야 봉권세
지은 바 죄얼(罪孽)은 자기 스스로 감당해야 하나니, 처자(妻子)가 비록 친(親)하다 해도 그대의 그 죄업(罪業)을 대신 짊어질 수는 없는 것이다. 받들어 권하노니

二四九

人。將此假事一筆勾銷。如若不然。妄想神仙。不求大道。不
장차 가사 일필구소 여약불연 망상신선 불구대도 불

세상 사람들이여! 이 물거품 같은 허망(虛妄)한 세상사(世上事)로 말
끔히 지워 버리라. 만약 그렇게 하지 않고 망령되게 신선(神仙) 되기만을 생각하
고 대도(大道)를 구하지도 않고

去妄想。焉能成聖佛乎。
거망상 언능성성불호

망상(妄想)을 떼어 버리지도 않고서, 어떻게 성인(聖人)과 부처님(佛)이 될 수 있
겠는가?

無垢子詩曰。去妄存誠儒聖云。榮華富貴似浮雲。
무구자시왈 거망존성유성운 영화부귀사부운

무구자(無垢子) 시왈(詩曰)

망(妄)을 떼어 버리고 성(誠)을 모으라고 유성(儒聖)은 말씀하셨고
영화(榮華)와 부귀(富貴)는 뜬 구름과 같은 것이라 하였는데

豈知貧富前生定。何必碌碌勞骨筋。
기지빈부전생정 하필록록로골근

어찌 알랴! 빈부(貧富)는 전생(前生)에 정해진 것인데,
하필이면 쓸데없이 고생하며 뼈와 근육을 고단하게 하는가?

無心道人詩曰。眞靈不散名歸中。無識無知亦是空。

무심도인(無心道人) 시왈(詩曰)
진령(眞靈)이 흩어지지 않아야 정확하게 돌아간 것이라고 이름 할 수 있으며
식(識)도 없고 앎도 없는 것 역시 이 공(空)이로다

只去妄心不去道。千金口訣實難逢。

다만 망심(妄心)만 떼어내 버리고 도(道)는 떠나지 말라
천금(千金) 같은 구결(口訣)은 실로 만나기 어렵도다.

洗塵子詩曰。洗去塵心學佛仙。無思無慮甚悠然。

세진자(洗塵子) 시왈(詩曰)
진심(塵心)을 씻어내 버리는 것이 불선(佛仙)을 배우는 것.
생각하는 바도 없이 염려하는 바도 없이 더할 나위 없이 유연 (悠然)하라.

不貪酒色和財氣。學箇長生壽萬年。

불탐주색화재기 학개장생수만년

주색(酒色)과 재기(財氣)는 탐내지 않고 저개(這箇·⊙)를 배워 장생(長生)하고 만년(萬年)을 누리리라.

人神圖

人神品十九 (인신품십구)

旣有妄心。卽驚其神。
(기유망심 즉경기신)

이미 망심(妄心)이 있으면 그 신(神)이 놀라게 된다.

☯ 註 旣者成也。有者實也。妄者動
(기자성야 유자실야 망자동

也。心者神也。卽者定也。驚者觸也。其者此也。神者主也。此
야 심자신야 즉자정야 경자촉야 기자차야 신자주야

也)

기유망심즉경기신(旣有妄心卽驚其神)에서 기(旣)는 이루어진이다. 유(有)란 속이 완전히 차 있다는 실(實)이다. 망(妄)이란 움직인다는 것이다. 심(心)이란 신(神)이다. 즉(卽)이란 「반드시」이다. 경(驚)이란 침범한 것이

承上文而言。大凡修道之士。不可起妄念妄心一動。
승상문이언   대범수도지사   불가기망념망심일동
「이것」이다. 신(神)은 주인(主人)이다.
이는 앞 장을 이어서 한 말로 대개 수도(修道)하는 사람은 망념(妄念)과 망심(妄心)을 일으켜 한번이라도 움직여서는 안되는 것이다.

驚動
경동
元神。元神藏心。心神藏目。圭旨云。天之神聚於日。人之神。
원신   원신장심   심신장목   규지운   천지신취어일   인지신
놀라서 원신(元神)이 움직이게 되면 원신(元神)은 심장(心臟)에 숨게 되고 심신(心神)은 눈(目)으로 숨는다. 성명규지(性命圭旨)에 이르기를, 하늘의 신(神)은 해(日)에 모이고, 사람의 신(神)은 눈(目)에 모이며,

聚於目。心爲諸神之主帥。眼卽衆神之先鋒。夫人身之神。
취어목   심위제신지주수   안즉중신지선봉   부인신지신
심장(心臟)은 제신(諸神)의 주수(主帥)가 되고, 눈(眼)은 곧 모든 신(神)의 선봉(先鋒)이 된다 하였다. 무릇 사람 몸의 신(神)은

共有六十四位。以應六十四卦之數也。人在受胎之初。先
공유륙십사위   이응륙십사괘지수야   인재수태지초   선
64자리에 골고루 자리잡고 있는데 이는 64괘(卦)의 수(數)와 대응(對應)되는 것이다.

結_결無_무極_극。從_종無_무極_극以_이生_생太_태極_극。兩_양儀_의。四_사象_상。八_팔卦_괘周_주身_신百_백體_체。由_유一_일本_본而_이散_산爲_위萬_만殊_수。生_생凡_범之_지道_도也_야。又_우從_종萬_만殊_수復_복歸_귀六_십十_사四_괘卦_우。又_종從_육六_십十_사四_괘卦_총。總_귀歸_십十_육六_관官_유。由_십十_육六_관官_총。總_귀歸_팔八_괘卦_유。由_팔八_괘卦_총。總_귀歸_사四_상象_유。由_사四_상象_총。總_귀歸_양兩_의儀_유。由_양兩_의儀_이。而_귀歸_태太_극極_무。無_극極_유。由_만萬_수殊_.。

사람이 수태(受胎)할 때 맨 처음에 제일 먼저 무극(無極)이 맺히고, 이 무극(無極)을 쫓아서 태극(太極)과 양의(兩儀)와 사상(四象)과 팔괘(八卦)가 생겨나 사람의 온 몸을 구성하게 되는데, 이는 일본(一本)을 연유(緣由)로 해서 흩어져 만수(萬殊)가 되는 것으로, 이는 범부(凡夫)가 생기는 도(道)인 것이다. 또한, 이로 쫓아 만수(萬殊)는 64패(六十四卦)로 복귀(復歸)하고,

또 이로 쫓아 64패(六十四卦)는 모두 16관(官)으로 돌아가며, 이로 연유(緣由)하여 16관(官)은 모두 팔괘(八卦)로 돌아가고, 이로 말미암아 팔괘(八卦)는 모두 사상(四象)으로 돌아가고, 이로 말미암아 사상(四象)은 모두 양의(兩儀)로 돌아가며,

二五五

이로 말미암아 양의(兩儀)는 태극(太極)으로, 무극(無極)으로 돌아가게 되는 것인데, 이로 말미암아 만수(萬殊)는

復歸一本。生聖之道也。不知修道之士可曉一本否。倘若
복귀일본 생성지도야 부지수도지사가효일본부 당약

일본(一本)으로 복귀(復歸)하나니, 이는 성(聖)을 낳는 도(道)인 것이다. 수도(修道)하는 사람들은 가히 일본(一本)을 밝게 아는가, 모르는가?

不知。積德感天。明師相遇。指示一本大道。每日守定一本。
부지 적덕감천 명사상우 지시일본대도 매일수정일본

만약 모른다면, 덕(德)을 쌓고 하늘(天)을 감동(感動)시켜 명사(明師)를 상봉(相逢)하고, 일본대도(一本大道)를 지시(指示) 받고, 매일 일본(一本)을 빈틈없이 지켜

不使元神。遷移萬殊。有何妄心而驚神也。神不驚。則六十
불사원신 천이만수 유하망심이경신야 신불경 즉륙십

원신(元神)으로 하여금 만수(萬殊)로 옮겨 가지 않도록 하면, 어찌 망심(妄心)이 있을 수 있겠으며 신(神)이 놀라겠는가? 원신(元神)이 놀라지 않으면

四位人神。混合元神。而元神得衆神之混合。其光必大。其
사위인신 혼합원신 이원신득중신지혼합 기광필대 기

육십네 자리(六十四位)에 있는 인신(人神)은 원신(元神)과 섞여 합쳐지고, 원신(元神)

은 모든 신(神)들과 혼합(混合)됨을 얻게 되어 그 빛이 반드시 광대(廣大)해지고,

神必旺。神旺則性靈。而神仙之道畢矣。再得九轉玄功。煉

그 신(神)이 반드시 활기차게 될 것이며, 신(神)이 활기차게 되면 성(性)이 신령(神靈)스러워져, 신선(神仙)의 도(道)를 마치게 되는 것이다. 이에 다시 구전현공(九轉玄功)을 터득하여

成陽神。名爲大羅金仙。再得外功培補。昇爲大羅天仙矣。

양신(陽神)을 연성(煉成)한다면 대라금선(大羅金仙)이라 부를 것이다. 이에 더하여 외공(外功)을 더 한층 북돋운다면 대라천선(大羅天仙)이 되어 오르리라.

夫一本九轉。須待師傳。而身中一十六官。略露春光可矣。

대저 일본구전(一本九轉) 수련법(修煉法)은 반드시 스승으로부터 전(傳)해 받아야 하는 것인데, 신중(身中) 십육관(一十六官)에 관하여 대략 춘광(春光)을 드러내듯 누설(漏洩)하겠다.

心爲君主之官。神明出焉。眼爲鑒察之官。諸色視焉。口爲

심장(心臟)을 군주관(君主官)이라 하는데, 신명(神明)이 그곳에서 나온다. 눈(眼)을 감찰관(鑒察官)이라 하는데, 모든 색(色)을 이곳에서 살핀다. 出納之官。言語出焉。 입(口)은 출납관(出納官)이라 하는데, 언어(言語)를 이곳에서 내보낸다. 耳爲採聽之官。衆音聞焉。鼻爲審辨 귀(耳)를 채청관(採聽官)이라 하는데, 모든 소리를 이곳에서 듣는다. 之官。香臭識焉。肝爲將軍之官。謀慮出焉。肺爲相傳之官。 코(鼻)는 심판관(審辨官)이라 하는데, 냄새를 이곳에서 식별(識別)한다. 간(肝)은 장군관(將軍官)이라 하는데, 모사(謀事)와 사려(思慮)가 이곳에서 나온다. 治節出焉。脾爲諫議之官。周知出焉。腎爲作强之官。伎巧 폐(肺)를 상전관(相傳官)이라 하는데 처리하고 요약(要約)하는 것을 이곳에서 한다. 비장(脾臟)을 간의관(諫議官)이라 하는데, 두루 알게 하는 것이 이곳에서 나온다. 신장(腎)을 작강관(作强官)이라 하는데, 기교(伎巧)가 이곳에서 나온다. 出焉。膽爲中正之官。決斷出焉。胃爲倉廩之官。五味出焉。 담위중정지관 결단출언 위위창름지관 오미출언

담(膽)을 중정관(中正官)이라 하는데, 맺고 끊는 것이 이곳에서 나온다.

위(胃)를 창름관(倉廩官)이라 하는데 오미(五味)가 이곳에서 나온다.

膽爲臣使之官。喜樂出焉。小腸爲受盛之官。化物出焉。大

잔중(膻中) 양쪽 젖가슴 사이을 신사관(臣使官)이라 하는데, 희락(喜樂)이 이곳에서 나온다.

소장(小腸)은 수성관(受盛官)이라 하는데, 화물(化物)이 이곳에서 나온다.

腸爲傳導之官。變化出焉。膀胱爲州都之官。津液出焉。三

대장(大腸)을 전도관(傳導官)이라 하는데, 변화(變化)가 이곳에서 나온다.

방광(膀胱)을 주도관(州都官)이라 하는데, 진액(津液)이 이곳에서 나온다.

焦爲決瀆之官。水道出焉。此十六官。爲身中統帥之神也。

삼초(三焦)를 결독관(決瀆官)이라 하는데, 수도(水道)가 이곳에서 나온다.

이러한 십육관(十六官)은 우리 몸을 통솔(統率)하는 신(神)들인 것이다.

十六官之中。惟心一神。乃身中之王。封眼耳鼻舌爲四相。

십육관(十六官) 가운데 심장(心臟)만이 유일신(惟一神)이며 곧 신중(身中)의 왕(王)이고,

안이비설(眼耳鼻舌)을 봉(封)하여 사상(四相)이라 했으며,

其餘次之。勿論千神萬神皆聽天君之命也。

그 나머지는 순서대로이다. 물론, 천신(千神) 만신(萬神)들은 모두 다 천군(天君)의 명(命)을 듣는다.

白祖仙師詩曰。墮落紅塵不記年。皆因妄念迷靑天。

백조선사(白祖仙師) 시왈(詩曰)

홍진 세상(紅塵世上)에 떨어져 헤아릴 수 없는 세월을 지냈는데

모두 다 망념(妄念)으로 인하여 청천(靑天)을 미혹(迷惑)했도다.

若非師指歸元始。那得凡身做上仙。

만약 스승으로부터 원시(元始) 복귀(復歸)의 지시를 받지 아니하면 어찌 범부(凡夫) 몸으로 선경(仙境)에 오름을 얻겠는가.

十惡斷時三業淨。六根空處五行全。

二六○

老君金口明明示。萬劫千秋永正傳。

노군(老君)께서 금구(金口)로 더할 나위 없이 밝게 시현(示顯)해 주신 것
만겁(萬劫) 천추(千秋)에 걸쳐 영원한 정전(正傳)이로다.

文昌帝君詩曰。妄念驚神散萬方。魂歸地府失眞陽。
寒冰惡浪層層陷。劍樹刀山處處傷。
一念回春修道力。三田氣秀得丹香。

문창제군(文昌帝君) 시왈(詩曰)
망념(妄念)으로 신(神)이 놀라면 사방으로 흩어져 버려
혼(魂)은 지부(地府)로 돌아가 진양(眞陽)을 잃고
한빙(寒冰)의 사납고 거친 물결에 겹겹이 빠지게 되고
검수(劍樹)와 도산(刀山) 이르는 곳마다 갈갈이 찢기우리니
일념회춘수도력(一念回春修道力) 삼전기수득단향(三田氣秀得丹香)

일념(一念)의 중한 병(病) 낫게 하고 수도(修道)하는 힘 기르면
삼전(三田)의 기(氣) 빼어나 단향(丹香) 얻으리로다.

勸君急早歸淸靜。不枉人間鬧一場。
권군급조귀청정 불왕인간뇨일장

그대에게 권하노니 조급(早急)하게 청정(淸靜)으로 돌아가
인생사(人生事) 떠들썩한 한바탕 장면 헛되이 하지 말라.

萬物品二十

既驚其神。卽著萬物。

☯註 既者事過也。驚者不安也。神者元神也。卽者就此也。著者執固也。萬者包羅也。物者各

이미 그 원신(元神)이 놀랐다면 곧 만물(萬物)에 집착(執着)하게 된다.

☯註 기(旣)란 일이 지나간 것이다. 경(驚)은 불안(不安)한 것이다. 신(神)은 원신(元神)이다. 즉(卽)이란 즉시이다. 착(著)이란 고집(固執)이다. 만(萬)이란 포라(包羅)하는 것이다. 물(物)은 각각의 개체(個體)이다.

體也。夫人有妄心。則元神。隨識神而牽引。不是想著天上
萬物。便是想著地下萬物。不是想著世上萬物。便是想著
人身萬物。而天上萬物。不過日月星辰。風雲雷雨。八字以
包其餘也。地下萬物。不過山川草木。五行四生。八字以包

대저 사람에게 망심(妄心)이 있으면 원신(元神)은 식신(識神)을 따라서 이끌리게 된다. 간절하게 천상(天上) 만물(萬物)에 집착(執着)한 것이 아니라 해도 곧 간절하게 지하(地下) 만물(萬物)에 집착(執着)한 것이고, 간절하게 세상(世上) 만물(萬物)에 집착(執着)한 것이 아니라 해도 곧 간절하게 인신(人身) 만물(萬物)에 집착(執着)한 것이다.

천상만물(天上萬物)은 일월성신(日月星辰)과 풍운뢰우(風雲雷雨) 팔자(八字)와 그 나머지를 포함한 것에 불과하고, 지하만물(地下萬物)은 산천초목(山川草木)과 오행사생(五行四生) 팔자(八字)와 그 나머지를 포함한 것에 불과하며,

其餘也。世上萬物。不過名利恩愛。酒色財氣。八字以包其餘也。人身萬物。不過五行八卦。地水風火。八字以包其餘也。天之萬物。地之萬物。人之萬物。總歸先天八卦。之所生化者也。夫先天八卦。對待之理。乾南坤北。離東坎西。四正之位也。震東北。巽西南。艮西北。兌東南。四隅之位也。此謂

세상만물(世上萬物)은 명리은애(名利恩愛)와 주색재기(酒色財氣) 팔자(八字)와 그 나머지를 포함한 것에 불과하고 인신만물(人身萬物)은 오행팔괘(五行八卦)와 지수화풍(地水火風) 팔자(八字)와 그 나머지를 포함한 것에 불과하다.

무릇 선천팔괘(先天八卦)의 만물(萬物)과 땅(地)의 만물(萬物)과 사람(人)의 만물(萬物)은 모두 선천팔괘(先天八卦)로 돌아가 생화(生化)하는 것이다.

무릇 선천팔괘(先天八卦)에서 서로 상대(相對)가 되는 것은 건(乾)은 남(南)이고, 곤(坤)은 북(北)이며, 리(離)는 동(東)이고, 감(坎)은 서(西)로 사정위(四正位)이다.

진(震)은 동북(東北)이며 손(巽)은 서남(西南)이며, 간(艮)은 서북(西北)이며, 태(兌)는 동남(東南)으로 사우위(四隅位)이다.

卦之相對也。乾之三爻陽。而對坤之三爻陰。名曰。天地定位也。

괘지상대야 건지삼효양 이대곤지삼효음 명왈 천지정위야

이를 괘(卦)의 상대(相對)라 한다. 건괘(乾卦)의 삼효(三爻)는 양(陽)이고, 상대(相對)되는 곤괘(坤卦)의 삼효(三爻)는 음(陰)인데, 이름하여 천지정위(天地定位)라 한다.

震之下一陽。中上二陰。而對巽之下一陰。中上二陽。

진지하일양 중상이음 이대손지하일음 중상이양

진괘(震卦 ☳)는 제일 아래 효(爻)가 양(陽)이요, 위 두 효(爻)가 음(陰)인데, 상대(相對)되는 손괘(巽卦 ☴)는 제일 아래 효(爻)가 음(陰)이요, 위 두 효(爻)가 양(陽)으로,

名曰。雷風相搏也。坎之內一陽外二陰。而對離之內一陰。

명왈 뢰풍상박야 감지내일양외이음 이대리지내일음

이름하여 뢰풍상박(雷風相搏)이라 한다. 감괘(坎卦 ☵)는 안쪽이 일양(一陽)이고 밖 양쪽이 이음(二陰)인데, 상대(相對)되는 리괘(離卦 ☲)는 안쪽이 일음(一陰)이고

外二陽。名曰。水火不相射也。艮之上一陽。中下二陰。而對

외이양 명왈 수화불상사야 간지상일양 중하이음 이대

밖 양쪽이 이양(二陽)으로, 이름하여 수화불상사(水火不相射)라 한다. 간괘(艮卦: ☶)는 위가 일양(一陽)이고 아래 두 효(爻)가 음(陰)인데,

兌之上一陰。中下二陽。名曰。山澤通氣也。此謂爻之相對

상대(相對)되는 태괘(兌卦: ☱)는 위가 일음(一陰)이고 아래 두 효(爻)는 양(陽)으로, 이름하여 산택통기(山澤通氣)라 한다. 이를 이르기를 효(爻)의 상대(相對)라 한다.

也。卦爻相對。乃先天。而天弗違。成聖之道也。從鴻濛分判

괘(卦)와 효(爻)의 상대(相對)되는 이러한 것들이 곧 선천(先天)인데 하늘을 거스르지 않는, 성(聖)을 이루는 도(道)인 것이다. 홍몽(鴻濛)을 쫓아 분판(分判)된 후

之後。乾之中爻陽。去交坤之中爻陰。變坤爲坎。坤之中爻

건괘(乾卦: ☰)의 가운데 양효(陽爻∶⚊)가 곤괘(坤卦: ☷)의 가운데 음효(陰爻∶⚋)로 건너가므로 곤괘(坤卦: ☷)가 변하여 감괘(坎卦: ☵)가 되고, 곤괘(坤卦: ☷)의 가운데 음효(陰爻∶⚋)가

陰。來交乾之爻陽。變乾爲離。坎之上爻陰。去交離之上爻

267

건괘(乾卦:☰)의 양효(陽爻:━)로 건너오므로 감(坎:☵)의 위 음효(陰爻:╍)가 리(離:☲)의 위 양효(陽爻:━)로 된다. 감坎:☵)의 위 음효(陰爻:╍)가 리(離:☲)로 건너가므로 건괘(乾卦:☰)가 변하여 리괘(離卦:☲)가 된다.

陽。變離爲震。離之下爻陽。來交坎之下爻陰。變坎爲兌。震之中上二陰。去交巽之中上二陽。變巽爲坤。巽之上爻陽

리(離:☲)의 아래 양효(陽爻:━)가 감(坎:☵)이 변해서 태(兌:☱)가 된다. 리(離:☲)의 아래 음효(陰爻:╍)로 건너오므로 감(坎:☵)의 아래 음효(陰爻:╍)가 변해서 진(震:☳)이 된다. 진(震:☳)의 가운데·위 두 음효(陰爻:╍)가 손(巽:☴)의 위 두 양효(陽爻:━)로 건너가므로、손(巽:☴)의 위 양효(陽爻)와

下爻陰。來交震之上爻陰。下爻陽。變震爲艮。艮之上爻陽

아래 음효(陰爻)가 진(震:☳)의 위 음효(陰爻)와 아래 양효(陽爻)로 건너오므로 진(震:☳)이 바뀌어 간(艮:☶)이 된다. 간(艮:☶)의 위 양효(陽爻)와

下爻陰。去交兌之上爻陰。下爻陽。變兌爲巽。兌之中下二

아래 음효(陰爻)가 태(兌∶☱)의 위 음효(陰爻)와 아래 양효(陽爻)에 건너가므로 태(兌∶☱)가 변해서 손(巽∶☴)이 된다. 태(兌∶☱)의 가운데와 아래 두 양효(陽爻)가

陽。來交艮之中下二陰。變艮爲乾矣。故離南坎北。震東兌
양 래교간지중하이음 변간위건의 고리남감북 진동태

래교간지(來交艮之中下二陰)의 가운데와 아래 두 음효(陰爻)로 건너오므로 간(艮∶☶)이 변해서 건(乾∶☰)이 되는 것이다. 그러한 고(故)로 리(離∶☲)는 남(南)이고, 감(坎∶☵)은 북(北)이며 진(震∶☳)은 동(東)이고 태(兌∶☱)는 서(西)이며,

西。乾居西北。巽居東南。艮居東北。坤居西南。先天變爲後
서 건거서북 손거동남 간거동북 곤거서남 선천변위후

건(乾∶☰)은 서북(西北)에 위치하고 손(巽∶☴)은 동남(東南)에 위치하며, 간(艮∶☶)은 동북(東北)에 위치하고 곤(坤∶☷)은 서남(西南)에 위치하므로 선천(先天)이 변하여 후천(後天)이 되는 것이다.

天。後天者。流行之氣。故後天而奉天時。延命之術也。所以
천 후천자 류행지기 고후천이봉천시 연명지술야 소이

후천(後天)이란 유행(流行)하는 기(氣)인 고(故)로, 후천(後天)은 천시(天時)를 받드는 연명술(延命術)인 것이다.

二六九

不知先天。無爲之道。後天有爲之術。故不能成仙者此也。

그런 까닭에 알 수 없는 것이 선천(先天) 무위(無爲)의 도(道)이며, 후천(後天) 유위(有爲)의 술(術)인 것이다. 그런 고(故)로 선(仙)을 이룰 수 없다 한 것이 바로 이것이다.

康節夫子詩曰。萬物原來在一身。天文地理亦同親。

강절부자(康節夫子) 시왈(詩曰)
만물(萬物)은 원래 이내 한 몸에 있는 것
천문(天文)과 지리(地理) 역시 동친(同親)이로다.

凡夫不究源頭理。性入幽冥骨葬塵。

범부(凡夫)들은 발원(發源)된 곳 연구하지 않고
성(性)은 유명(幽冥)에 들어가고 뼈(骨)는 티끌에 묻는도다.

程夫子詩曰。世人找得先天初。返本還原一太虛。

정부자(程夫子) 시왈(詩曰)
세상 사람들아! 선천(先天)의 시초(始初)를 찾아 터득하라.
반본환원(返本還原)은 한 태허(太虛)로 돌아가는 것

妄念不生歸太極。雷鳴海底現鰲魚。

망념(妄念)이 생기지 않으면 태극(太極)으로 돌아가게 되고
천둥 소리 울리고 해저(海底)에서 오어(鰲魚)가 나타나리라.

子思夫子詩曰。不生妄念不驚神。焉能著物昧天眞。

자사부자(子思夫子) 시왈(詩曰)
망념(妄念)이 생기지 않아 원신(元神)이 놀라지 않으면
어찌 외물(外物)에 집착(執着)되어 천진(天眞)이 어두워지겠는가?

勸君急訪靈明竅。養性存心學聖人

그대에게 권하노니 급히 영명규(靈明竅)를 찾아
성(性)을 기르고 마음을 모아 성인(聖人)을 배우라

二七一

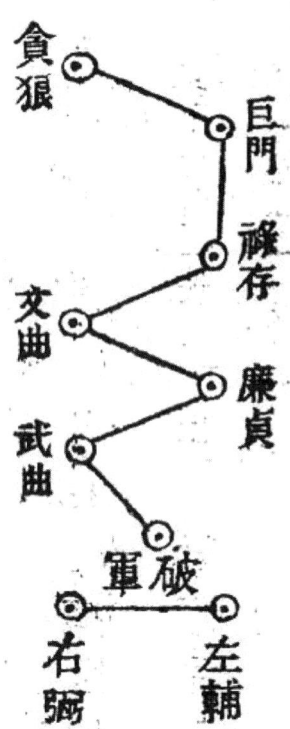

貪求品二十一
탐구품이십일

旣著萬物卽生貪求。
기착만물즉생탐구

이미 만물(萬物)에 집착(執著)하면 곧 구(求)하고자 하는 탐념(貪念)이 생긴다.

☯註 旣是旣已。著爲著相。萬是萬
 기시기이 착위착상 만시만
般。物爲事物。卽是卽要。生爲生心。貪是貪妄。求爲苟求。這
 반 물위사물 즉시즉요 생위생심 탐시탐망 구위구구 저

註 기(旣)는 이미 마친 것이다. 착(著)은 착상(著相)이다. 만(萬)은 모든 것이며 물(物)은 사물(事物)이다. 즉(卽)은 곧바로 요구하는 것이고 생(生)은 마음(心)이 생기

는 것이다。 탐(貪)은 망령되게 탐내는 것이고 구(求)는 실없이 구(求)하는 것이다。

乃承上而言也。夫人心。一著萬物牽引。便隨萬物起貪心。

이는 앞 장에 이은 말이다。 대저 사람의 마음(心)이 일단 만물(萬物)에 집착(執着)하여 이끌리면 곧 만물(萬物)을 쫓아 탐심(貪心)이 일어난다。

貪心一起。必想去求。此是人慾之心。便屬後天八卦所管。

탐심(貪心)이 한번 일어나면 반드시 그 생각을 쫓아가서 구(求)하려 하는데、이것이 바로 사람의 욕(慾)을 일으키게 되는 마음(心)으로 곧 후천팔괘(後天八卦) 소관(所管)에 속한다。

人之貪慾。世上難免。惟有仙根佛種靈性不昧。以富貴如

사람의 탐욕(貪慾)은 세상에서는 면(免)하기 어렵다。 오직 신선(神仙)될 근기(根基)와 불종자(佛種子)를 타고난 영성(靈性)이라야 어둡지 않고、부귀(富貴)를 뜬구름 같이 여기고、

浮雲。以酒色似剛刀。將後天返爲先天。此爲上等之人。千

주색(酒色)을 강한 칼날 같이 여기며 후천(後天)을 돌이켜 선천(先天)으로 되돌아 갈 수 있는데, 이는 상등인(上等人)으로서

萬之中而選一也。其有中下之輩。便係後天八卦所拘束

천만(千萬) 명 가운데 선택된 한 사람이 되는 것이다. 그 중하(中下)에 있는 무리들은 곧 후천팔괘(後天八卦)와 맺어져 구속(拘束)되어,

不能從後天而返先天。從洛書。以返河圖者也。夫貪心。乃

후천(後天)만 쫓게 될 뿐 선천(先天)으로 돌이키지 못하고, 락서(洛書)만 쫓게 될 뿐 하도(河圖)로 돌이키지 못하는 것이다. 무릇 탐심(貪心)은 곧

北斗第一星。名號貪狼。尤如狼虎一般。修仙之士。若不去

북두제일성(北斗第一星)으로 명호(名號)를 탐랑(貪狼)이라 하는데, 더욱 이리(狼)나 호랑이(虎)와 매일반 똑같은지라. 수도(修道)하는 사람들이 만약 이 한 별(一星)을 떼어 버리지 못한다면,

此一星。則大道難成也。何矣。後天洛書。二四六八十屬陰。

차일성(此一星) 즉대도난성야(則大道難成也) 하의(何矣) 후천락서(後天洛書) 이사륙팔십속음(二四六八十屬陰)

대도(大道)를 이루기란 어려울 것이다. 무엇 때문인가? 후천(後天) 락서(洛書)에 나타나 있는 2(二)·4(四)·6(六)·8(八)·10(十)은 모두 음(陰)에 속하는데,

旣屬陰。便生貪求。地六屬癸水。爲交感之精。其性愛貪求
이미 음(陰)에 속하여 곧 구(求)하고자 하는 탐념(貪念)이 생긴다. 지육(地六)은 계수(癸水)에 속하여 교감(交感)의 정(精)으로 그 성(性)이 미색(美色)을 탐구(貪求)하기를 즐긴다.

美色。地二屬丁火。爲思慮之神。其性愛貪求榮貴。地八屬
乙木。爲氣質之性。其性愛貪求富豪。地四屬辛金。爲無情。
지이(地二)는 정화(丁火)에 속하여 사려(思慮)의 신(神)으로 그 성(性)이 부귀영화(富貴榮華)를 탐구(貪求)하기를 즐긴다. 지팔(地八)은 을목(乙木)에 속하여 기질(氣質)의 성(性)으로 그 성(性)이 부호(富豪)가 되기만을 탐구(貪求)하여 즐긴다. 지사(地四)는 신금(辛金)에 속하여 무정(無情)으로

其性愛貪求酒肉。地十屬己土。爲私意之神。其性愛貪高
기성애탐구주육 지십속기토 위사의지신 기성애탐고

그 성(性)이 주육(酒肉)을 탐구(貪求)하기를 즐긴다. 지십(地十)은 기토(己土)에 속하여 사의(私意)의 신(神)으로 그 성(性)이 오로지 높고 큰 것만을 탐구(貪求)하고 즐긴다.

대차위후천지오마 이소신중지오행야
大。此爲後天之五魔。以消身中之五行也。

이것을 후천(後天)의 다섯 마장(魔障)이라 하는데 몸 속의 오행(五行)을 소멸(消滅)시킨다.

정 즉수휴야 제이탐재이상성
精。則水虧也。第二貪財以傷性。

즉목휴야 제삼탐귀이상
則木虧也。第三貪貴以傷

신 즉화휴야 제사탐살이상정
神。則火虧也。第四貪殺以傷情。

즉금휴야 제오탐승이상
則金虧也。第五貪勝以傷

기 즉토휴야 오행일휴 기신언가립호 봉권천하남녀 절
氣。則土虧也。五行一虧。其身焉可立乎。奉勸天下男女。切

제일탐음이상
第一貪淫以傷

대(大)。이것을 후천의 오마(五魔)라 하니 몸 속의 오행을 소멸시킨다.

첫째, 음욕(淫慾)을 탐하여 정(精)이 상(傷)하면 수(水)가 이지러들고

둘째, 재물(財物)을 탐하여 성(性)이 상(傷)하면 목(木)이 이지러들고,

셋째, 부귀(富貴)를 탐하여 신(神)이 상(傷)하면 화(火)가 이지러들고,

넷째, 살생(殺生)을 탐하여 정(情)이 상(傷)하면 금(金)이 이지러들고

二七七

다섯째, 이기기(勝)만 탐하여 기(氣)가 상(傷)하면 토(土)가 이지러든다. 오행(五行)이 한번 이지러들면 그 몸을 어찌 세울 수 있겠는가! 받들어 권하노니, 천하(天下)의 남녀(男女)들은

莫進此五魔之陣。以後天而返先天。將坎中一陽。返回離
막진차오마지진 이후천이반선천 장감중일양 반회리

절대로 이 다섯 마진(魔陣)에 나아가지 말라. 후천(後天)에서 선천(先天)으로 되돌아가려면 감(坎∶∶) 가운데 일양(一陽)이 리괘(離卦∷)의 가운데 효(爻) 자리로 되돌아가

卦中爻。變離爲乾。將離中一陰。返回坎卦中爻。變坎爲坤。
괘중효 변리위건 장리중일음 반회감괘중효 변감위곤

리(離∷)가 변하여 건(乾☰)이 되어야 하고, 리(離∷)의 가운데 일음(一陰)이 감괘(坎卦∶∶)의 가운데 효(爻) 자리로 되돌아가 곤(坤∷∷)이 되어야 하며,

將震上一陰。返回兌卦初爻。變兌爲坎。將兌下一陽。返回
장진상일음 반회태괘초효 변태위감 장태하일양 반회

진(震∷)의 위 일음(一陰)이 태괘(兌卦∷)의 초효(初爻) 자리로 되돌아가, 태(兌∷)가 변하여 감(坎∶∶)이 되어야 하고, 태(兌∷)의 아래 일양(一陽)이

震卦上爻。變震爲離。將乾上中二陽。返回坤卦上中爻。變
진괘상효 　변진위리　 장건상중이양　 반회곤괘상중효 　변
진괘(震卦☳)의 상효(上爻) 자리로 되돌아가 건(乾)의 위와 가운데 이양(二陽)이 곤괘(坤卦☷)의 위와 가운데
효(爻) 자리로 되돌아가 하며, 건(乾)의 위와 가운데 이양(二陽)이 곤괘(坤卦☷)의 위와 가운데

坤爲巽。將坤中下二陰。返回乾卦中下二爻。變乾爲艮。將
곤위손　 장곤중하이음　 반회건괘중하이효　 변건위간　 장
곤(坤☷)이 변하여 손(巽☴)이 되어야 하고, 곤(坤☷)의 가운데와 아래 두 효(爻) 자리로 되돌아가 건(乾☰)이
변하여 간(艮☶)이 되어야 하고,

艮上陽下陰。返回巽卦。上下二爻。變巽爲兌。將巽上陽下
간상양하음　 반회손괘　 상하이효　 변손위태　 장손상양하
간(艮☶)의 위 양(陽)과 아래 음(陰)이 손괘(巽☴)의 위와 아래 이효(二爻)
자리로 되돌아가 손(巽☴)이 변하여 태(兌☱)가 되어야 하며,

陰。返回艮卦。下上二爻。變艮爲震。抽換爻象。後天返爲先
음　 반회간괘　 하상이효　 변간위진　 추환효상　 후천반위선
손(巽☴)의 위 양(陽)과 아래 음(陰)이 간괘(艮卦☶)의 아래와 위 이효(二爻)
자리로

되돌아가 간(艮∷☶)이 변하여 진(震∷☳)이 되어야 하는데, 이를 효(爻)를 뽑아 괘상(卦象)을 바꾼다 하는 것으로, 후천(後天)을 선천(先天)으로 바꾼다 하는 것이다.

天矣。五魔化爲五元。洛書返爲河圖。可爲天下之奇人也。
천의 오마화위오원 락서반위하도 가위천하지기인야

오마(五魔)를 변하게 해서 오원(五元)이 되게 하고, 락서(洛書)를 돌이켜 하도(河圖)로 되게 하는 것을 가히 천하(天下)의 기인(奇人)이라 하리라.

紫微大帝詩曰。太上老君妙道玄。尊經一部卽眞傳。
자미대제시왈 태상로군묘도현 존경일부즉진전

자미대제(紫微大帝) 시왈(詩曰)
태상노군(太上老君) 묘도(妙道)의 심오(深奧)한 존경(尊經) 일부(一部)가 곧 진전(眞傳)이로다.

三花三寶本元炁。五賊五魔屬後天。
삼화삼보본원기 오적오마속후천

삼화(三花)와 삼보(三寶)가 본시 원기(元氣)이며 오적(五賊)과 오마(五魔)는 후천(後天)에 속하니

換象抽爻息火性。安爐立鼎煉金丹。
환상추효식화성 안로립정련금단

二八〇

斗口夫子詩曰。
두구부자시왈
先天變後後先天。
선천변후후선천
聖聖凡凡不一般。
성성범범불일반
富貴榮華如電灼。
부귀영화여전작
妻恩子愛似硝燃。
처은자애사초연

상(象)을 바꾸고 효(爻)를 뽑고 화성(火性)을 그치게 하며 화로(爐)를 앉히고 솥(鼎)을 걸어 금단(金丹)을 연마(煉磨)하고

不貪不妄隨時過。
불탐불망수시과
一日清閑一日仙。
일일청한일일선

탐욕(貪慾)도 가지지 않고 망념(妄念)도 가지지 않고 시간(時間) 따라 갈진대 하루 청한(清閑)하면 하루 신선(神仙)이라.

두구부자(斗口夫子) 시왈(詩曰)

선천(先天)이 변하여 후천(後天)이 되고 후천(後天)이 변하여 선천(先天)이 되니 성인(聖人)과 성인(聖人), 범부(凡夫)와 범부(凡夫)가 일반(一般)이 아니다.

부귀영화(富貴榮華)가 번갯불 번쩍 하는 한 순간에 지나지 않고 처자(妻子)의 은애(恩愛)도 초석(硝石)이 타듯 하도다.

二八一

不貪自有命爲主。守道何無神助緣。
추구하지도 않고 스스로 있는 명(命)을 주인(主人)이라 하며
도(道)를 지킴에 어찌 신(神)이 도울 인연(因緣)이 없다고만
하는가!

一性不迷塵境滅。空中現出月輪圓。
한 성품(性品) 미혹(迷惑)되지 않으니 티끌 경계(境界) 없어지
고
텅 빈 공중(空中)에 둥근 달(月) 원만히 드러나도다.

煩惱品二十二
번뇌품이십이

煩惱圖
六根心眼
六識心舌
染因心味
六塵心
煩惱心怒

既生貪求。即是煩惱。煩惱妄想。憂苦身心。

☯ 註 既生貪求(기생탐구)에서 이미 구(求)하고자 하는 탐념(貪念)이 일면, 이것이 곧 번뇌(煩惱)와 망상(妄想)은 심신(心身)을 고달프게 한다.

求者。既爲業已。生是動心。貪爲好勝。求是苦心也。即是煩

기(旣)는 이미라는 것이다. 생(生)은 마음(心)이 동(動)한 것이고 탐(貪)은 이기려고만 하는 것이다. 구(求)는 마음이 괴로운 것이다.

惱者。即爲便是。是乃如此煩爲心燥。惱是嗔恨也。煩惱妄
뇌자 즉위편시 시내여차번위심조 뇌시진한야 번뇌망

즉시번뇌(即是煩惱)에서 즉(即)은 곧 그렇다는 것이다. 뇌(惱)는 화나고 원망(怨望)하는 것이고, 번(煩)은 마음이 조급(早急)한 것이다. 뇌(惱)는 화나고 원망(怨望)하는 것이다.

想者。煩爲事繁。惱是有氣。妄爲痴心。想是思慮也。憂苦身
상자 번위사번 뇌시유기 망위치심 상시사려야 우고신

번뇌망상(煩惱妄想)에서 번(煩)은 일이 번잡(繁雜)함이다. 뇌(惱)는 성질을 부리는 것이며 망(妄)은 어리석은 마음이다. 상(想)은 깊이 생각한다는 것이다.

心者。憂爲愁慮。苦是勞勤。身爲形體。心是君主也。因世人。
심자 우위수려 고시로근 신위형체 심시군주야 인세인

우고신심(憂苦身心)이라는 것에서 우(憂)는 근심하고 걱정하는 것이고, 고(苦)는 잦은 노고로움이며 신(身)은 형체(形體)이며 심(心)은 군주(君主)이다.

不能看破名利恩愛。酒色財氣。所以即被。六塵六賊之所
불능간파명리은애 주색재기 소이즉피 륙진륙적지소

세상 사람들이 명리은애(名利恩愛)와 주색재기(酒色財氣)를 간파(看破)하지 못하는 원인은 육진(六塵)과 육적(六賊)의 피해로 물든 바이기 때문이다.

染也。貪求榮貴者。不得榮貴。而生煩惱。已得榮貴。又從榮

부귀영화(富貴榮華)를 탐구(貪求)하는 사람은 부귀영화(富貴榮華)를 얻지 못하므로 번뇌(煩惱)가 생기게 되고 이미 부귀영화(富貴榮華)를 얻었을지라도

貴中。生出許多煩惱也。不如看破名字。誠心修道。道成之

부귀영화(富貴榮華)한 가운데서도 또 쫓아 허다한 번뇌(煩惱)가 쏟아지게 되는데, 이는 명자(名字)를 간파(看破)하는 것만 같지 못한 것이다. 성심(誠心)으로 수도(修道)하여 도(道)를 이루는 날,

日。名揚天下。以成萬古之名也。何等貴哉。道德經曰。雖有

이름이 천하(天下)에 드러나 만고(萬古)에 남을 이름이 될진대, 이보다 귀한 일이 또 어디 있겠는가! 도덕경(道德經)에 이르기를,

拱壁。以先駟馬。不如坐進此道。至聖曰富與貴。是人之所

비록 공벽(拱壁)으로 사마(駟馬)에 앞세움이 있다 해도 앉아서 이 도(道)에 나아

감만 못하다 하였고, 지성공자(至聖孔子)께서 말씀하시기를, 부(富)와 귀(貴)는 사람들이 바라는 바이지만,

欲也。不以其道德之。不處也。貪求財利。而生煩惱。以得財利。又從財利中。生出許多煩惱也。不如看破利字。誠心修道。而身中之精氣神三寶。乃爲法財。能買性命。益壽延年。何有煩惱之生也。至聖曰。富貴於我如浮雲。

도덕(道德)에 의하지 않고는 함께 할 것이 못된다 하였다. 재리(財利)를 탐구(貪求)하는 사람은 재리(財利)를 얻지 못하여 번뇌(煩惱)가 생기고, 재리(財利)를 얻었다 하더라도 재리(財利) 가운데서도 또 쫓아 허다한 번뇌(煩惱)가 쏟아지게 되는데, 이는 리자(利字)를 간파(看破)하는 것만 같지 못한 것이다.

리자(利字) 성심(誠心)으로 수도(修道)하면, 신중(身中)의 정기신삼보(精氣神三寶)가 법재(法財)가 되어 능히 성명(性命)을 살 수 있어 장수(長壽)할 수 있을진대 어찌 번뇌(煩惱)가 생길 수 있겠는가. 지성공자(至聖孔

子(子)께서 말씀하시기를, 나에게 있어 부귀(富貴)란 뜬구름과도 같다 하셨고, 중용(中庸)에서 말하기를, 본디 빈천(貧賤)하므로 늘 빈천(貧賤)하게 행동한다 하였고, 맹자(孟子)께서 말씀하시기를, 빈천(貧賤)해도 옮기지 않는다 하셨고, 또 이르되

中庸曰。素貧賤。行乎貧賤。孟子曰。貧賤不能移。又曰。君子 憂道不憂貧。貪求美色者。不得美色。而生煩惱。已得美色。

군자(君子)는 도(道)를 근심할 뿐, 가난을 근심하지 않는다 하셨다. 미색(美色)을 탐구(貪求)하는 사람은 미색(美色)을 얻지 못하여 번뇌(煩惱)가 생기고, 이미 미색(美色)을 얻었다 하더라도

必有恩愛。又從恩愛中。生出許多煩惱也。不如看破色字。

반드시 은애(恩愛)가 있게 되고 은애(恩愛) 가운데서도 또 쫓아 허다한 번뇌(煩惱)가 쏟아지는데, 이는 색자(色字)를 간파(看破)하는 것만 같지 못한 것이다.

誠心修道。自己身中現有嬰兒姹女。每日常近常親。坎離

성심(誠心)으로 수도(修道)하면 자기 신중(身中)에 영아(嬰兒)와 차녀(姹女)가 나타나、

매일 항상 가까이 친하게 하며,

相交。金木相並。多少滋味。難以言傳。異日道成。仙女同儔。
감리(坎離)가 서로 교차(交叉)하고 금(金)과 목(木)이 서로 어울리는 등 다소(多少) 간의 흥취(興趣)가 있는 일들을 말로 다 전하기는 어렵다. 어느날 도(道)를 이루면 선녀(仙女)들과 함께 할 수 있을지니,

何等尊重。至聖曰。血氣未定。戒之在色。呂祖曰。二八佳人
얼마나 존중(尊重)할 일인가! 지성공자(至聖孔子)께서 말씀하시기를, 혈기(血氣)가 정(定)해지지 않은 때에 색(色)을 경계(警戒)해야 한다 하셨고, 여조(呂祖)께서 말씀하시기를, 이팔가인(二八佳人)의 몸은 흡사 부서지기 쉬운

體似酥。腰間仗劍斬愚夫。雖然不見人頭落。暗地教君骨
수(酥)와 같은데, 허리춤에 찬 칼로 어리석은 남자들은 이를 거침없이 베어 버리나니, 비록 그렇게 머리가 떨어져 나가도 보지 못하는도다 하셨는데, 이는 암암리에 그대의 골수(骨髓)가 말라 가는 것을 가르치신 것이다.

髓枯。至於鬪氣乃是不忍。從是非中。生出許多煩惱也。不
지어 내시 불인 종시 비중 생출 허다 번뇌 야 불

투기(鬪氣)하여 싸움을 거는 것은 곧 이것이 참지 않아서이고, 시비(是非)하는 가운데서도 또 쫓아 허다한 번뇌(煩惱)가 쏟아지는데, 이는

如看破氣字。誠心修道。而養身中。三花五氣。浩然剛氣。太

기자(氣字)를 간파(看破)하는 것만 같지 못한 것이다. 성심(誠心)으로 수도(修道)하면 양신(養身)하는 가운데 삼화(三花)와 오기(五氣)가 호연(浩然) 강기(剛氣)해지고,

和元氣。結成金丹。縱有煩惱。化爲烏有矣。至聖曰。血氣方

태화(太和) 원기(元氣)에 동화(同化)되어 마침내 금단(金丹)을 이루게 되고, 설령 번뇌(煩惱)가 마음대로 드러나려 해도 어찌 변하여 나타날 수 있겠는가? 지성공자(至聖孔子)께서 말씀하시기를, 혈기(血氣)는 바야흐로 굳세게 하되,

剛。戒之在鬪。又曰持其志。無暴其氣。至於一切。不如意處。

늘 다투려는 기질(氣質)을 경계(警戒)해야 한다 하셨고, 또 말씀하시기를, 의지(意志)를 지니되 그 지기(志氣)에서 사나움을 없이 하라 하셨다. 부딪치는 모든 일에서 뜻(意)과 같이 되지 않는 곳에 이르면,

便生煩惱。我以一空字。以虛其心。焉受煩惱之災乎。

편생번뇌 아이일공자 이허기심 언수번뇌지재호

二八九

곧 번뇌(煩惱)가 생기나니, 내가 이 공자(空字) 하나로써 그 마음(心)을 비운다면, 어찌 번뇌(煩惱)의 재해(災害)를 입겠는가?

紫陽眞人詩曰。勿貪酒色勿貪錢。富貴窮通總隨緣。

자양진인(紫陽眞人) 시왈(詩曰)

술(酒)과 색(色)을 탐하지 말며, 재물(財物) 또한 탐하지 말라.

부귀(富貴)도 궁핍함도 모두 인연(因緣) 따라 일어나니

色卽是空空卽色。煙生於火火生煙。

색(色)은 곧 공(空)이요, 공(空)은 곧 색(色)이로다.

연기(煙氣)는 불(火)에서 생기고, 불(火)은 또한 연기(煙氣)에서 생기나니

醍醐灌頂卻煩惱。取坎還離掃慾牽。

제호관정(醍醐灌頂)으로 번뇌(煩惱)를 물리치며

감(坎)을 취하여 리(離)로 돌이키면 이끌리는 탐욕(貪慾)이 소제(掃除)되리라.

邱祖詩曰。
구조시왈

一念歸中塵境滅。養顆明珠似月圓。
일념귀중진경멸 양과명주사월원

일념(一念) 정확하게 돌아갈 곳으로 돌아가면 티끌 경계(境界)
사라지고,
알알이 길러 구슬이 밝아진 것이 흡사 둥근 달과 같도다.

不貪名利不貪花。每日終朝臥彩霞。
불탐명리불탐화 매일종조와채하

구조(邱祖) 시왈(詩曰)
명리(名利)도 탐하지 아니하고 미색(美色)도 탐하지 아니하니
날마다 아름다운 빛깔의 노을 속에 누워

肚飢猿猴獻桃菓。口乾龍女送蒙茶。
두기원후헌도과 구건룡녀송몽다

배 고프면 원숭이가 복숭아를 바치고
목마르면 용녀(龍女)가 차(茶)를 보내오나니

勝如漢口三千戶。賽過京都百萬家。
승여한구삼천호 새과경도백만가

한(漢)나라 삼천(三千) 집보다 못할 바 없고
수도(首都)에 있는 백만 집(百萬家)들이 부럽지 않네。

二九一

봉권세인조성오 소개번뇌련황아
奉勸世人早惺悟。掃開煩惱煉黃芽。

받들어 세상 사람들에게 권하나니 속히 깨우쳐
번뇌(煩惱)를 훌훌 쓸어 버리고 황아(黃芽)를 연마(煉磨)하라.

生死品二十三
생사품이십삼

圖死生
河圖生
洛書死

便遭濁辱。流浪生死。常沈苦海。永失眞道。
편조탁욕 류랑생사 상침고해 영실진도

☯註 便者。定
편자 정

要也。遭者逢臨也。濁者。下賤也。辱者。欺凌也。便遭濁辱者。
요야 조자봉림야 탁자 하천야 욕자 기릉야 편조탁욕자

곧바로 탁욕(濁辱)을 만나 생사(生死)에 유랑(流浪)하게 되고 항상 고해(苦海)에 잠겨 영원히 진도(眞道)를 잃게 된다.

☯註 편(便)이란 하게 된 것이 결정된 것이다.

조(遭)란 만나게 되는 것이다. 탁(濁)이란 하천(下賤)한 것이다. 욕(辱)이란 업신여기는 것이다. 편조탁욕(便遭濁辱)이라고 하는 말은

是言人生在世。貪心不了。名利恩愛之中。便是煩惱憂愁。

사람이 세상에 태어나 살면서 탐심(貪心)을 마치지 못하고、명리은애(名利恩愛) 가운데에서 바로 그 번뇌(煩惱)와 우수(憂愁)의

種種波濤。但失陷處。必受五濁之辱也。流者。沈下也。浪者

가지가지 파도에 휩쓸려 있으면서도 다만 빠질 곳도 잃어버리고 반드시 오탁(五濁)의 치욕을 당하게 된다는 것이다. 류(流)란 아래로 잠기는 것이다.

事疊也。生者。河圖也。死者。洛書也。流浪生死者。言人在世。

첩첩이 쌓인 것이다. 생(生)은 하도(河圖)이다. 사(死)란 락서(洛書)이다. 류랑생사(流浪生死)라고 하는 이 말은

迷於酒色財氣。不知生從何來。死從何去。夫生仙生人之

사람들이 세상에서 주색재기(酒色財氣)에 미혹(迷惑)되어 있으면서 태어나매 어디서 왔는지 알지 못하고 죽으매 어디로 가는지 알지 못함을 말한다. 무릇 신선(神仙)으로 태어나고 사람으로 태어나는 도리(道理)는

道者。河圖而已矣。人生之初。秉父母之元氣。而結一顆明珠。名曰無極。得父母之精血。名曰太極。天一生壬。在上生
도자 하도이이의 인생지초 병부모지원기 이결일과명 주 명왈무극 득부모지정혈 명왈태극 천일생임 재상생

하도(河圖)에서 마쳤다. 사람이 생기는 처음에 부모(父母)의 원기(元氣)를 탈 때, 한 알의 명주(明珠)를 맺는데, 이름을 무극(無極)이라 한다. 부모(父母)의 정혈(精血)을 얻으면, 이름을 태극(太極)이라 부른다.

천수(天數) 1은 임수(壬水)를 이루는데

左眼瞳人。在下而生膀胱。地二生丁火。在上生右眼角。在
좌안동인 재하이생방광 지이생정화 재상생우안각 재

위로는 왼쪽 눈의 눈동자가 되고, 아래로는 방광(膀胱)이 된다. 지수(地數) 2는 정화(丁火)를 이루는데 위로는 오른쪽 눈(眼)의 눈초리가 되고

下而生心。天三生甲木。在上生左眼黑珠。在下而生膽。地
하이생심 천삼생갑목 재상생좌안흑주 재하이생담 지

아래로는 심장(心臟)이 된다.

천수(天數) 3은 갑목(甲木)을 이루는데 위로는 왼쪽 눈의 검은 눈동자가 되고 아래로는 쓸개(膽)가 된다.

四生辛金。在上生右眼白珠。在下而生肺。天五生戊土。在

사생신금 재상생우안백주 재하이생폐 천오생무토 재

지수(地數) 4는 신금(辛金)을 이루는데, 위로는 오른쪽 눈(眼)의 흰자위가 되고 아래로는 폐(肺)가 된다.

천수(天數) 5는 무토(戊土)를 이루는데,

上生左眼眼皮。在下而生胃。地六成癸水。在上生右眼瞳

상생좌안안피 재하이생위 지륙성계수 재상생우안동

위로는 왼쪽 눈(眼)의 눈꺼풀이 되고 아래로는 위(胃)가 된다.

지수(地數) 6은 계수(癸水)를 이루는데 위로는 오른쪽 눈(眼)의 눈동자가 되고,

人。在下而生腎。天七成丙火。在上生左眼角。在下生小腸。

인 재하이생신 천칠성병화 재상생좌안각 재하생소장

아래로는 신장(腎臟)이 된다.

천수(天數) 7은 병화(丙火)를 이루는데 위로는 왼쪽 눈(眼)의 눈초리가 되고 아래로는 소장(小腸)이 된다.

地八成乙木。在上生右眼黑珠在下而生肝。天九成庚金。
지수(地數) 8은 을목(乙木)을 이루는데 위로는 오른쪽 눈(眼)의 검은 눈동자가 되고 아래로는 간(肝)이 된다. 천수(天數) 9는 경금(庚金)을 이루는데

在上生左眼白珠。在下生大腸。地十成己土。在上生右眼
위로는 왼쪽 눈(眼)의 흰자위가 되고 아래로는 대장(大腸)이 된다. 지수(地數) 10은 기토(己土)를 이루는데 위로는 오른쪽 눈(眼)의 눈꺼풀이 되고

皮。在下而生脾。由此而五臟。由此而六腑。以至周身三百
아래로는 비장(脾臟)이 된다. 이로 말미암아 오장(五臟)이 되고 이로 말미암아 육부(六腑)가 되고 온 몸에 이르러서는

六十五骨節。八萬四千毫毛孔竅。莫不由河圖而生之也。
3백6십5(三百六十五)개의 골절(骨節)과 8만 4천(八萬四千)개의 모공(毛孔)에 이르기까지 하도(河圖)로 말미암아 생기지 않은 것이 없다.

二九七

生凡如此。生聖亦如此也。夫人死之由洛書而已矣。從先
天之河圖。以變後天之洛書。又從洛書中央土。去尅北方
水。則腎虧矣。北方水。去尅南方火。則心虧矣。南方火。去尅
西方金則肺虧矣。西方金。去尅東方木。則肝虧矣。東方木。
去尅中央土。則脾虧矣。五臟一虧。以至六腑百體。俱皆衰

중생(衆生)의 태어남이 이러하듯이 성인(聖人)이 태어남도 이와 같다. 대저 사람의 죽음도 락서(洛書)로 말미암아 마친다.
선천(先天)의 하도(河圖)를 쫓아 변한 것이 후천(後天)의 락서(洛書)인데, 또한 락서(洛書)의 중앙(中央) 토(土)가 쫓아 북방(北方)의 수(水)를 극(尅)하므로
신장(腎臟)이 쇠약해진다. 북방(北方) 수(水)가 남방(南方) 화(火)를 극(尅)하므로 심장(心臟)이 쇠약해진다. 남방(南方) 화(火)가 서방(西方) 금(金)을 극(尅)하므로
폐(肺)가 쇠약해진다. 서방(西方) 금(金)이 동방(東方) 목(木)을 극(尅)하므로 간(肝)이 쇠약해진다.
비휴(脾虧)의 오장일휴(五臟一虧) 이지륙부백체(以至六腑百體) 구개쇠

동방(東方) 목(木)이 중앙(中央) 토(土)를 극(尅)하므로 비장(脾臟)이 쇠약해진다. 오장(五臟)이 한번 이지러들면 육부(六腑)와 백체(百體)에 이르기까지 온 몸이 쇠약해져 버리니

矣。不死有何待哉。此死彼生。如波浪一般。故曰流浪生死
의 불사유하대재 차사피생 여파랑일반 고왈류랑생사
어떻게 죽지 않고 버틸 수 있겠는가! 이쪽에서는 죽고 저쪽에서는 태어나고 하는 이 모두가 굽이치는 파도 속의 한 물결에 지나지 않으므로 생사(生死)를 유랑(流浪)한다고 말하는 것이다.

也。常沈苦海者。言酒色財氣。爲四大苦海。若不掃除。焉能
야 상침고해자 언주색재기 위사대고해 약불소제 언능
상침고해(常沈苦海)라고 하는 것은 주색재기(酒色財氣)가 곧 4대고해(四大苦海)가 됨을 말하는데 만약 이 주색재기(酒色財氣)를 쓸어 소제(掃除)하지 않는다면

不沈苦海者哉。永失眞道者。因迷昧四字。常沈苦海連人
불침고해자재 영실진도자 인미매사자 상침고해련인
어찌 고해(苦海)에 빠지지 않을 수 있겠는가! 영실진도(永失眞道)라고 하는 것은 주색재기(酒色財氣) 사자(四字)에 미매(迷昧)해져, 늘 고해(苦海)에 잠김으로 하여

身難保。何能言道。豈不永失眞道矣。深可嘆哉。
신난보 하능언도 기불영실진도의 심가탄재

사람 몸 조차 보전(保全)하기 어려운데 어찌 도(道)를 말할 수 있겠는가! 어찌 영원히 진도(眞道)를 잃지 않을 수 있겠는가! 참으로 애석하도다.

長生大帝詩曰。
識破河圖早下功。
還原返本一眞宗。

장생대제(長生大帝) 시왈(詩曰)

하도(河圖)의 이치를 알아 득파(得破)하고 급히 공(功)을 지으라.
반본환원(返本還原)이란 본래 일진종(一眞宗)으로 돌아가는 것.

但能閒出洛書網。
壽比南山一樣同。

다만 락서(洛書)의 그물(網)에서 벗어날 수만 있다면
수명(壽命)은 남산(南山)과 같은 모양이 되리라.

薛道光詩曰。
苦勸人修不肯修。
常沈苦海爲何由。

설도광(薛道光) 시왈(詩曰)

애써서 사람들에게 권하나니 닦을 것인가, 닦지 않을 것인가?
항상 고해(苦海) 속에 잠기게 됨은 어떤 이유인가?

百年富貴電光灼。
口氣不來萬事休

백년부귀전광작 구기불래만사휴

취허진인시왈
翠虛眞人詩曰。老君淸靜度人經。指出身中日月星。
로군청정도인경   지출신중일월성

취허진인(翠虛眞人) 시왈(詩曰)
노군(老君)의 청정경(淸靜經)은 사람을 제도(濟度)하는 경(經)으로
몸 속의 일월성(日月星)을 가리켜 드러내셨도다.

생사사생유자주   불선선불재심령
生死死生由自主。佛仙仙佛在心靈。

나고 죽고 죽고 나고 하는 것은 자기 스스로 결정하여 비롯되는 것
불선(佛仙)이나 선불(仙佛)도 심령(心靈)에 있도다.

백년(百年)의 부귀(富貴)는 한 순간의 번갯불과 같은데
한번 나간 입기운(口氣)이 다시 돌아오지 않으면 만사(萬事)가
그치게 되는 것을!

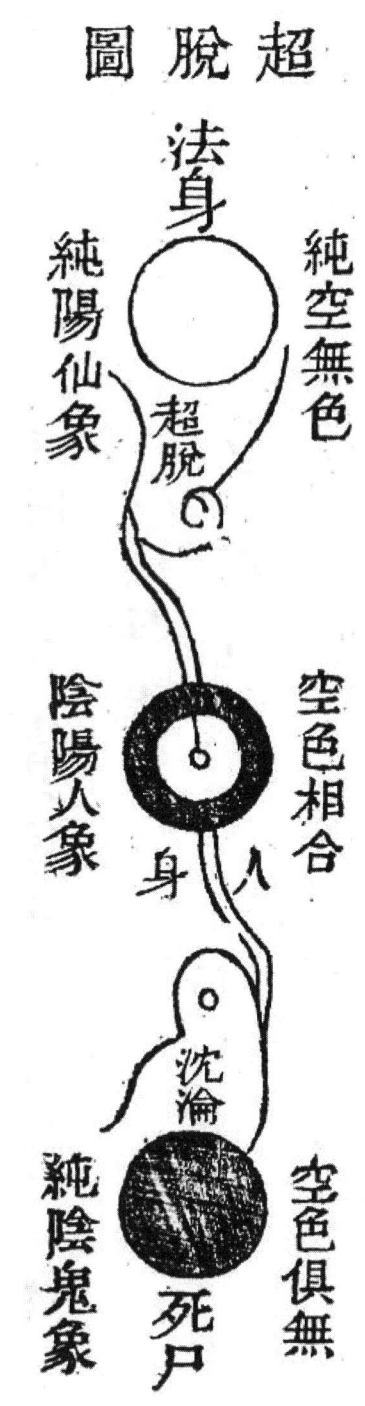

超脫品二十四
초탈품이십사

眞常之道。悟者自得。得悟道者。常淸靜矣。
진상지도 오자자득 득오도자 상청정의

참되고 떳떳한 진상(眞常)의 도(道)를 깨달아 얻은은 자는 늘 청정(淸靜)하리라.

☯ 註 眞者。落實也。常者。中庸也。之者。行持也。道者。無極也。眞常之者。所
주 진자 락실야 상자 중용야 지자 행지야 도자 무극야 진상지자 소

진(眞)이란 락실(落實)이다.
상(常)이란 중용(中庸)이다.
지(之)란 행지(行持)이다.
도(道)는 무극(無極)이다.

言^언先^선天^천大^대道^도。乃^내爲^위眞^진道^도。三^삼千^천六^류百^백旁^방門^문。乃^내爲^위假^가道^도。眞^진道^도者^자。

진상지도(眞常之道)라고 하는 것은 선천대도(先天大道) 곧 진도(眞道)를 이르는 것으로、3천6백방문(三千六百旁門)은 바로 거짓된 도(道)이다.

正^정心^심修^수身^신之^지道^도也^야。假^가道^도者^자。索^색隱^은行^행怪^괴之^지道^도也^야。悟^오者^자。窮^궁究^구也^야

진도(眞道)라고 하는 것은 정심수신(正心修身)의 도(道)인 것이다. 거짓된 도(道)라고 하는 것은 괴상한 것을 찾아서 행하는 도(道)인 것이다. 오(悟)란 궁구(窮究)하다는 것이고

自^자者^자定^정然^연也^야。得^득者^자。領^령受^수也^야。悟^오者^자自^자得^득者^자。人^인能^능窮^궁究^구性^성命^명。訪^방

자(自)란 틀림없이라는 것이다. 득(得)이란 받아들이다이다. 오자자득(悟者自得)이라고 하는 것은、사람이 능히 성(性)과 명(命)을 궁구(窮究)하여

拜^배至^지人^인。指^지示^시修^수性^성修^수命^명之^지大^대道^도。返^반本^본還^환原^원之^지秘^비訣^결。方^방是^시悟^오

지인(至人)을 찾아 경배(敬拜)하고、성명(性命)을 수련(修煉)하는 대도(大道)와 반본환원(返本還原)의 비결(秘訣)을 지시(指示) 받으면 바야흐로 깨치게 되어

者自得也。非是教你在紙上窮悟。可能得乎。古云。達摩西來一字無。全憑心意用工夫。若要書中尋佛法。筆尖蘸乾洞庭湖。悟眞篇曰。任君聰慧過顏閔。不遇明師莫強猜。皆此之謂也。得悟道者。是善人積功累行。感動天心。明師相

者自得也:스스로 얻는다 한 것이다. 이것은 그대들에게 문자(文字)로 종이 위에서 궁구(窮究)하고 깨달을 수 있다고 가르친 것이 아닌데 어찌 얻는 것이 가능하겠는가?

옛말에 이르기를 달마(達摩)가 서(西)쪽에서 한 글자도 가지고 온 것이 없고 오로지 심의(心意)에만 의지하여 공부(工夫)하도록 하였다. 만약 책속(書中)에서 불법(佛法)을 찾는다면 붓 끝으로 동정호(洞庭湖)의 물을 찍어 다 말릴 것이다 하였다.

『오진편(悟眞篇)』에 이르기를, 그대의 총명(聰明)과 지혜(智慧)가 안자(顏子)와 민자(閔子)보다 뛰어나다 하더라도 명사(明師)를 만나지 않고는 억지로 추측하지 말라고 한 것은 모두가 이것을 이른 것이다.

득오도자(得悟道者)라고 하는 것은 선인(善人)이 공(功)을 쌓고 행(行)을 많이 해서 천심(天心)을 감동(感動)시켜서 명사(明師)를 만나게 되면,

遇。低心求領大道。時常參悟其理。晝夜苦修其道。不可半途而廢。只待功果圓成。丹書下詔。脫殼飛昇。方爲了當。這纔是訪道求道得道悟道修道守道成道了道。有此八箇

우(遇)이페 지대공과원성 단서하조 탈각비승 방위료당 저재시방도구도득도오도수도수도성도료도 유차팔개

겸손한 마음으로 대도(大道)를 구하여 받고 항상 그 이치를 참오(參悟)하고 밤낮으로 그 도(道)를 꾸준히 수행(修行)하여 단서(丹書)가 내려와서 허물 벗고 천상(天上)에 오르게 되어 바야흐로 마치게 된 것을 이른 것이다.

이제야 비로소 방도(訪道)하고 구도(求道)하고 득도(得道)하고 오도(悟道)하고 수도(修道)하고 성도(成道)하고 료도(了道)하는 이 여덟 개의 도자(道字)는

道字。大丈夫之能事畢矣。常淸靜者。常爲永遠。淸爲圓明。

도자 대장부지능사필의 상청정자 상위영원 청위원명

道字는

대장부(大丈夫)로서 능히 마쳐야 할 일이다. 상청정(常清靜)에서 상(常)은 영원하다이고, 청(清)이란 원만하게 밝은 것이다.

靜爲安寧也。言道成德備功圓果滿。陽神沖舉。三官保奏

정(靜)은 안녕(安寧)한 것이다. 말하건대, 도(道)를 이루고 덕(德)이 갖추어지고 공과(功果)가 원만해져서 양신(陽神)이 들어올려지면 삼관(三官)의 보주(保奏)로

仙童接引。過九霄。上玉京。見諸佛。謁 上帝。會衆祖朝

선동(仙童)이 접인(接引)하여 구소(九霄)를 지나 옥경(玉京)에 올라, 제불(諸佛)을 친견(親見)하며 상제(上帝)를 배알(拜謁)하고 중조(衆祖)가 모여 금모(金母)께 조회(朝會)할 제,

金母。照功之大小。以定品級。依果之圓缺。而封天爵。仙衣

금모(金母)가 공(功)의 대소(大小)를 대조(對照)하여 품급(品級)을 정하시고, 과(果)의 원만(圓滿)과 결함(缺陷)에 따라서 천작(天爵)을 봉(封)함 받고

緩帶。以榮其身。玉菓瓊漿。以滋其腹。三乘九品。依功而定。

선의(仙衣)를 받아 입어서 그 몸이 영화(榮華)롭고 옥과(玉菓)와 경장(瓊漿)으로 그 배(腹)를 젖게 하며、삼승(三乘)과 구품(九品)은 공(功)에 의하여 정해지고、

五仙八部。看果而贈。或居中天。或居西天。皆是極樂。或居
오선팔부(五仙八部)는 과(果)를 보아서 주어지는데、혹은 중천(中天)에 거(居)하기도 하고 혹은 서천(西天)에 거(居)하기도 하니、이 모두가 극락(極樂)이다.

三十六天。或居七十二地。盡爲福地。或居三淸。或居十地
혹은 삼십육천(三十六天)에 머물기도 하고 혹은 칠십이지(七十二地)에 머물기도 하니、이 모두가 복지(福地)이다. 혹은 삼청(三淸)에 머물기도 하고 혹은 십지(十地)에 머물기도 하니、모두가 청정(淸靜)에 속한다.

槪屬淸靜。高高低低。大大小小。依功定奪。毫無私屈。隨緣
의 공정(公正)한 탈호(奪護)가 없고、높고 낮음, 크고 작음이 모두 공(功)에 의해 획득하여 정해지는 바、털끝만큼도 사사로움에 꺾임이 없고、

隨分。享受淸靜之福。豈不美哉。豈不樂哉。不枉爲人出世
분수에 따라 청정(淸靜)의 복(福)을 향수(享受)하니 어찌 아름답지 아니하랴. 어찌 즐겁지 아니하랴. 사람으로 세상에 나온 것이 왕되지 아니하리라.

인연(因緣)과 분수에 따라 청정(淸靜)의 복(福)을 누리게 될지니, 이 어찌 아름답지 아니하며, 어찌 즐겁지 아니하리요. 헛되이 하지 말고 사람이 되어 단 한 장면(場面)에 세상을 뛰어난다면

一場。這纔是大丈夫。人上之人也。至此。則常淸靜矣。

일장 저재시대장부 인상지인야 지차 즉상청정의

이것이 바로 대장부(大丈夫)이고 사람 위의 사람인 것이다. 이 경지(境地)에 이르면 곧 항상 청정(淸靜)할 것이다.

元始天尊讚曰。淸靜妙經是上乘。修行男女可爲憑。

원시천존찬왈 청정묘경시상승 수행남녀가위빙

원시천존(元始天尊) 찬왈(讚曰)
청정묘경(淸靜妙經)이 상승(上乘)이니
수행(修行)하는 남녀(男女)는 가히 의지할 만 하도다.

金科玉律相同契。九六乾坤冉冉昇。

금과옥률상동계 구륙건곤염염승

금과옥률(金科玉律)로 서로가 같이 계합(契合)하니
9십6억건곤(九十六億乾坤)이 하늘거리듯 서서히 하늘로 오르네.

靈寶天尊讚曰。急尋淸靜悟眞空。收性回西莫轉東。
령보천존찬왈 급심청정오진공 수성회서막전동
령보천존(靈寶天尊) 찬왈(讚曰)
급히 청정(淸靜)을 찾아 진공(眞空)을 깨달으라.
성(性)을 거두어 서방(西方)으로 돌아가고 동쪽에는 다시 오지 말라.

採鍒煉丹功果就。超凡脫殼謁蒼穹。
채약련단공과취 초범탈각알창궁
약(鍒)을 캐고 단(丹)을 연마(煉磨)하여 공과(功果)를 성취(成就)하면
범부(凡夫)를 뛰어넘어 껍질 벗고 창궁(蒼穹)을 배알(拜謁)하리라.

降生天尊讚曰。淸靜經圖最爲先。度人寶筏一慈船。
강생천존찬왈 청정경도최위선 도인보벌일자선
강생천존(降生天尊) 찬왈(讚曰)
청정경도주(淸靜經圖註)는 최고(最高)의 선봉(先峰)이며
사람을 제도(濟度)하는 보벌(寶筏)이요, 자항법선(慈航法船)이로다.

經文點破生死竅。註解掀開井中天。
경문점파생사규 주해헌개정중천
경(經) 문장(文章)은 생사규(生死竅)를 지점(指點)해 뚫어 주고
주해(註解)는 우물 속에서 하늘을 열었구나!

蓋天古佛讚曰。淸靜寶經至妙玄。多蒙天一註成全。
개천고불찬왈 청정보경지묘현 다몽천일주성전

개천고불(蓋天古佛) 찬왈(讚曰)
청정보경(淸靜寶經)은 지극히 묘(妙)하고 심오하여
많은 것을 무릅쓰고 하늘에서 한 주(註)를 완전히 이루어
주시니

有人得會經中理。三敎凡夫居寶蓮
유인득회경중리 삼교범부거보련

사람들이 경(經) 속의 이치를 모두 터득한다면
삼교(三敎) 범부(凡夫)들 모두 보배로운 연화대(蓮花臺)에
머물리라.

道藏精華第五集之一
文山遯叟蕭天石主編

清靜經圖註

自由出版社印行

清靜經圖註目錄

無極圖　無極品　第一　皇極圖　皇極品　第二
太極圖　太極品　第三　三才圖　三才品　第四
道心圖　道心品　第五　人心圖　人心品　第六
六賊圖　六賊品　第七　三尸圖　三尸品　第八
氣質圖　氣質品　第九　虛無圖　虛無品　第十
虛空圖　虛空品　第十一　真道圖　真道品　第十二
真常圖　真常品　第十三　妙有圖　妙有品　第十四
聖道圖　聖道品　第十五　消長圖　消長品　第十六

道德圖　道德品　第十七
忘心圖　忘心品　第十八
三寶圖　三寶品　第十九
萬物圖　萬物品　第二十
貪求圖　貪求品　第廿一
煩惱圖　煩惱品　第廿二
生死圖　生死品　第廿三
超昇圖　超昇品　第廿四

太上老君清靜經圖註敘

夫鴻濛分判，陰陽始列。輕清上浮者為天，其質陽也。重濁下凝者為地，其質陰也。清濁相混者為人，其質陰陽合並。惟人稟乾坤而交，以成性；受陰陽而感，以成形。得五行之化育，而五臟五德五靈由斯而全焉。受六合之交感，而六腑六根六神由斯而備焉。列三才之品，為萬物之靈，世間難得者人也。人生難得者道也。夫人與天地同才，而不能與天地同長久者，何矣？皆因不知消長之理也。人與佛仙同體，而不能與佛仙同超證者，何矣？皆因不知先天之道

也人與君臣同形而不能與君臣同富貴者何矣皆因不知積德之功也人與萬物同性而不能與萬物無傷者何矣皆因不知惻隱之心也然而不知消長之理先天之道積德之功惻隱之心則天堂路塞地獄門開也是故

太上道德天尊廣發慈悲之念大開方便之門著清靜之經演長生之訣流傳天下廣佈四海指開雲路化醒原來其經至簡至易極立極妙其句九十有六正合九六原人之數以應乾坤之卦也其字三百九十有四除開河圖生成之數以應八卦之爻也又得混然子之慈悲以列圖象。

更仗水精子之聖才以增註解共分二十四章而章章珠璣同參二十四圖而圖沈檀條分縷晰剖切詳明眞乃度人之寶筏醒夢之晨鐘救人之靈丹昇仙之階梯也實爲慕道之禪杖辯眞之藥石劈旁之斧鉞照幽之炬燈也是道則進非道則退言非淺近理數顯微若有善緣得遇便是三生有幸須當盥手恭讀理宜過細體閱不看之時高供神堂則有丁甲守護更能鎮宅驅邪早晚跪誦還可消災解厄積德感天自有明師相遇低心求指經中之立下氣懇傳先天之道照經修鍊功果全備在儒可以成

聖在釋可以成佛在道可以成仙也若是天下同人依是經而尊之得是道而修之千難不改萬難不退日就月將三千功滿八百果圓丹書下詔脫殼飛昇逍遙天外浩劫長存豈不美哉不負

太上度人之婆心以念聖德之慈意學者其毋忽焉此是

道德天尊之厚望也夫是爲敘

　　甲辰年乾月望日

文昌帝君序於朝陽古硐

重刻清靜經圖註後敘

世間之善惟有刻印善書經典。為行善第一功德。蓋濟人利物雖皆為善究竟一人所行有限終不若善與人同之為廣遠也。夫秉彝之良人所固有第無所觀感則亦不能興起。誠得善書經典讀之則勃然感動惡者見此改行善者聞而堅進是眾人之善皆書與之善其功不甚偉乎。再過同志遞相傳刻則天下不難到。互相勸勉善人愈多。善事愈廣是此一舉有無量之善矣。故功過格言以善書傳大豪傑大貴人者當千善廣佈無邊。重刻不朽者當萬

萬善西安省城多公祠復初道人余明善募化功德詮刻各種善書經典廣佈流傳但願人人改過自新遵行善道。孝養父母恭敬三寶竭忠於君不殺不盜壹是皆以正心修身為本行善積德為根如此根本既立豐稔可期清平可保優游

盛世羣號賢良豈不同樂堯天舜日共享清平之福哉是為敘

時在

同治十一年歲次壬申乾月朔日 守一子謹識

西嶽華山聚仙臺復初道人余明善薰沐謹敘

重刻清靜經圖註後敘

夫天道之變化地道之興衰人道之善惡古今之常理也。日月之盈虧氣運之消長聖凡之超墮亦是古今之定數也。噫嘻三期之劫至矣三教之經顯矣三才之道明矣今太華山聚仙臺混元硐中有一全真道人道號復初得受先天大道身守三皈五戒隱居硐中苦修數載內果已成。復培外功虔誦皇經祈保清平敬惜字紙尊重聖賢補修廟宇以妥神靈捨藥送方救人疾苦刻印各種善書經典廣佈流傳代天行化設立講堂常日宣講

聖諭善書勸醒迷人功果兩全丹經奇遇焚化字紙見有清靜經一卷乃係太上老君所著有圖有解言言金科句句玉律經中所喻無極太極之源來先天後天之變化明善復初之關竅安爐立鼎之定位煉已築基之法則探鑽得竅之活機去濁留清之奧妙鑽苗老嫩之審實水火昇降之法輪乾坤坎離之交媾返本還原之抽添武煉文烹之止足陽火陰符之進退溫養沐浴之定靜面壁脫胎之超證積功累德之栽培一一備載節節詳明真乃人天之其寶仙佛之雲梯也

爾時道人將經閱畢大聲稱讚善哉善哉古今罕見之妙解也昔前雖見斯經未見圖註其經傳世久矣惜乎未得廣佈焉能人人同覩家家共聞必有掛一漏萬者也復初道人大發普公之婆心願造渡人之慈航募化功德重刻經版廣佈流傳徧溢四海惟願人人明德箇箇修身挽轉人心以回天意妖氛消滅世得清平風調雨順國泰民安刀鎗入庫馬放南山五穀豐登三曹安甯同享清平之福其樂堯天之慶以酬天神育化之德更報

皇王水土之恩以滿

太上度世之願同超父母養育之恩普結天下賢良之緣同看。

太上清靜之經其得先天一貫之道均享天爵人爵之風豈不美哉豈不善哉不負道人募化之功是為古今之厚望者也是余不揣鄙陋援筆樂而為敘

時在

大清同治十一年歲次壬申乾月望日樂山子謹敘

太上老君說常清靜經

老君曰大道無形生育天地大道無情運行日月大道無名長養萬物吾不知其名強名曰道夫道者有清有濁有動有靜天清地濁天動地靜男清女濁男動女靜降本流末而生萬物清者濁之源動者靜之基人能常清靜天地悉皆歸夫人神好清而心擾之人心好靜而慾牽之常能遣其慾而心自靜澄其心而神自清自然六慾不生三毒消滅所以不能者為心未澄慾未遣也能遣之者內觀其心心無其心外觀其形形無其形遠觀其物物無其物三者

既悟唯見於空觀空亦空空所空既無無亦無無無既無湛然常寂無所寂慾豈能生慾既不生即是真靜真常應物真常得性常應常靜常清靜矣如此清靜漸入真道既入真道名為得道雖名得道實無所得為化眾生名為得道能悟之者可傳聖道

太上老君曰上士無爭下士好爭上德不德下德執德執著者不明道德眾生所以不得真道者為有妄心既有妄心即驚其神既驚其神即著萬物既著萬物即生貪求既生貪求即是煩惱煩惱妄想憂苦身心便遭濁辱流浪生

死。常沈苦海。永失眞道。眞常之道。悟者自得。得悟道者。常清靜矣。

仙人葛公曰。吾得眞道者。曾誦此經萬遍。此經是天人所習。不傳下士。吾昔受之於東華帝君。東華帝君受之於金闕帝君。金闕帝君受之於西王母。西王母皆口口相傳。不記文字。吾今於世書而錄之。上士悟之。昇爲天官。中士修之。南宮列仙。下士得之。在世長年。游行三界。昇入金門。

左玄眞人曰。學道之士。持誦此經者。即得十天善神。擁護其身。然後玉符保神。金液鍊形。形神俱妙。與道合眞。

正一真人曰人家有此經悟解之者災障不干眾聖護門神昇上界朝拜高真功滿德就相感帝君誦持不退身騰紫雲。

太上老君說常清靜經終

重鐫清靜經圖註

太上老君著經

太極圖

無虛
無形
無情
無名

○—○—○
無空

神
魂 氣 魄
精

混然子 付圖
水精子 註解

○—○—○
太清 玉清 上清

◎ 眞空

無極品第一

老君曰。大道無形。生育天地。大道無情。運行日月。大道無名。長養萬物。☯ 註 老君者乾陽也。君者性王也。曰者說談也。夫老君之出。莫知其原。自混沌而來。無世不出。

上三皇號萬法天師中三皇號盤古神王後三皇號鬱華子神農時號大成子軒轅時號廣成子千變萬化難以盡推或化儒聖或化釋佛或化道仙隱顯而莫測或著感應或著道德或著清靜功德以無邊大道無形者大為無外道為至善無是無極形為蹤跡也夫大道本鴻濛未判之元炁有何形質之見耶生育天地者生化育為含養天為陽氣地為陰氣而天地何由大道之生也每逢戌亥二會為混沌混沌者無極也以待子會之半靜極一動而生陽陽氣上浮以為天在人為立關以待丑會之半動極

一靜而生陰陰氣下凝以為地在人為丹田故曰天開於子地闢於丑也大道無情者夫道本屬先天無聲無臭情者本屬後天有作有為無情是無為之道也運行日月者運是旋轉行為過流日為金烏月為玉兔日屬離卦則有寒暑之來往月屬坎卦則有消長之盈虧在人為聖日聖月照耀金庭大道無名者名是名目先天大道無形無象無始無終有何名字強名曰道長養萬物者長為長生養為養育萬物是胎卵溼化昆蟲草木之類皆得先天之氣而生之者也世人若肯回頭向道訪求至人指示身中之

天地身中之日月修無形無名之道煉神寶氣寶精寶之丹返上清太清玉清之官證天仙金仙神仙之果逍遙物外法劫長存這等好處何樂而不為也

木公老祖詩曰道德天尊演妙立尊經一部卽眞傳求師指破生死竅得訣勤修龍虎丹箇箇同登清靜道人人其上彩雲蓮無極宮內受封後快樂逍遙自在仙

文昌帝君詩曰一部尊經度世船五湖四海任盤旋若不點破經中理枉費工夫拜几筵箇裏立機惟一撥壺中春色數千年天尊口訣斯經露按法修行赴九天

皇極圖

不知其名 ○ 天 天清有動 ○ 純陽
無象有象 ⊕ 人 清濁動靜 ◐ 陰陽
強名曰道 ● 地 地濁有靜 ● 純陰

皇極品第二

吾不知其名強名曰道。夫道者有清有濁有動有靜。天清地濁天動地靜。吾不知其名者吾乃我也是太上自嘆大道本無形象所定更無名色所擬由強勉取名曰道。夫道雖曰強勉以字儀而推之實不強也何矣倉頡夫子造道字深隱玄蘊夫道字先寫兩點左點為太陽右點

為太陰似太極陰陽相抱在天為日月在地為烏兔。
為兩目在修煉為回光返照也次寫一字乃是無極一圖
此圈在先天屬乾易曰乾圓也鴻濛一破其天開也圈折
為一易曰乾一也經曰天得一以清地得一以寧人得一
以聖儒曰惟精惟一釋曰萬法歸一道曰包元守一次寫
自字於下者言這一字圈日月團團乃在自己身上儒
曰道也者不可須臾離也可離非道也上下相合成一首
字首者頭也修道是頭一宗好事次寫走之者行持也乃
週身法輪自轉此名道字之儀也夫道者乃性與天道不

可得而聞也。有清天氣也。有濁地氣也。有動陽氣也。有靜陰氣也。天清純陽也。地濁純陰也。天動乾圓也。地靜坤方也。清濁動靜在天顯象於日月在地顯象於春秋在人顯象於聖凡。日為陽常圓常滿月為陰有晦有虧春為陽而萬物發生秋為陰而萬物顏敗聖為陽脫殼以昇仙凡為陰壽終以為鬼此謂清濁動靜之理大概而言之也不知世間乾男坤女可知身中清濁動靜否若是不知急早積德感動天心明師早遇指示身中之大道聖日聖月之照臨將濁陰之氣而下降提清陽之氣以上昇寂然不動謂

之靜感而遂通謂之動常以有欲以觀其竅動也常以無欲以觀其竅中之妙者靜也探鑽者動也得鑽者靜也九節立工節節有動靜清濁須待口傳心授方可了然於心

呂祖詩曰清靜妙經曰古無水精註後理方舒品分廿四超節成仙有何難哉

三界大地遵崇護寶珠

關帝詩曰一卷無為清靜經旁門外道不相親改邪歸正循天理長生不死也由人

觀音詩曰陰陽動靜在人天皇極中空煉汞鉛識得濁清昇降法明燈不夜照三千

太極品第二

太陽儀 坎西 五
太陰儀 離東 順 行 男動男清降木
火
木 土 金
水
生 女靜女濁流末

男清女濁男動女靜降本流末而生萬物。註 男清女濁者男稟乾道以成體故曰清也女稟坤道以成形故曰濁也男屬太陽而陽中有陰離中虛也女屬太陰而陰中有陽坎中滿也故男子十六清陽足女子十四濁陰降清陽者壬水也濁陰者癸水也壬為白虎癸為赤龍故仙

家有降龍伏虎之手段返本還原之天機故耳長生而不死也男動女靜者男禀天之氣以生女禀地之氣而成故曰天動地靜也此男女之論者非專屬男女也陰陽而已矣降本流末而生萬物者降為生流為成本為始末為終是故萬物乃人之末夫人人為萬物之本人又為天地之末地為人人之本人不可以無本亦不可以無末本者體也末者用也則兩不相離天地以太空為本而生人畜萬物人畜以至善為本而生週身百體天不失其本則天且長且久人不失其本則人為佛為仙亦可與天地同壽矣夫

人自古皆有死何由不致於死也豈不聞呂氏春秋曰人能一竅通則不死其壽在神聖經云物有本末事有終始知所先後則近道矣道經云生我之門死我戶幾箇惺惺幾箇悟夜來鐵漢自思量長生不死由人做噫嘻這玄關一竅異名多端儒曰靈臺至善無極無思無慮之天巳所獨知之地釋曰靈山虛空皇極南無　涅槃之天阿彌陀佛之地道曰靈關金庭太極三清紫府之天萬殊一本之地三教名雖異而其所一也在儒得此竅而成聖在釋得此竅而成佛在道得此竅而成仙也只是此竅上蒼所秘

而三教聖人不敢明洩於書防匪人得之恐遭天譴必要訪求至人低心受教指示此究次第工夫是道則進非道則退若是以泥丸顖門印堂頑心肚臍心下臍上下丹田兩腎中間一穴尾閭夾脊玉枕為玄關者皆非大道之所

土道古佛詩曰女女男男濁濁清清還從本末覓眞情有為日動無為靜得本延年失本傾急早回頭修至善趁時氣在學長生任君積下千金產一旦無常空手行

火公老人詩曰太極陰陽玄妙多長生大道少人摩世間若要人不死接命添油養太和

三才品第四

三才圖

天 地

陽中有陰　陰中有陽　靜中有動
動中有靜　陽中有陰　陰中有陽

清者濁之源
動者靜之基

註 清者輕清也濁者重濁也。清者濁之源動者靜之基也。源者源頭也靜者無為也動者有為也基者根本也。何為清者濁之源夫天本是清氣上浮這清氣還從地中發生地本陰濁之體由陰極而生陽濁定而生清也男本清靜之體女為污濁之身雖清靜之體其源出於污濁

也。丹道以神為清陽之體而神之源頭由交感之濁精化成陽精由陽精而生氣由氣而生神也故曰煉精化氣煉氣化神豈不是清者濁之源也靜者動之基何謂也地本靜也其源還從天氣所結女本靜也其源還從父親所降丹道以無為為靜有為為動其源還從有為立基故曰動者靜之基也奉勸世人急早回頭向道將自身中濁氣撥盡清氣上浮凝結成丹長生不死積功累德丹書來詔脫殼飛昇逍遙物外將生身父母同超天堂共享極樂不亦欣乎可嘆世有一等愚迷貪癡之人不知性理他說仙佛

皆有分定不是凡夫做得到的正所謂道不遠人人之為道而遠人自暴自棄甘墮苦海全不思想人秉陰陽五行而生為萬物之首可以行天地之全功更可以載天地之大道夫天地之道顯象於日月而日月之道顯象於陰陽而陰陽之道亦顯象於消長也消陽長陰陰盡陽純而陽盡陰純而成鬼消陰長陽異人之道待至陰盡陽純而成仙況人半陰半陽半仙半鬼也若將半邊陰氣煉退則成純陽純陽者仙也何難之有孟子曰堯舜與人同耳顏子曰舜何人也予何人也有為者亦若是此皆言人人可

以為聖賢人人可以為仙佛只在有志無志之分耳有志者不論在家出家都能修身在家者妻為朋子為伴人身雖在紅塵而心出乎紅塵何等便宜之事也

呂祖詩曰看破浮生早悟空太陽隱在月明中時人悟得陰陽理方奪天機造化功。

韓祖詩曰虛心實腹求鉛光月裏分明見太陽湛破濁清昇降路自然丹熟遍身香。

急性子詩曰男清女濁有先天不曉根基亦枉然女斬赤龍男降虎何愁俗子不成仙

道心圖

○ 虛靈
○ 至善　上躁永二品
○ 神與氣精
○ 和合四相
○ 攢簇五行
● 天地悉皆歸　人能常清靜
　天心地

道心品第五

人能常清靜天地悉皆歸○註　人者善男信女也能者至強無息也常者二六時中也清者萬緣頓息也靜者念不生也修道之人以清靜為妙非禮勿視則眼清靜矣非禮勿聽則耳清靜矣非禮勿言則口清靜矣非禮勿動則心清靜矣天地悉皆歸者得明師指點身中之天地天

氣歸地汞投鉛也地氣歸天鉛投汞也神居北海以清靜之功則身中天氣悉歸之而身外之天氣以隨之神居南山則清靜之功則身中地氣悉歸之而身外之地氣以隨之所言身中之天者道心而已矣身中之地者北海而已矣道心先天屬乾乾為天故以道心為天也北海先天屬坤坤為地故以北海為地也此身中之天地而感身外之天地身外之天地以應身內之天地而身內之天地有主宰則身外天地之氣悉歸於內也若無主宰則身內天地之氣悉歸於外也不能成道反與大道有損書經曰人心

惟危道心惟微惟精惟一允執厥中正是教人去人心守道心。無奈世人不得明師指點總在書上招尋大道豈不思這大道至尊至貴子貢曰夫子之文章可得而聞也夫子之言性與天道不可得而聞也。又曰君子憂道不憂貧。子曰朝聞道夕死可也似此數語推之何等貴重豈將大道露洩於紙墨乎又豈將大道不分貴賤君子小人俱可得乎定無此理也三教聖人之經典所言治國齊家人事之常道者品節詳明所言修身次第工夫概是隱而不露所露者不過是以肉團頑心為虛靈不昧或以心下三寸

六分為黃庭以兩腎中間一穴為父母未生前以冥心空坐為道心又為返本還原一概虛假世人信以為實深可嘆也

正陽帝君詩曰可嘆蒼生錯認心常將血肉當黃庭三途墮落無春夏九界昇遷少信音便向仙街了罪籍遂從道路脫寒陰吉凶兩岸無差錯善士高昇惡士沈

重陽帝君詩曰道心惟微人心危幾箇清清幾箇知至善中間為硐府玄關裏面曰足瑤池猿猴緊鎖休遷走意馬牢拴莫教馳允執厥中函養足金光一道透須彌

人心圖

人心

○ 不識不知
元神 ○─ 無思無慮

○ 不生不滅 其心好動
識神

○ 至虛至靈 其質藏神
頑心

人心品第六

夫人神好清而心擾之。

☯ 註 夫人神好清者。乃為人人得一為大大得一為天超出天外方為夫字人者得天氣下降地氣上昇陰陽相結以為人也神者稟父母之性為元神受天地之性為識神而元神無識無知能主造化識神最顯最靈能應變無停此神是人之主人翁。

而其神之原出於無極道家呼為鐵漢釋氏喚作金剛儒家叫作魂靈不生不滅不增不減在身為魂出身為鬼修善為仙為佛作惡變禽變獸夫元神隨身之有無從受胎以得其生凝於無極之中央主宰生身之造化十月胎足。瓜熟蒂落地覆天翻一箇觔抖下地團的一聲而元神從無極逴下肉團頑心而這識神趁此吸氣隨吸而進以為授胎與元神合而為一同居於心從此以心為主而元神失位識神當權七情六欲晝夜耗散而元神耗散以盡地水火風四大分馳其身嗚呼哀哉以識神為自己之真性

而捨身而出。縱壽高百歲不免大夢一場。必有鬼卒押至地獄。將平生之善惡照簿賞罰。善者或轉生來世以受福報。或為鬼神享受香煙。惡者或轉世以受惡報。或失人身以變四生而萬劫難復也。好者愛也清者靜也。此言元神本好清靜無奈人心之識神而好動作。時常以擾之不能清靜。因不能清靜朝傷暮損漸磨漸虧元神。一衰而百病相攻。無常至矣。奉勸世人要曉人身難得。中華難生。佛法難遇。大道難逢。今得人身幸生中華。切莫糊糊混混以過一世。要把性命二字為重。識神元神當分真身假身當曉。

人心道心當明。切不可以人心當道心以假身當真身。佛經云。心字詩三點如星佈。橫鉤似月斜披毛從此出。作佛也由他。呂祖曰人生難得今已得。大道難明。此身不向今生度再等何時度此身誤。此經在手春秋永別有乾坤鎮玉壺。

黃老詩曰一貫道心孔氏書於今清靜啟靈圖真經真法皆言道天理天年也在儒。漢武枉尋千歲藥秦王空想萬年。

太白星詩曰羣經惟此有奇思翻案偏然有妙詞那管春秋而過去只將旦暮以窺之全憑清靜為靈藥豈有人心種紫芝道心纔為真父母。精神力量庇佳兒。

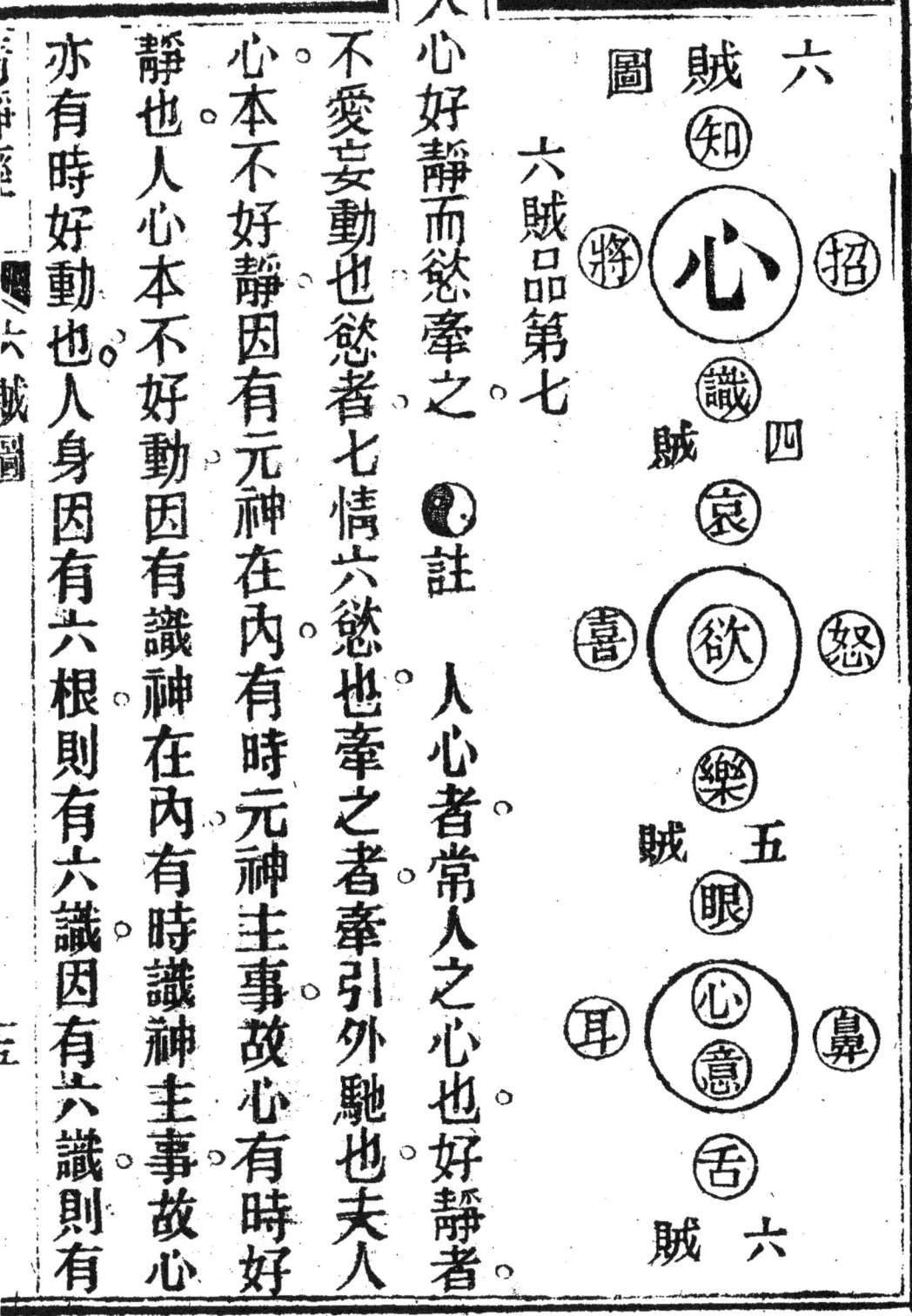

六賊品第七

人心好靜而慾牽之

☯註 人心者常人之心也好靜者不愛妄動也慾者七情六慾也牽之者牽引外馳也夫人心本不好靜因有元神在內有時元神主事故心有時好靜也人心本不好動因有識神在內有時識神主事故心亦有時好動也人身因有六根則有六識因有六識則有

六塵因有六賊，因有六賊則耗六神，因耗六神則墮六道也。六賊者眼耳鼻舌身心是也。眼貪美色而不絕，久以後這點靈性墮在卵生地獄，變為飛禽鵲鳥羽毛之類，身披五色翎毛，何等好看。耳聽邪話而不絕，久以後這點靈性墮在胎生地獄，變為騾駝獴馬走獸之類，項帶鈴鐺，何等好聽。鼻貪肉香而不絕，久以後這點靈性墮在溼生地獄，變為魚鱉蝦蟹水族之類，常在臭沉，何等好聞。舌貪五葷三厭而不絕，久以後這點靈性墮在化生地獄，變為蚊蟲蛆蠓蟻虱之類，還是以口傷人傷物，何等有味。

心貪財而無厭久以後這點靈性墮在駝腳之類一生與人駝物而貨財金銀常不離身何等富足身貪淫而無厭久以後這點靈性墮在煙花雞鴨之類一日交感無度何等悅意此言六慾牽心之報也還有七情之傷而不可不知也七情者喜怒哀懼愛惡慾是也喜多傷心怒多傷肝哀多傷肺懼多傷膽愛多傷神惡多傷情慾多傷脾此為七情牽心之傷也又有外十損而亦不可不知也久行損筋久立損骨久坐損血久睡損脈久聽損精久看損神久言損氣食飽損心久思損脾久淫損命此為十損也大凡

世人無一人不受此六賊七情十損之害也奉勸天下善男信女將六賊七情十損一筆勾銷返心向道切莫上此賊船恐墮沈淪悔之晚矣

無心道人詩曰眼不觀色鼻不香正意誠心守性王三境虛空無一物不生不滅壽

清靜子詩曰妄念纔興神急遷神遷六賊亂心田心田旣亂身無主六道輪回在目前

尹眞人詩曰靈光終夜照河沙凡聖原來共一家一念不生全體現六根纔動被雲遮

三尸圖

上尸 靈臺 彭琚
中尸 靈爽 彭瓆
下尸 靈精 彭矯

三尸品第八

常能遣其慾而心自靜澄其心而神自清自然六慾不生三毒消滅。

註 常者平常也能者志能也遣者逐遣也慾者私慾也言二六時中將靈臺之上打掃潔淨勿使萬物所搖外相不入內相不出而道心自然清靜矣澄其心者將渾水以澄清也而心有雜念如水之有泥漿也知止

而后有定而后能靜五祖出偈神秀偈曰身是菩提樹心乃明鏡臺時時勤打掃休得惹塵埃六祖日菩提本無樹明鏡亦非臺本來無一物怎得惹塵埃正此之謂也而神自清者心無念頭擾撓而元神自然清明元神清明而眼耳鼻舌心身六慾則無妄動矣三毒者三尸也人身有三尸神名三毒上尸名彭琚管人上焦善惡中尸名彭瓆管人中焦善惡下尸名彭蹻管人下焦善惡上尸住玉枕關中尸住夾脊關下尸住尾閭關每逢庚申甲子詣奏善惡又有九蠱作害不淺阻塞三關九竅使其真陽不能上

昇而九蟲俱有名字一曰伏蟲住玉枕竅二曰龍蟲住天柱竅三曰白蟲住陶道竅四曰肉蟲住神道竅五曰赤蟲住夾脊竅六曰隔蟲住玄樞竅七曰肺蟲住命門竅八曰胃蟲住龍虎竅九曰蛻蟲住尾閭竅三尸住三關九蟲住九竅變化多端隱顯莫測化美色夢遺陽精幻景睡生煩惱使其大道難成矣故丹經云三尸九蟲在人身阻塞黃河毒氣深行者打開三硐府九蟲消滅壽長生正此之謂也不知修道之士可知斬三尸殺九蟲之法否倘若不知急訪明師低心求指大道請動孫悟空在東海龍宮求

來金栖棒打三關借來豬八戒之釘扒扒開九竅而三尸亡形九蠱滅跡關竅通徹法輪常轉性根長存命基永固七情頓息六慾不生三毒消滅矣

清虛眞人詩曰茅菴靜坐勝高樓斬去三尸上斗洲堪嘆玉堂金馬客文章錦繡葬荒坵。

無垢子詩曰七情六慾似風塵一夜滂沱洗垢新待等地雷初發動尸嚎鬼哭好驚人。

達摩祖師詩曰一陽氣發用功夫九蠱三尸趁此除到陣擒拏須仔細恐防墮落洞庭湖。

氣質品第九

氣質圖

性　怒　哀　欲　喜　心

註 所以不能者是人心未死也慾未遣也。所以不能者為心未澄慾未遣也。不能掃三心飛四相也為心未澄者是人心未死也慾未遣也者是七情六慾常未去也蓋人生天地之間不能成仙成佛成聖成賢者何也皆因不能去喜去怒去哀去樂者明矣若果能去喜情化為元性去怒情化為元情去哀

情化爲元神去樂情化爲元精去慾情化爲五元有何仙不可成而何佛不可證也儒曰戒愼乎其所不覩恐懼乎其所不聞釋曰無眼耳鼻舌身意無色聲香味觸法道曰恍恍惚惚杳杳冥冥如照三教聖經行持又有何私不可去而何慾不可遣也夫三教聖人總是教人去其私慾者何也然而私慾乃屬陰也三教聖人總是教人煉其純陽者何也然而純陽乃屬仙也順其陰者鬼也順其陽者仙也丹經云朝進陽火暮退陰符不知世之善男信女可知進陽退陰之功否倘若不知速將世間假

事一筆鉤消積德感天明師相遇指示性與天道進陽退陰之理口傳心受不勞而得焉噫性與天道不可得而聞也豈易聞乎哉吾將天道略指大概而言之每逢朔日天上日月並行至初三巳時進一陽名地雷復至初五日亥時進二陽名地澤臨至初八日巳時進三陽名地天泰為鉛八兩至初十日亥時進四陽名雷天大壯至十三日巳時進五陽名澤天夬至十五日亥時進六陽名乾為天易日君子終日乾乾純陽之體也若不用火煅煉過此必又生陰矣至十八日巳時進一陰名天風姤至二十日亥時

進二陰名天山遯至二十三日巳時進三陰名天地否爲汞半斤至二十五日亥時進四陰名風地觀至二十八日巳時進五陰名山地剝至三十日亥時進六陰名坤爲地已時六爻純陰也而天土則無月無月者則無命矣

道光祖詩曰悟道修行是進陽河圖之數大文章雙爲私欲單爲道退乃符消進乃長但得眞傳無極理自然丹熟遍身香一朝脫卻胎周襪跳出凡籠禮玉皇

鍾離祖詩曰煉性先須煉老彭一輪蛾月西南橫陰符進退丹盆熟陽火盈虧月漸明扯坎塡離返本位擒烏捉兔復初城從今不上閻王套我做神仙赴玉京

虛無圖

內觀其心　心無其心
外觀其形　形無其形
遠觀其物　物無其物

虛無品第十

心無其心。外觀其形。形無其形。遠觀其物。物無其物。三者既悟。唯見於空。

☯註　能遣之者內觀其心心無其心外觀其形形無其形遠觀其物物無其物三者既悟唯見於空。能遣之者是將一切雜念遣逐他方也內觀其心者是眼目內視也心無其心者念頭從心而發連心都沒得了看他念從何生也外觀其形者是眼目外視也形無其形者心生於形連

形都沒得了看他心又從何而生也遠觀其物者是瞑目遠視天地日月星辰山河林屋都沒了看他身又生於何處也三者既無是言心身物都似乎沒得了唯見於空者是言天地人三才萬物未有一物混混沌沌只有虛空常未了卻故曰唯見於空以外而言乃是虛空以內而言乃是真空真空者自身之玄關也經云三界內外為道尊老祖曰吾所以有大患者為吾有身及吾無身有何患叉云後其身而身先外其身而身存金剛經云不可以身相見如來臨濟禪師云真佛無形真性無體真法無相古

仙云莫執此身云是道此身之外有眞身自古成道仙佛。皆以忘形守道爲妙可嘆世間有等愚人不但不能忘其形而且將此假身認爲眞身咆酒肉以肥此身戀美衣以飾此身愛美色以伴此身至於修煉無非八段錦六字氣小週天一切都在色身上搬弄或者服三皇藥草五金八石以爲外丹或者行三峯探戰之功將年幼女子以爲爐鼎把女子之精氣奪來名爲探陰補陽或者吸精氣以爲補腦或者服紅鉛名爲先天梅子或者服白乳以爲菩提之酒或者枯坐以爲參禪或者守心以爲煉性種種旁門

三千六百難以盡舉都在色身上作事地獄裏找路不但不能成仙一旦陽氣將盡四大分馳一點靈性永墮沈淪而肉身何在之有也嗚呼真可嘆哉

金蟬子詩曰虛無一炁成仙方空覺色身覓性王功滿三千丹詔下超凡成聖步仙鄉

紫清真人詩曰此法真中妙更真無頭無尾又無形杳冥恍惚能相見便是超凡出世人

翠虛子詩曰無心無物亦無身得會生前舊主人但是此中留一物靈臺聚下紅砂塵

虛空圖

○ 天空　外而形空　空無所空

○ 人空　內而心空　無無所無

○ 地空　遠而物空　寂無所寂

虛空品十一

觀空亦空空無所空既無無亦無無既無湛然常寂寂寂無所寂慾豈能生慾既不生即是真靜。空亦空空無所空者此承上文而言三心已掃四相已飛外不知其物內不知其心只有真空存焉到如是之際連真空都沒有了無無亦無無既無是言無真空無太空

無慾界無色界無想界無思界粉碎虛空湛然常寂寂無所寂者言其大定無人無我混混沌沌一派先天矣慾豈能生慾既不生即是真靜者言慾念不生則入真靜二花自然聚頂五炁自然朝元神空於下焦則精中現鉛花神空於中焦則氣中現銀花神空於上焦則神中現金花故三花聚於鼎矣空於喜則魂定魂定而東方青帝之氣朝元空於怒則魄定魄定而西方白帝之氣朝元空於樂則精定精定而神定神定而南方赤帝之氣朝元空於哀則神定神定而中央黃帝之北方黑帝之氣朝元空於慾則意定意定而中央黃帝之

氣朝元故曰五氣朝元儒曰人慾盡淨天理流行釋曰無無明亦無無明盡道曰虛其心實其腹皆是言觀空之道雖曰觀空之道亦不是頑空枯坐不過去其雜念而已倘若未得明師指示何處安爐何處立鼎何謂築基何謂採藥何謂得鉛何謂老嫩何謂煉已何謂乾坤交姤何謂坎離抽添何謂金木交並何謂鉛汞相投何謂陽火陰符何謂清靜沐浴何謂灌滿乾坤何謂脫胎神化次第工夫任你觀空靜坐縱有三花聚於何鼎任有五炁朝於何元只落得形如枯木心若死灰一朝壽滿

清靈善化之鬼來去明白名叫鬼仙或頂眾神而受香煙。或轉來世以為官宦倘若迷性依然墮落前工枉費深可痛哉好道者慎之謹之。

觀空子詩曰富貴榮華似水漚塵勞識破上慈舟觀空得寶爐中煉穩跨青鸞謁帝洲

懼留孫詩曰空形空象空仙方空寂空心空性王空裏不空空色相真空觀妙大文章

玉鼎真人詩曰無為大道是觀空不是枯禪修鬼童若得明師親說破無形無象結玲瓏

真常品十二

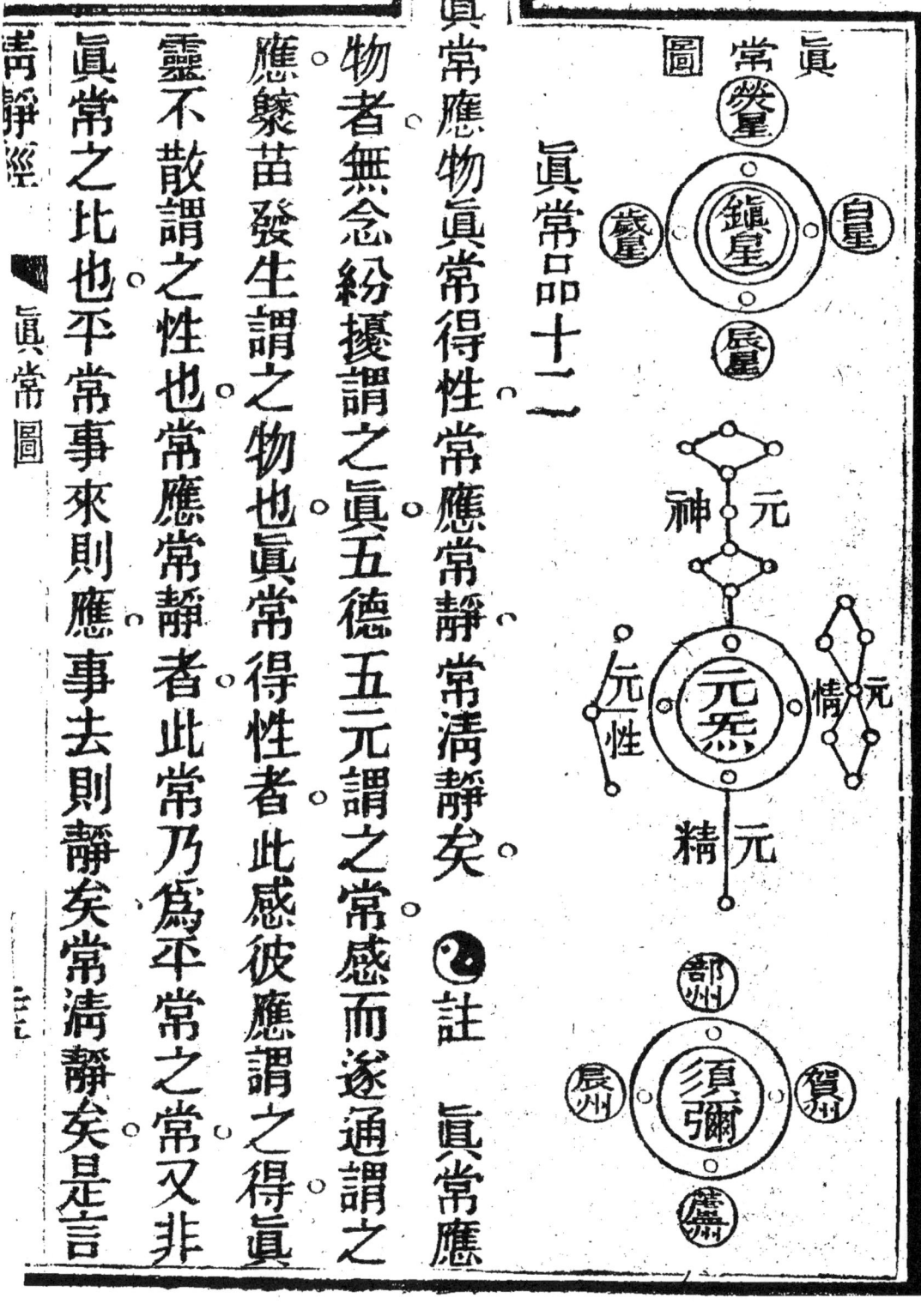
真常圖

真常應物真常得性常應常靜常清靜矣。

○註 真常應物者無念紛擾謂之真五德五元謂之常感而遂通謂之應鬱苗發生謂之物也真常得性者此感彼應謂之得真靈不散謂之性也真常應常靜者此常乃為平常之常又非真常之比也平常事來則應事去則靜矣常常清靜矣是言清靜經○真常圖

寂然不動也修道之士每日上丹掃心飛相去妄存誠陽極生陰寂然不動萬緣頓息陰極生陽感而遂通萬脈朝宗而先天五德發現名曰眞常眞者良知也先天五元發現名曰應物應物者良能也良知良能乃名眞性人心死盡道心全活乃名眞常得性先天一氣名爲物知覺收斂名爲應人心常死則道心常活則妄念不生妄念不生則常復先天常復先天則藥苗常生藥苗常生則眞性常覺眞性常覺則眞常應眞常應則河車常轉河車常轉則海水常朝海水常朝則火候常煉火候常

煉則金丹常結金丹常結則沐浴常靜沐浴常靜則法身已成。法身已成了然無事故日常應常清靜矣可嘆世人在儒者希聖學賢一見五經四書每言去慾為先就以一味去慾而了大事再不窮究存心養性心是何存性是何養在釋者參禪學佛一見法華金剛每言去念為先就以一味去念而了大事再不窮究明心見性心是何明性是何見在道者修真學仙一見清靜道德每言觀空為先就以一味觀空而了大事再不窮究修心鍊性心是何修性是何鍊豈以一味頑空枯坐道可成哉豈不知大道

即天道天道生長萬物全賴日月星辰風雲雷雨易曰鼓之以雷霆潤之以風雨日月推遷一寒一暑是也豈以一味空空無為而萬物自能成乎

文昌帝君詩曰乾坤日月皆無心赤炁揚輝處處靈惟有玄根同太極自然煥發合天經流行萬古兼千古合撰清寗永太甯清淨洞陽敷妙德眞機運動不留停

孚佑帝君詩曰眞常之氣大而剛充塞乾坤顯一陽自此昇平千萬世恆安熙皞樂無疆清烝靈圖皆煥發瓊書寶典善鋪張天地有根因有此玄玄妙妙見眞常

三七八

真道品十三

真道圖

先天　乾卦
後天　離卦

無初
太極
太素
太始

先天　坤卦
後天　坎卦

如此清靜漸入眞道。

註　如此清靜漸入眞道者此承上章而言如此清靜無爲可返先天既返先天漸次以入眞道眞道者非三千六百旁門九十六種外道之比也此眞道眞道者大矣哉爲先天大道生天生地生人生物之道也道也者果何物也曰無極而已矣夫無極眞道自古口口相傳不

敢筆之於書恐匪人得之必遭天譴雖然書中藏道必是喻言隱母而言子隱根而言枝概是借物闡道張冠李戴是也余亦不敢明洩將此眞道微露大概以作訪道之憑証不致悞墮旁門也眞道者乃生身之初是也得父之精母之血二物交合精爲鉛血爲汞鉛投汞名乾道而成男汞投鉛爲坤道而成女半月生陽半月生陰由此而五臟由此而六腑由此週天三百六十五骨節由此八萬四千毫毛孔竅先天卦氣以足瓜熟蒂落一箇筋抖下地圇啼一聲先天無極竅破而元神元氣元精從無極而出分爲

三家。先天乾坤定位而變成後天坎離火水未濟也從此後天用事凡夫之途也若有仙緣訪求返本還原之眞道。這眞道先點無極一竅此竅儒曰至善釋曰南無道曰玄關異名頗多前篇先以剖明要用六神會合之功守定此竅久守竅開元神歸位復用九節立功名爲金丹九轉抽爻換象扯坎塡離奪天地之正氣吸日月之精華用文武之火候修八寶之金丹日就月將聖胎漸成和光混俗積功累德三千功滿八百果圓丹書下詔脫殼飛昇逍遙物外天

三家乾失中陽以落坤坤變坎。坤失中陰以投乾乾變離。

地有壞他無壞浩劫長存故曰金剛不壞之體也不枉出世一場雖然如此好處必要眞師口傳心授務要立生死不退之心方可穩當矣

元始天尊詩曰清靜妙經本自然得明眞道悟先天金丹一服身通聖隨作逍遙閬苑仙

靈寶天尊詩曰清靜眞言卻不多內中立妙少人摩此身有盞長生酒請問凡夫喝過麼

道德天尊詩曰清靜後逢正子時一輪明月見江湄此中眞降生天尊詩曰借問諸君知不知道於斯覓

妙有圖

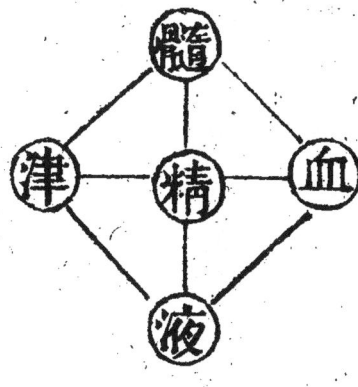

妙有品十四

雖名得道實無所得

註 雖是雖然是名目得爲得傳道爲大道實者眞也無者虛也雖名得道者乃承上文而言漸入眞道也得受明師眞傳正授何者是立關一竅何者是六神會合何者是築基煉已何者是探槃煉丹何者是藥苗老嫩何者是去濁留淸何者是汞去投鉛何者

是鉛來投汞何者是嬰兒姹女何者是
金木交並何者是水火既濟何者是陽
火陰符何者是文武烹煉何者是法輪常轉何者是
乾坤何者是溫養胎何者是清靜沐浴何者是移爐換
鼎何者是龍吟虎嘯何者是面壁調神一一領受方名得
道也雖名得道實無所得者何也夫道所言關竅物一
切種種無窮無盡美名奇寶一概都是人身自有並非身
外得求故曰實無所得也果真實為得者必是受道之後
苦修苦煉立定長遠之計鐵石之心千難不改萬難不退

富貴不能淫貧賤不能移威武不能屈之志方可不致半途而廢定要將身外假名利恩愛酒色財氣一刀斬斷速修身中眞名利恩愛酒色財氣方爲得道而身外人人皆曉身內知者鮮矣聽吾將身內說來身拜金闕享天爵乃爲眞名金丹成就無價貴寶乃爲眞利超度父母時常親敬乃爲眞恩坎離相交金木相並乃爲眞愛玉液瓊漿菩提香膠乃爲眞酒嬰兒姹女常會黃房乃爲眞色七寶瑤池八寶金丹乃爲眞財絪縕太和浩然回風乃爲眞氣這便是身中之八寶也捨得外而成得內捨得假而成得

眞。外培功內修果動度人而靜度己以待日就月將外功浩大內果圓明脫殼飛昇萬劫長存方爲得道成道了道

大丈夫之能事畢矣

道心子詩曰奉勸世人希聖賢榮華富貴亦徒然身中自有長生酒體內不無養命錢色卽是空空卽色仙爲祖性性爲仙乾坤聽得吾詩勸急早回頭上法船

無心道人詩曰世人急早學仙家不必苦貪酒色花。
眞眞不假掃邪悟道道非邪燒丹要捉山中鳥煉汞當擒井裏蛙會得此玄玄妙理凡夫管許步霞雲

聖道圖

艮卦
坎卦
兌卦　離卦　震卦
　　　巽卦
　　　坤卦　乾卦
　　　　　少陰　少陽
　　　　　太陰　太陽
　　　　　老陰　老陽
　　　　　　　太極

聖道品十五

為化眾生名為得道能悟之者可傳聖道。㊣註　為化眾生者為者專意也化者普度也眾者一概也生者男女也。為化眾生而回西也名為得道者名者聲揚也為者勸化九六眾生而回西也。道者工夫也勸化眾生修道功德浩助成也得者受持也道者工夫也大自外而得之故曰得道也能悟之者能是能為悟是窮

聖道圖

究得了大道。總要窮理盡性以至於命。勤參苦探內外加功。可傳聖道者可。是可以傳是度人聖是高眞道是天機也。功圓果滿領受天命方可傳道三期普度道須人傳也。呂祖曰人要人度超凡世龍要龍交出污泥未領天命不能傳道。儒云畏天命畏大人畏聖人之言小人不知天命而不畏也。何謂聖道生身之本也世人可知生身之本乎。父母交後臁胎一月。三百六十箇時辰無極以成其餘半月生陽半月生陰也。又半月無極一動而生皇極之陽。又半月無極一靜而生皇極之陰臁胎二月也。又半月皇極

一動而生太極之陽又半月皇極一靜而生太極之陰膿
胎三月也又半月。太極一動而生老陽又半月老陽一靜而
生老陰膿胎四月也又半月。太極一靜而生太陽又半
月老陰一靜而生老陽膿胎五月也又半月老陽一靜而
生少陰又半月老陰一動而生太陰膿胎六月也又半
太陽一動而生乾又半月太陰一靜而生坤膿胎七月也
又半月太陽一靜而生兌又半月太陰一動而生艮膿胎
八月也又半月少陰一動而生離又半月少陽一靜而生
坎膿胎九月也又半月少陰一靜而生震又半月少陽一

動而生巽腰胎十月也由無極而皇極由皇極而太極兩儀四象八卦萬物周身三百六十五骨節八萬四千毫毛孔竅由無極聖道而生之者也

斗母元君詩曰識得生身性自歸無不爲兮無不爲萬殊一本退藏密生聖生凡在此推

觀音古佛詩曰可傳聖道領慈航普渡羣迷煉性光能悟先天清靜道金仙不老壽延長

玄女娘娘詩曰聖道不傳湧沸濤渡男渡女渡塵勞五行四相金修就頭戴金冠赴九霄

消長圖

乾為天 ○ 二十四歲

○ 三十二

天風姤 ◐ 四十歲

天山遯 ◐ 四十八

天地否 ● 五十六

風地觀 ●

山地剝 ● 至六十四歲足

坤為地 ● 二歲零八個月

地雷復 ◐ 五歲四月

地澤臨 ◐ 八歲

地天泰 ◑ 十歲八月

雷天大壯 ◐ 十三歲四月

澤天夬 ○ 十六歲足矣

消長品十六

註：太者大也，上者尊也，老者古也，曰者說也，上士者文學天德也，下士者淺學執著也，無爭者函容深厚也，好爭者憤高好勝也，老君說上士之心即聖人之心，包天裹地渾然天理，賢愚盡和光混俗，自謙自卑，銼銳埋鋒不露圭角，外圓內方作事

太上老君曰：上士無爭，下士好爭。

循乎天理。出言順乎人心。何爭之有。下士好爭者下士亦是。好學之士無奈根基淺薄學不到聖人之位多有憤高執著偏僻好勝自是自彰論是論非故曰好爭也上士如進陽君子道長也下士如進陰小人道長也陰陽消長之理。進退存亡之道亦不可不知也人之初生時身軟如綿坤柔之象也九百六十日變一爻初生屬坤至二歲零八月進一陽變坤爲復至五歲零四月進二陽變復爲臨至八歲進三陽變臨爲泰至十歲零八月進四陽變泰爲壯至十二歲零四月進五陽變壯爲夬至十六歲進六陽變

夫為乾六爻純陽上士之位也此時修煉立登聖域以下九十六箇月變一爻此時不修漸而成下士矣至二十四歲進一陰變乾為姤此時不修煉不遠復矣如若不修至三十二歲進二陰變姤為遯此時修煉容易成功如若不修至四十歲進三陰變遯為否此時修煉還可進功如若不修至四十八歲進四陰變否為觀趁此能修久而可成倘若再不修至五十六歲進五陰變觀為剝趁此快修困學可成再若不修至六十四歲進六陰變剝為坤純陰無陽卦氣已足趁此餘陽未盡若肯修煉還可陰中返陽死裏

逃生。倘若再不修待至餘陽已盡無常至矣一口氣不來嗚呼哀哉豈不是大夢一場奉勸世人勿論年老年少總宜急早回頭爲妙耳切莫死後方悔欲修可能得乎。

忍辱仙詩曰上士無爭是聖功分明三教其根宗太和無礙太和妙色相莫沾色相空一月光橫四海外千江瑞映三才中陽滿爲仙陰滿鬼時人不識此圓融。

渾厚子詩曰清靜妙經處處融無爭上士如虛空但能體用相輝映乃信乾坤闢混濛萬象虛明含滿月一眞顯露協蒼穹下爭上讓陰陽理聖聖賢賢不一同

道德品十七

道德上德德圖

先天 中道

忠恕 儒 仁義禮智信
慈悲 釋 殺盜淫妄酒
感應 道 金木水火土

下 後天 凡道

上德不德下德執德執著執者不名道德 註 上德不德者非是上德之士匠不重其德也而上德為先天五德俱全在儒以遵崇仁義禮智信為德以忠恕為行在釋以戒除殺盜淫妄酒為德以慈悲為行在道以修煉金木火土為德以感應為行德行全備未染後天以為上德後

天返先天。亦是上德本來自有不待外求故曰上德不德也。下德執德者非是下德之士反重其德也而下德以染後天五德漸失非執德之道難以返其先天何以爲執德知過必改知罪必悔戒刑殺以成仁戒巧取以成義戒邪徑以成禮戒酒肉以成智戒妄語以成信而仁義禮智信五德由免強而來故曰下德執德也執著執者不名道德。何謂也執爲執拘著爲著相不信陰功不明道德見人戒刑殺以放生靈他言輕人身而重畜物見人戒盜取以周貧困他言總空子而塡人債見人戒邪淫以保身體他言

斷人慾而無世界見人戒酒肉以明智德他言那六畜而係人喫見人戒妄語以講信實他言只要心好何必忍口種種執固不通難以盡敘故曰不名道德也豈不知孔聖人所言仁義禮智信　李老君治下金木水火土釋迦佛戒去殺盜淫妄酒是何言也不戒殺則無仁而缺木在天則歲星不安在地則東方有災在人則肝膽受傷矣不戒盜則無義而缺金在天則太白星不安在地則西方有災在人則肺腸受傷矣不戒邪淫則無禮而缺火在天則熒惑星不安在地則南方有災在人則心腸受傷矣不

戒酒肉則無智而缺水在天則辰星不安在地則北方有災在人則腎胱受傷矣不戒妄語則無信而缺土在天則鎮星不安在地則中央有災在人則脾胃受傷矣哀哉

天花真人詩曰先天上德為純陽若肯修行果是強五德五元三寶足何須執德苦勞張

彩合仙詩曰三教原來一理同何須分別各西東三花三寶三皈裏五德五行五戒中

何仙姑詩曰道德真詮品最奇全憑五戒立根基愼高執著回頭想莫等幽冥悔後遲

妄心圖

妄心品十八

圖中：心（仙壽）、脾富豪、肺貴顯、肝妻美、腎子孝、色、財、酒、氣、貪、想、愛、痴、嗔

註：眾生所以不得真道乃眾生所以不得真道者為有妄心。真道者天下男女名曰眾生言眾性投生下界也。真道乃先天大道非三千六百旁門之比也。為有妄心者七女為之妄夫人之心屬乎離卦離為女又為日日為心中天子女本后妃之象正直無私光照天下生化萬物養育羣生

亡卻女卽亡卻眞靈眞靈者日也夫妄心由何而起也因
酒色財氣名利恩愛所牽引也亡妄想酒以養身豈不知酒
中之害迷眞亂性人身氣脈與天地同其昇降週流循環。
一飲酒氣脈不順氣脈不順則身中之星度錯矣星度錯
而壽元折也妄想色以親身豈不知色中之害刮骨攝魂
人身以精而生氣以氣而生神有此三寶人方長壽一貪
色則精洩精洩不能生氣氣衰不能生神三寶耗散而壽
元損也妄想財以肥家豈不知財中之害朝思暮想苦勞
千般把你一點精氣神耗散縱有萬金之富難買無常不

叫一口氣不來赤手空拳分文難帶罪孽隨性四性六道。轉變無休深可嘆也妄爭閒氣以遲光棍豈不知氣中之害小事不忍而成大事或人命官非牢獄枷鎖傾家敗產。妻埋子怨悔之晚矣妄想名以榮身豈不知名中之害習文以勞其心習武以勞其形碌碌一生縱然官陞極品難買長生不死為忠臣為良將死後為神為奸黨為逆賊死墮沉淪矣妄想恩愛以溫身豈不知恩愛之害你有銀錢衣食妻則敬子則孝你若貧苦妻必不賢子必不孝豈有賢孝者必被妻恩子愛所累一口氣斷誰是妻誰是子所

造之罪自己抵擋妻子雖親亦難替你受其罪也奉勸世人將此假事一筆勾銷如若不然妄想神仙不求大道不去妄想焉能成聖佛乎

無垢子詩曰去妄存誠儒聖云榮華富貴似浮雲豈知貧富前生定何必碌碌勞骨筋

無心道人詩曰真靈不散名歸中無識無知亦是空只去妄心不去道千金口訣實難逢

洗塵子詩曰洗去塵心學佛仙無思無慮其悠然不貪酒色和財氣學箇長生壽萬年

人神圖

人神品十九

既有妄心即驚其神

☯註　既者成也有者實也妄者動也心者神也即者定也驚者觸也其者此也神者主也此元神元神藏心心神藏目圭旨云天之神聚於日人之神元神藏心心神藏目圭旨云天之神聚於日人之神聚於目心為諸神之主帥眼即眾神之先鋒夫人身之神承上文而言大凡修道之士不可起妄念妄心一動驚動

其有六十四位以應六十四卦之數也人在受胎之初先結無極從無極以生太極兩儀四象八卦周身百體由一本而散爲萬殊生凡之道也又從萬殊復歸六十四卦又從六十四卦總歸十六官由十六官總歸八卦由八卦總歸四象由四象總歸兩儀由兩儀而歸太極無極由萬殊復歸一本生聖之道也不知修道之士可曉一本否倘若不知積德感天明師相遇指示一本大道每日守定一本不使元神遷移萬殊有何妄心而驚神也神不驚則六十四位人神混合元神而元神得衆神之混合其光必大其

神必旺。神旺則性靈而神仙之道畢矣。再得九轉玄功煉成陽神名爲大羅金仙。再得外功培補昇爲大羅天仙矣。

夫一本九轉須待師傳而身中一十六官略露春光可矣。

心爲君主之官神明出焉。眼爲鑒察之官諸色視焉口爲出納之官言語出焉。耳爲探聽之官衆音聞焉鼻爲審辨之官香臭識焉。肝爲將軍之官謀慮出焉。肺爲相傳之官治節出焉。脾爲諫議之官周知出焉。腎爲作強之官伎巧出焉。膽爲中正之官決斷出焉。胃爲倉廩之官五味出焉。膻爲臣使之官喜樂出焉。小腸爲受盛之官化物出焉。大

腸為傳導之官變化出焉膀胱為州都之官津液出焉三焦為決瀆之官水道出焉此十六官為身中統帥之神也。十六官之中其惟心一神乃身中之王封眼耳鼻舌為四相其餘次之勿論千神萬神皆聽天君之命也。

白祖仙師詩曰墮落紅塵不記年皆因妄念迷青天若非師指歸元始那得凡身做上仙十惡斷時三業淨六根空處五行全

老君金口明明示萬劫千秋永正傳

文昌帝君詩曰妄念驚神散萬方魂歸地府失真陽寒冰惡浪層層陷劍樹刀山處處傷一念回春修道力三田氣秀得丹香勸君急早歸清靜不枉人間鬧一場。

萬物圖

☰畫 ☰日 ☰青
☰天 ☰星
☰首 ☰月

☷耳 ☷未
☷人 ☷腹
☷足 ☷手

☷晉 ☷光
☷地 ☷地
☷火 ☷木

萬物品二十

既驚其神即著萬物

㊟註 既者事過也驚者不安也神
者元神也即者就此也著者執固也萬者包羅也物者各
體也夫人有妄心則元神隨識神而牽引不是想著天上
萬物便是想著地下萬物不是想著世上萬物便是想著
人身萬物而天上萬物不過日月星辰風雲雷雨八字以

包其餘也地下萬物不過山川草木五行八字以包其餘也世上萬物不過名利恩愛酒色財氣八字以包其餘也人身萬物不過五行八卦地水風火八字以包其餘也天之萬物地之萬物人之萬物總歸先天八卦之所化者也夫先天八卦對待之理乾南坤北離東坎西四正之位也震東北巽西南艮西北兌東南四隅之位也此謂卦之相對也乾之三爻陽而對坤之三爻陰名曰天地定位也震之下一陽中上二陰而對巽之下一陰中上二陽名曰雷風相搏也坎之內一陽外二陰而對離之內一陰

外二陽名曰水火不相射也艮之上一陽中下二陰而對兌之上一陰中下二陽名曰山澤通氣也此謂爻之相對也卦爻相對乃先天而天弗違成聖之道也從鴻濛分判之後乾之中爻陽去交坤之中爻陰變坤爲坎坤之中爻陰來交乾之中爻陽變乾爲離。坎坤之上爻陰去交離之中上二陰變巽爲坤。巽之上爻陽變離爲震離之下爻陽來交震離之下爻陽變震爲艮艮之上爻陽下爻陰來交震之上爻陰下爻陽變震爲巽。巽之上爻陽下爻陰去交兌之上爻陰下爻陽變兌爲巽。兌之中下二

陽來交艮之中下二陰變艮爲乾矣故離南坎北震東兌西乾居西北巽居東南艮居東北坤居西南先天變爲後天後天者流行之氣故後天奉天時。延命之術也所以不知先天。無爲之道。後天有爲之術。故不能成仙者此也。

康節夫子詩曰萬物原來在一身天文地理亦同親凡夫不究源頭理性入幽冥骨葬塵。

程夫子詩曰世人找得先天初返本還原一太虛妄念不生歸太極雷鳴海底現鰲魚。

子思夫子詩曰不生妄念不驚神爲能著物昧天眞勸君急訪靈明竅養性存心學聖人

貪求圖

貪求品二十一

貪狼　巨門　祿存　文曲　廉貞　武曲　破軍　左輔　右弼

註　既是既已著為著相萬是萬般物為事物即是即要生為生心貪是貪妄求為苟求這既著萬物即生貪求

乃承上而言也夫人心一著萬物牽引便隨萬物起貪心貪心一起必想去求此是人慾之心便屬後天八卦所管人之貪慾世上難免惟有仙根佛種靈性不昧以富貴如

浮雲。以酒色似剛刀將後天返為先天此為上等之人千萬之中而選一也其有中下之輩便係後天八卦所拘束不能從後天而返先天從洛書以返河圖者也夫貪心乃此一星則大道難成也何矣後天洛書二四六八十屬陰北斗第一星名號貪狼兇如狼虎一般修仙之士若不去既屬陰便生貪求地六屬癸水為交感之精其性愛貪求美色地二屬丁火為思慮之神其性愛貪求富豪地四屬辛金為無情乙木為氣質之性其性愛貪求榮貴地八屬其性愛貪求酒肉地十屬己土為私意之神其性愛貪高

大此為後天之五魔以消身中之五行也第一貪淫以傷精則水虧也第二貪財以傷神則火虧也第三貪貴以傷氣則土虧也五行一虧其身焉可立乎奉勸天下男女切莫進此五魔之陣以後天而返先天將坎中一陽返回離卦中爻變離為乾將離中一陰返回坎卦中爻變坎為坤將震上一陰返回兌卦初爻變兌為坎將兌下一陽返回震卦上爻變震為離將乾上中二陽返回坤卦上中爻變乾為艮將坤為巽將坤中下二陰返回乾卦中下二爻變

艮上陽下陰返回巽卦上下二爻變巽爲兌將巽上陽下
陰返回艮卦下上二爻變艮爲震抽換爻象後天返爲先
天矣五魔化爲五元洛書返爲河圖可爲天下之奇人也。

紫微大帝詩曰太上老君妙道玄尊經一部卽眞傳三花三
寶本元煞五賊五魔屬後天換象抽爻息火性安爐立鼎
煉金丹不貪不妄隨時過一日清閑一日仙。

斗口夫子詩曰先天變後先天聖聖凡凡不一般富貴榮
華如電灼妻恩子愛似硝燃不貪自有命爲主守道何無
神助緣一性不迷塵境滅空中現出月輪圓

煩惱圖

煩惱品二十二

註 既生貪求即是煩惱煩惱妄想憂苦身心。

既生貪求即是煩惱煩惱妄想憂苦身心。求者既為業已生是動心貪為好勝求是苦心也。即是煩惱者即為便是乃如此煩為心燥惱是嗔恨也煩惱妄想者煩為事繁惱是有氣妄為痴心想是思慮也憂苦身心者憂為愁慮苦是勞勤身為形體心是君主也因世人

（圖中：六塵眼耳鼻舌／六識色聲香味觸法／六煩惱喜怒哀樂愛惡欲 等字樣環繞「心」字）

不能看破名利恩愛酒色財氣所以卽被六塵六賊之所染也貪求榮貴者不得榮貴而生煩惱已得榮貴又從榮貴中生出許多煩惱也不如看破名字誠心修道道成之日名揚天下以成萬古之名也何等貴哉道德經曰雖有拱璧以先駟馬不如坐進此道至聖曰富與貴是人之所欲也不以其道德之不處也貪求財利者不得財利而生煩惱以得財利又從財利中生出許多煩惱也不如看破利字誠心修道而身中之精氣神三寶乃為法財能買性命益壽延年何有煩惱之生也至聖曰富貴於我如浮雲。

中庸曰素貧賤行乎貧賤孟子曰貧賤不能移又曰君子憂道不憂貧貪求美色者不得美色而生煩惱已得美色必有恩愛又從恩愛中生出許多煩惱也不如看破色字誠心修道自己身中現有嬰兒姹女每日常近常親坎離相交金木相並多少滋味難以言傳異日道成仙女同傳何等尊重至聖曰血氣未定戒之在色呂祖曰二八佳人體似酥腰間仗劍斬愚夫雖然不見人頭落暗地教君骨髓枯至於關氣乃是不忍從是非中生出許多煩惱也不如看破氣字誠心修道而養身中三花五氣浩然剛氣太

和元氣結成金丹縱有煩惱化爲烏有矣至聖曰血氣方剛戒之在鬬又曰持其志無暴其氣至於一切不如意處便生煩惱我以一空字以虛其心焉受煩惱之災乎

紫陽眞人詩曰勿貪酒色勿貪錢富貴窮通總隨緣色即是空空卽色煙生於火火生煙醍醐灌頂卻煩惱取坎還離

掃慾奉一念歸中塵境滅養顆明珠似月圓

邱祖詩曰不貪名利不貪花每日終朝卧彩霞肚飢猿猴獻桃菓口乾龍女送蒙茶勝如漢口三千戶賽過京都百萬家奉勸世人早惺悟掃開煩惱煉黃芽

生死圖

河圖生

洛書死

生死品二十三

生死常沈苦海永失真道㊥註 便者定要也遭者逢臨也濁者下賤也辱者欺凌也便遭濁辱流浪生死者

○便遭濁辱流浪生死是言人生在世貪心不了名利恩愛之中便是煩惱憂愁種種波滔但失陷處必受五濁之辱也流者沉下也浪者事變也生者河圖也死者洛書也流浪生死者言人在世

迷於酒色財氣不知生從何來死從何去夫生仙生人之道者河圖而已矣人生之初秉父母之元氣而結一顆明珠名曰無極得父母之精血名曰太極天一生壬在上生左眼瞳人在下而生膀胱地二生丁火在上生右眼角地下而生心天三生甲木在上生左眼黑珠在下而生膽地四生辛金在上生右眼白珠在下而生肺天五生戊土在上生左眼眼皮在下而生胃地六成癸水在上生右眼瞳人在下而生腎天七成丙火在上生左眼角地八成乙木在上生右眼黑珠在下而生肝天九成庚金

在上生左眼白珠在下生大腸地十成己土在上生右眼皮在下而生脾由此而五臟由此而六腑以至周身三百六十五骨節八萬四千毫毛孔竅莫不由河圖而生之也生凡如此生聖亦如此也夫人死之由洛書而已矣從先天之河圖以變後天之洛書又從洛書中央土去尅北方水則腎虧矣北方水去尅南方火則心虧矣南方火去尅西方金則肺虧矣西方金去尅東方木則肝虧矣東方木去尅中央土則脾虧矣五臟一虧以至六腑百體俱皆衰矣不死有何待哉此死彼生如波浪一般故曰流浪生死

也。常沈苦海者言酒色財氣為四大苦海若不掃除焉能不沈苦海者哉永失眞道者因迷昧四字常沈苦海連人身難保何能言道豈不永失眞道矣深可嘆哉

長生大帝詩曰識破河圖早下功還源返本一眞宗但能閱出洛書網壽比南山一樣同

薛道光詩曰苦勸人修不肯修常沈苦海為何由百年富貴電光灼口氣不來萬事休

翠虛眞人詩曰老君清靜度人經指出身中日月星生死死生由自主佛仙仙佛在心靈。

超脫圖

法身 ○ 純空無色 純陽仙象

超脫

◉ 空色相合 陰陽人象

身 人

沈淪 空色俱無

死尸 純陰鬼象

超脫品二十四

真常之道悟者自得得悟道者常清靜矣。☯註 真者落實也。常者中庸也。之者行持也。道者無極也。真常之者所言先天大道乃為真道三千六百旁門乃為假道真道者正心修身之道也假道者索隱行怪之道也悟者窮究自者定然也得者領受也悟者自得者人能窮究性命訪

拜至人指示修性修命之大道返本還原之秘訣方是悟者自得也非是教你在紙上窮悟可能得乎古云達摩西來一字無全憑心意用工夫若要書中尋佛法筆尖蘸乾洞庭湖悟眞篇曰任君聰慧過顏閔不遇明師莫強猜皆此之謂也得悟道者是善人積功累行感動天心明師相遇低心求領大道時常參悟其理晝夜苦修其道不可半途而廢只待功果圓成丹書下詔脫殼飛昇方爲了當這纔是訪道求道得道悟道修道守道成道了道有此八箇道字大丈夫之能事畢矣常清靜者常爲永遠清爲圓明

靜爲安甯也言道成德備功圓果滿陽神沖舉三官保奏仙童接引過九霄上玉京見諸佛謁上帝會衆祖朝金母照功之大小以定品級依果之圓缺而封天爵仙衣緩帶以榮其身玉菓瓊漿以滋其腹三乘九品依功而定。五仙八部看果而贈或居中天或居西天皆是極樂或居三十六天或居七十二地盡爲福地或居三清或居十地概屬清靜高高低低大大小小依功定奪毫無私屈隨緣隨分享受清靜之福豈不美哉豈不樂哉不枉爲人出世一場。這纔是大丈夫人上之人也至此則常清靜矣。

元始天尊讚曰清靜妙經是上乘修行男女可為憑金科玉律相同契九六乾坤冉冉昇。

靈寶天尊讚曰急尋清靜悟真空收性回西莫轉東探鍊丹功果就超凡脫殼謁蒼穹。

降生天尊讚曰清靜經圖最為先度人寶筏一慈船經文點破生死竅註解掀開井中天。

蓋天古佛讚曰清靜寶經至妙玄多蒙天一註成全有人會經中理三教凡夫居寶蓮。

老君清靜經註解全部終

<부록>

觀音心經秘解
관음심경비해

講述 退安老祖
강술 퇴안로조

秘解 玉山老人
비해 옥산로인

觀音心經秘解原序
관음심경비해원서

蓋從來諸佛菩薩仙眞聖賢。均以慈悲度人爲功德。以歸依好學爲行持。以看破凡情不迷紅塵爲上智。以訪求明師指明修養爲得道以淸心寡慾煉己築基爲下手以採取先天一炁眞陽上升爲得藥以乾坤交媾水火旣濟爲烹煉。以金木平分。卯酉二八爲溫養。以鉛乾汞盡貫滿週天爲退符。以勤修不息久遠身心爲苦行。以丹熟還原煉就金身爲成道。以積功累德待詔飛昇爲證果。以謁

佛受職拔祖超宗爲大孝。以管天管地利益衆生爲盡忠。以尋聲感應救苦救難爲方便。以三界內外人天瞻仰爲尊榮。以蟠桃赴會位列上乘爲顯耀以法輪常轉度盡羣生爲了願。凡一切諸佛天尊。盡是由凡夫而修成。智士明賢。胡不俯首而深思之。況生死輪廻。說不盡凄涼苦楚。改頭換面。何論你富貴王侯。陰律森嚴。賞罰無私。善超惡墮。古今同然。急宜趁早回頭。修出三界之外。及到功成了手。不囿五行之中。逍遙物外。遨遊天府。縱

大劫來臨。亦復何憂何懼哉。粵稽
觀音菩薩。本周朝女仙。古佛臨凡。因成道之後。願力
宏深。坐鎭南贍部洲。說法度人。流傳心經一卷。乃諸
經之骨髓。度世之慈航也。而經中之精微妙義。總以教
人飛相掃心。見性明心。了凡入聖。空除萬有。而爲修
道成佛之宗旨。惜乎古今來。徒口誦念。鮮有能識其奧
窮而行之者。竊嘗於西乾講席。得聞吾退安夫子。性與
天道之詳。既而取是經一一印証之。無不脗合。因不揣

固陋。註其節次。以爲丹道之指南。若有佛根種子。自
發菩提之願。由經註而醒悟人身是假。由醒悟而求師指
點性命根源。由修煉而結金丹舍利。以證無餘涅槃焉。
是則予之所厚望也夫

大清嘉慶九年甲子歲仲秋月旣望玉山老人
敘於杭州紫陽山育材舘中

摩訶般若波羅蜜多心經

玉山老人秘解

摩訶者。廣大也。言道之廣大。包羅天地。養育羣生也。般若者。智慧也。光明也。波羅者。彼岸也。言道能度人。超出苦海而到彼岸也。蜜多者。譬如蜜之種種釀成一性。即採取得藥萬法歸一之象。而返還無極之意也。心者。人之本源也。言口傳心授之法。當從心上用功。

也。經者。徑也。猶返本還原之路徑也。此摩訶般若波羅蜜多心經十字。卽全經之題目。而統言其大槪也。

觀自在菩薩

觀者。廻光而守道也。自在菩薩。卽自家主人公也。觀自在菩薩。卽廻光觀定主人。養神以收其放心也。

行

卽了心了意。下手用功也。

深 심

心火下降於海底。採煉先天之眞金。久久守定。使君臣
심화하강어해저 채련선천지진금 구구수정 사군신

民三火聚會。而煆煉坎宮之眞金也。
민삼화취회 이하련감궁지진금야

般若波羅
반야바라

蜜多
밀다

般若。智慧也。波羅。彼岸也。言採得眞陽上升。發出
반야 지혜야 바라 피안야 언채득진양상승 발출

光明智慧。從後天而返廻先天。名爲到彼岸也。
광명지혜 종후천이반회선천 명위도피안야

得藥之妙景。種種之性。歸於一性。卽萬派朝宗。萬殊
歸於一本也。

時

正見之時也。言一陽來復。藥物上升於丹鼎之際也。

照見五蘊皆空

蘊藏也。積也。五蘊者。色受想行識是也。蘊色者。罣
礙之義。蘊受者。領納之義。蘊想者。妄想思慮之義。

蘊行者。心念不停之義。蘊識者。辨別親疎好歹之義也。此言金來歸性之初。已稱還丹。進火之候。應當廻光返照。以求見本來面目。斯時眞陽上照五蘊。一切陰邪之氣。存留不住。心中自然空空蕩蕩。而所蘊皆不見也。

度一切苦厄

言人之不能返還本原。只爲陰氣阻隔。週身關竅不通。眞陽不能上升。故有墮落之苦厄。如今關竅已通。眞陽

上升。一箭射穿鐵鼓。直透三關九竅。而不爲陰山陰氣所阻隔。而受苦厄。是名爲度過一切苦厄也。

舍利子

言人身卽是宅舍。利子者。卽主張形骸之眞靈眞性是也。旣得陰陽交媾。而結成金丹舍利子。如人之懷胎。似有嬰兒之象也。

色不異空

色_{색자}者_{색신야}。色身也。悟_{오입묘명지경}入杳冥之境。萬_{만연적정}緣寂靜。一_{일물무유}物無有。身_{신체여좌태허지중}體如坐太虛之中。故_{고불이어공야}不異於空也。

空不異色 _{공불이색}

空_{공자}者。無_{무상법신야}相法身也。無_{무상지상}相之相。乃_{내명법상}名法相。既_{기득성태결}得聖胎結就_{취형체}形體。空_{공공동동}空洞洞。自_{자성미타}性彌陀。主_{주인공용사}人公用事。法_{법상외외}相巍巍。故_{고불이어색야}不異於色也。

色即是空 _{색즉시공}

此乃溫養聖胎之功。色身法身。合爲一體。無人無我。混混沌沌。眞空妙性作主。色身全不管事。至此妙境。色身卽是法身也。有何不空。

空卽是色

先天後天。打成一片。綿綿密密。混融一團。河車自轉。欲罷不能。空中不空。先後天合成一體。眞空妙性主事。法身亦卽是色身也。總之結丹溫養之際。先天後天

。一炁渾融。人我空空。陰陽會合。妙用無邊。色身卽是法身。法身亦卽是色身一般。故曰色卽是空。空卽是色。

受想行識亦復如是

此乃混沌之功。遇境無心。對境忘情之義。見如不見。行如未行。識如不識。受如未受。雖臨受想行識之境。而我之眞空妙性。猶然巍巍不動。亦復如是之空空蕩蕩

。一切外境世物。不能惑亂。而擾動我之眞性主人也。
所謂竹影掃階塵不起。月穿潭底水無痕者此也。

舍利子是諸法空相

前言舍利子者。乃結丹養神之功。此言舍利子者。乃脫
胎出神之候。蓋十月胎完之日。頂門戶响一雷。嬰兒出
現想家歸。斯時諸法諸相悉當空也。且功到出神之候。
溫養乳哺。水升火降。聽其自然。不可執定聲縮攢簇之

法。故當空法也。嬰兒初出。要隨放隨收。不可貪玩美境。不可滯着形象。因陽神猶未老練。恐其着相而流蕩失事。故當空相也。總之陽神出現。大丹已成。法亦可以不用。相亦空空如無也。

不生不滅不垢不淨

此乃陽神面壁。煉神還虛之功。身外有身。虛靈法相。有何生滅。一段金光。妙相如如。清淨無染。有何垢淨。

不增不減是故空中

此言面壁混沌之景。體若太虛一般。有甚麼增。有甚麼減。眞空法身。空到極處。散則成氣。聚則成形。無礙。是故空中法身寂靜。中空無物。朗徹圓明。如坐太虛之中。此乃還虛之妙境也。

無色無受想行識

前言受想行識。亦復如是者。乃空相空心之景。此言無

色。無受想行識者。功夫已到還無境界。五蘊渣滓消融
。是所以言無也。

無眼耳鼻舌身意

此言六根已空。雖有眼耳鼻舌身意。六根之體。而六根
之神。盡歸於一性之中。圓明不散。渾然一團。眼耳鼻
舌身意。全不管事。有亦如無。故曰無也。

無色聲香味觸法

此言六根旣空。六塵亦滅。已成圓明淸淨之體。空虛而不着物。旣不着物。亦不受物。身體如無。萬法皆空。故無色聲香味觸法也。無色者。眼不貪視。無聲者。耳不貪聽。無香者。鼻不貪聞。無味者。口不貪食。無觸者。心不動。無法者。意不發。所謂六根淸淨。六塵亦不染也。

無眼界乃至無意識界

見。如無知無識一般。無到極處。返還娘生而孔。寂然
不動。故至無意識界也。

無無明亦無無明盡

前言無眼耳鼻舌身意。無色聲香味觸法。六根已空。六
塵亦滅。神光意識。盡皆收藏於圓明覺性之中。融成一
體。有一無二。六根均不管事。返還無極之體。無無明
者。言當此之際。眞空妙相光明晃朗。能照徹十方三界

。無所不明也。故曰無無明。亦無無明盡。乃言明到極處。亘古如斯。終無盡止之日也。故曰亦無無明盡。

乃至無老死亦無老死盡

乃至無老死者。言旣已煉成眞空法身。入水不溺。入火不焚。歷劫不壞。萬古長存。有何老死乎。故曰無老死。亦無老死盡者。言功程已到大覺金仙地位。只是積功累德。待詔飛昇。永享天福。萬劫如斯。天地有壞而我

不壞。有何老死盡頭之日乎。故曰亦無老死盡。

無苦集滅道無智亦無得

此與下節。乃是金丹了手的境界。前言旣無老死盡頭之日。自性如如。湛然常寂。苦行已滿。將要返還天宮。再無沈淪之苦矣。故曰無苦。集者。聚也。如今萬法歸元。已得圓滿報身。再不消攢聚三寶。採取抽添矣。故曰無集。滅者。了也。如今了到極處。了無可了。再不

消了除雜念。而掃除陰氣矣。故曰無滅。道者。法度也。道途也。如今修到盡頭地位。修無可修。無法度之可守。無道途之可行矣。故曰無道。智者。知也。到此境界。舉凡過去現在未來。無所不知。知到極處。大智若愚。渾然無知之象也。故曰無智。亦無得者。如今一性圓明。體若太虛不着物。不受物。大道成而萬事畢矣。更有何得之可言。故曰亦無得。

以無所得故菩提薩埵

以者。因爲也。因爲眞空之體。了然而不受物。得無可得也。然得無所得者。正無所不得也。猶如無極一物無有。而包含萬有也。故者。即此緣故。是以無所得也。菩者。覺悟也。提者。上升也。薩者。一性圓明之景。埵者。果實功成之象。言修行到此地步。人法俱了得空矣。人法既了得空。已成了圓明妙覺的佛菩薩矣。故曰

菩提薩埵。
보리살타

依般若波羅蜜多故
의반야바라밀다고

故者。法則也。言遵依法則修去。纔能發出智慧光明。
고자 법칙야 언준의법칙수거 재능발출지혜광명

神通變化而到彼岸。返還無極。與太虛空混爲一體也。
신통변화이도피안 반환무극 여태허공혼위일체야

心無罣礙
심무괘애

罣者。留戀也。礙者。阻隔也。到此境界。心若太虛。
괘자 류련야 애자 조격야 도차경계 심약태허

不着一物。灑灑落落。還有甚麼留戀阻隔耶。是以心無
불착일물 쇄쇄락락 환유심마류련조격야 시이심무

괘애야
罣礙也。

무괘애
無罣礙

기수성료금광찬란지법신 원타타 적쇄쇄 종횡자여
旣修成了金光燦爛之法身。圓陀陀。赤灑灑。縱橫自如
지허지령 전무사호지괘애 인간역즉시천상의
。至虛至靈。全無絲毫之罣礙。人間亦卽是天上矣

고무유공포
故無有恐怖

기도무괘애지경 천지불능구속 음양불능도주 귀
旣到無罣無礙之境。天地不能拘束。陰陽不能陶鑄。鬼
신불능규측 상천입지 임수자편 유하경공외포 이
神不能窺測。上天入地。任隨自便。有何驚恐畏怖。而

擾亂我之主人乎。故無有恐怖也。

遠離顛倒夢想

遠者。永也。離者。脫也。顛者。險也。倒者。敗也。夢者。幻景也。想者。思慮也。言修行到此境界主人巍巍不動性光朗朗圓明心穩神恬。體合先天。一切凶險成敗。喜怒哀樂夢寐幻景中之思慮。永遠脫離乾淨。故曰遠離顛倒夢想也。

究竟涅槃
구경열반

涅者。不生也。槃者。不滅也。究竟者。窮盡也。言如
열자 불생야 반자 불멸야 구경자 궁진야 언여
今已到窮盡之境應入不生不滅之鄕。而永證蓮臺法果也。
금이도궁진지경응입불생불멸지향 이영증련대법과야

三世諸佛
삼세제불

三世者。過去現在未來也。諸者。衆也。佛者。自己修
삼세자 과거현재미래야 제자 중야 불자 자기수
成了金剛不壞之體。而又願力宏深。慈悲度世之人也。
성료금강불괴지체 이우원력굉심 자비도세지인야

依般若波羅蜜多故
의반야바라밀다고

言依此般若波羅蜜多之法。修成者。不獨菩薩爲然。即
三世諸佛。都是依此法則用功。勤修苦行而成也。

得阿耨多羅三藐三菩提

阿耨者。丹廠也。多羅者。衆寶會聚也。三藐者。三華
也。三菩提者。元精元氣元神。三寶也。言三世諸佛。
都是依此般若波羅蜜多法則修行。繞得丹廠衆寶聚會。
眞火煅煉。而現出三華。聚於頂門。三寶結成黍珠。妙

覺靈明。而永證清凉極樂之天也。

故知般若波羅蜜多

故者。所以也。知者。曉得也。所以曉得智慧光明。眞
陽上升。而達玄關彼岸之功夫。有一無二。至極而無以
復加也。

是大神咒

神者。靈通感應。玄妙莫測。咒者。卽人身中之無極玄

關。總持法門也。因此曉得般若波羅蜜多。是神通廣大。變化無窮。能度盡天下善男信女的大法門也。

是大明咒

因此曉得般若波羅蜜多。光明晃朗。能照徹三界十方。大明大亮的大法門也。

是無上咒

因此曉得般若波羅蜜多。是最高第一的法門。再無有高

過_과於_어此_차法_법門_문之_지上_상者_자也_야。

是_시無_무等_등等_등咒_주

因_인此_차曉_효得_득般_반若_야波_바羅_라蜜_밀多_다。最_최高_고第_제一_일。不_불但_단無_무有_유高_고過_과於_어此_차法_법門_문之_지上_상。再_재要_요與_여此_차法_법門_문平_평等_등相_상比_비者_자。無_무有_유也_야。

能_능除_제一_일切_체苦_고

衆_중生_생一_일切_체苦_고惱_뇌。總_총因_인迷_미昧_매不_불修_수。不_불知_지此_차神_신咒_주法_법門_문。故_고流_류浪_랑生_생死_사。轉_전轉_전折_절折_절。受_수盡_진諸_제般_반苦_고楚_초。如_여今_금身_신登_등法_법界_계。纔_재

見得般若波羅蜜多神咒。法門廣大。能除盡無邊苦楚。
能斷絕無邊的煩惱也。
眞實不虛
此無極無上法門。能度盡衆生成佛。除盡一切苦楚。親
見
得。本是眞實法語。並非虛訛之言也。
故說般若波羅蜜多咒

修行至此。親自見得般若神咒之功。最大無比。所以說出般若波羅蜜多的法咒偈語。以啓發後人也。

即說咒曰

此神咒之玄妙偈語。千佛不敢輕洩。萬祖不敢亂語。於茲說出。是菩薩之願力宏深。普度羣生之心至切也。

揭諦揭諦

揭者。打開也。諦者。妙諦也。妙諦者。玄關斗柄。人

身_신之_지樞_추紐_뉴也_야。打_타開_개玄_현關_관無_무縫_봉金_금鎖_쇄。現_현出_출乾_건元_원面_면目_목。快_쾌樂_락無_무邊_변。重_중言_언揭_아諦_제者_자。蓋_개以_이玄_현關_관妙_묘諦_체。眞_진之_지又_우眞_진。特_특爲_위人_인反_반復_복叮_정嚀_녕也_야。

波_바羅_라揭_아諦_제

此_차言_언玄_현關_관法_법門_문。卽_즉是_시到_도彼_피岸_안之_지妙_묘諦_체。打_타開_개說_설出_출。惟_유願_원大_대地_지衆_중生_생。個_개個_개賴_뢰此_차度_도脫_탈苦_고海_해而_이登_등彼_피岸_안也_야。

波_바羅_라僧_승揭_아諦_제

僧者。淨也。此言玄關法門。即是到彼岸。以證淨土家
鄉之妙諦。揭開說明。惟冀人人受持。修回西方淨土。
免遭輪廻之苦也。

菩提薩婆訶

菩提者。覺悟也。覺性圓明。已到眞空之境。靈光貫徹
天地。法身等若太虛也。薩婆訶者。疾速成就一切衆生
也。言修到這步地位。功程圓滿。朝謁

諸天。應當疾速說法度衆。成就一切衆生。超出三界。
제천 응당질속설법도중 성취일체중생 초출삼계
同歸清涼美境。永證極樂家鄉。受享不盡。快樂無窮也。
동귀청량미경 영증극락가향 수향불진 쾌락무궁야

仙佛聖畫報集

선불성화보집

① 옥황대제(玉皇大帝)

② 동화목공(東華木公)

③ 후토황지지(后土皇地祇)

④ 서왕모(西王母)

⑤ 요지헌수도(瑤池獻壽圖)

⑥ 두모원군(斗母元君)

⑦ 중천자미북극대제(中天紫微北極大帝)

⑧ 뇌성보화천존(雷聲普化天尊)

⑨ 동극청화태을구고천존(東極青華太乙救苦天尊)

⑩ 남극장생대제(南極長生大帝)

⑪ 진무대제[眞武大帝(金闕帝君)]

⑫ 삼관대제(三官大帝)

⑬ 문창제군(文昌帝君)

⑭ 관성제군(關聖帝君)

⑮ 종리권(鐘離權)과 여동빈(呂洞賓)

⑯ 순양여조(純陽呂祖)

⑰ 팔선도해도(八仙渡海圖)

⑱ 장자양(張紫陽)

⑲ 비로자나불(毘盧遮那佛)

⑳ 석가모니불(釋迦牟尼佛)

㉑ 아미타불(阿彌陀佛)

㉒ 미륵불(彌勒佛) – ①

㉓ 미륵불(彌勒佛) - ②

㉔ 천수천안관세음보살(千手千眼觀世音菩薩)

㉕ 관세음보살(觀世音菩薩) - ①

㉖ 관세음보살(觀世音菩薩) - ②

㉗ 문수보살(文殊菩薩)

㉘ 보현보살(普賢菩薩)

㉙ 보리달마(菩提達摩)

③⓪ 라후라(羅睺羅)

㉛ 일지화엄(一指華嚴)

㉜ 십팔나한(十八羅漢)의 한 분 - ①

㉝ 십팔나한(十八羅漢)의 한 분 - ②

㉞ 孔子(공자)

㉟ 맹자(孟子)

㊱ 안자(顔子)

㉟ 민자(閔子)

㊳ 자공(子貢)

㊴ 자로(子路)

沈_{大自在行} 順子_{菩薩}

辛巳 10月 17日 酉時生 ～ 戊寅 6月 9日 卯時 逝世
三年結齋 1998년(戊寅) 6月 9日～2001년(辛巳) 6月 8日

㉻ ㉓ ㉫ ㉹
法 供 養 文

생(生)이라는 것 멸(滅)이라는 것
그 자리가 그 자리인데
묘비마저 없는 무덤에
머뭇거리는 들꽃

옛이야기 온기(溫氣)되어
지나가는 사람들 발걸음에
묻어나고
정처없는 바람 다시 옛길로 불지 않는데
슬프다
들꽃 혼자 옛날을 노래하네

사랑하는 아들에 기대어
좌탈입망(坐脫入亡)하던 날
오고 간 발자취
스스로 지우고 떠났는데
어디에 흔적 있으랴

삼세 인연 묘하고도 진실되게 닿아
이제 훌훌 털고
무극(無極)으로 향하나니
삼계(三界)에 머문 자취 허공에 남아
다만 홀로 정겹구나

사랑하는 아녀(兒女)가 한껏
그리움 안고 정성 다하여
법공양(法供養)을 베푸나니
이 일은
심대자재행(沈大自在行) 순자보살(順子菩薩)을
영원히 죽지 않게 할 것이다

이 인연 공덕으로 모든 사람들 명사돈법(明師頓法) 터득하고
성명쌍수(性命雙修) 한껏 이루어
다함께 무극리천(無極理天)으로 귀환(歸還)하여지이다.

2001년(辛巳) 6月 8日 三年解齋吉日

乾命	戊寅生	許南七
坤命	丙戌生	韓玉蓮
長男	己酉生	許成旭
子婦	辛亥生	白正才
孫女	戊寅生	許藝鎭
孫子	辛巳生	許準哲
長女	壬子生	許好廷

법사게왈(法師偈曰)

일 개 소 만 문
一開掃萬門
하나로 만문(萬門)을 쓸고 열어 보니

<small>제 법 본 래 적</small>
諸法本來寂

모든 법(法)이 본래로 적멸(寂滅)인 것을!

<small>단 진 미 명 무 량 승</small>
斷盡未明無量勝

미명(未明)을 끊고 다하는 것이 무량수(無量數)보다 낫고

<small>일 지 능 현 금 차 지</small>
一指能玄今此知

일지(一指)가 현묘(玄妙)한 것을 이제 알지라.

<small>칠 십 이 지 신 위 력</small>
七十二智神威力

칠십이지(七十二智)의 대단한 위신력

<small>십 방 허 공 은 미 진</small>
十方虛空隱微塵

십방(十方) 허공에 미진(微塵)으로 감춰져 있고.

<small>독 개 천 성 지 비 현</small>
獨開千聖之秘玄

홀로 천성(千聖)의 비밀스런 현(玄)을 열고 보니

<small>시 위 왕 생 적 멸 락</small>
是爲往生寂滅樂

이것이 왕생적멸락(往生寂滅樂)이라 하겠도다.

팔 개 명 산 만 화 춘
八開名山萬華春
팔(八)의 분수(分數)로 명산(名山)의
만화춘(萬華春)을 열고

유 락 천 애 만 고 춘
遊樂天涯萬古春
하늘가에 노니는 만고춘(萬古春)의 즐거움.

천 차 만 차 일 근 유
千差萬差一根由
천차(千差) 만차(萬差)가 한 뿌리에서
연유(緣由)되었는데

하 처 분 수 분 별 재
何處分殊分別在
어느 곳에 나누이고 다른 점이 있다 하겠는가.

琉璃光世界 實相道場 普賢堂에서
開元法師 金在昊 書

＊　　＊　　＊

　어머니! 저희들 손을 잡아 주시며 마지막 말씀 남기시던 때가 엊그제 같은데, 벌써 3년이란 세월이 지나가고 있습니다.
　법화경(法華經) 방편품(方便品)에 "시간은 존재하지도 흐르는 것도 아니다"라고 했는데 시간이라는 것이 어머니와 이별하게 만들고 어머니와의 사이에 시간이라는 것이 가로놓여 있어 만날 수 없는 것 같아 슬프기만 합니다. 이제 마음을 가다듬고 어머니 자취를 더듬으며 이렇게 어머니 떠나신 자리를 태상공과경(太上功課經)으로 대신 메우게 되었습니다.
　어머니 떠나신 후 그동안 함께 한 날들이 떠오를 때마다 눈물 속에 젖어 지냈지만, 지금은 어머니께서 먼 나라에 여행을 떠나 계신 듯 합니다.
　이별이 길어지면 다시 이별이 되고,
　이별이 길어지면 영영 이별이라 했는데, 아주 이대로 이별이 되는가 하여 그리움이 가슴을 미어지게 합니다. 어머니, 지금 어떤 모습으로 계시는지 아련히 보고 싶습니다.
　어머니 떠나신지 어느덧 3년! 그동안 새 식구가 많이 생겼습니다. 특히 귀여운 예진이와 준철이 얼굴을 볼 때마다 어머니를 떠올리곤 한답니다. 어머니의 어여쁜 손주 예진이와 준철이가 아무 탈 없이 장성(長成)하도록 꼭 지켜봐 주세요.
　어머니! 힘들고 고달픈 나날들을 헤쳐 나가셨던 모습과, 생(生)을 마감하며 죽음을 맞이하시던 그 며칠 사이에 일어났던 어머니의 모습과 말씀들 하나하나가, 저희에게 힘든 일이 있을 때마다 채찍질이 됩니다. 살아생전, 극락과 지옥이 따로 존재하는 것이 아니고, 세상살이 모든 행불행(幸不幸)과 더불어 모든 것이 자기 마음먹기에 달려있다는 말씀을 자주 하셨는데, 그 한마디 말씀이 헛된 욕심 부리지 않고 본분(本分)을 지키며 살아가려는 저에게 큰 힘이 된답니다.

저희가 온전한 사람 구실 할 수 있도록 갖은 고생 아끼지 않으셨던 어머니 자리를 철이 없어서 어머니가 떠나신 다음에서야 깨닫고, 무언가 보답하려 해도 어머니와 함께 할 수는 없고, 이렇게 뒤늦게나마 어머니의 극락왕생(極樂往生)을 기원하며 법공양(法供養)하게 되었습니다.

이 법보시 공덕으로 어머니께서 생전에 못다 이루신 공과(功果)가 원만해지고 모든 업장 소멸되어 아미타불님의 영접(迎接) 받고 서방정토(西方淨土)에 왕생(往生)하시기를 두 손 모아 간절히 기원합니다.

어머니! 병마(病魔)의 고통 속에서도, 사람의 도리를 다하지 못하고 떠나는 것 같아 마음이 아프다 하시며 못내 아쉬워하셨는데, 지금은 어느 법계(法界)에서 어떤 모습으로 계신지요? 부디 서방정토(西方淨土)에 왕생(往生)하셔서 복혜(福慧) 갖추시고 불도(佛道) 꼭 이루소서.

어머니! 아버지가 다시 좋은 분 만나신 것이나 오빠가 좋은 아내 만나 귀여운 아들 딸 낳게 된 것과 그리고 딸 호정이에게, 업장 속에 묻혀만 있을 인연(因緣)의 싹을 틔워 피워 주시고 떠나신 것을 늘 감사드리며, 설사 수만억 겁이 지나서라도 서방정토(西方淨土)에서 만나 뵐 수 있었으면 얼마나 좋을까 하는 마음 간절합니다. 저는 어머니께서 평소 원하셨던 그런 반듯한 모습으로 제게 주어진 길을 열심히 걸어가겠습니다. 저희가 어머니의 뜻을 저버리거나 잘못된 길을 갈 때마다 꿈에라도 나타나 질책해 주십시오.

딸 호정이가

□ 編譯 : 자적화(自寂華) 허호정(許好廷)
- 1972. 4. 24. 경남 마산 출생
- 국민대학교 대학원 국어교육학과(국어교육학 석사)
- 일본어 번역 자격증 취득
- 틈틈이 학생들에게 어학(語學)을 지도하면서, 외단(外丹)이 수행(修行)에 끼치는 영향과 내단(內丹)의 양대(兩大) 계파(系派)의 차이점, 인간계(人間界) 모든 수행과 학문을 현관일규(玄關一竅)에 종착(終着)시키는 최고상승수련(最高上乘修鍊) 등에 흥미를 가져, 동양철학에 관하여 공부하고 있다.
- 2001.(음) 6. 初8. 太上功課經 翻譯 出版
- 2014.(음) 6. 初8. 別冊 道門功課 7版 出版
- 2017.(음) 3. 初3. 別冊 道門功課 8版 出版
- 2017.(음) 3. 初3. 血書眞經 編譯 出版

원문대역판 태상공과경(太上功課經)

初版 發行 : 西紀 2001年 辛巳(陰) 6月 8日
　　　　　蓮花藏世界 出版
再版 發行 : 西紀 2017年 丁酉(陰) 6月 初6日

付　圖 : 혼연자(混然子)
註　解 : 수정자(水精子)
編譯者 : 자적화 허호정(自寂華 許好廷)

發行人　 김재호(金在昊)
發行處 :　圖書出版 Baikaltai House
　　　　　㊤ 07272
　　　　　서울 영등포구 선유로 107(양평동 1가)
　　　　　電話 : (02)2671-2306, (02)2635-2880
　　　　　Fax : (02)2635-2889
登錄番號 : 166-96-00448
登　錄 日 : 2017.3.13
定　　價 : 30,000원

ISBN 979-11-88423-01-9